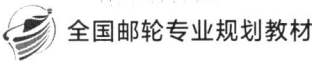

全国邮轮专业规划教材

邮轮市场营销

CRUISE MARKETING

主　编　刘义军
副主编　甘胜军　任声策

北京·旅游教育出版社

策　　划:张　萍
责任编辑:张　娟
封面底图:微图网

图书在版编目(CIP)数据

邮轮市场营销／刘义军主编．－－北京：旅游教育出版社，2016.9（2022.8重印）
全国邮轮专业规划教材
ISBN 978－7－5637－3482－5

Ⅰ．①邮… Ⅱ．①刘… Ⅲ．①旅游船—旅游市场—市场营销学—高等学校—教材 Ⅳ．①F590.7

中国版本图书馆 CIP 数据核字（2016）第 266845 号

全国邮轮专业规划教材

邮轮市场营销

刘义军　主　编

甘胜军　任声策　副主编

出版单位	旅游教育出版社
地　　址	北京市朝阳区定福庄南里 1 号
邮　　编	100024
发行电话	(010)65778403 65728372 65767462(传真)
本社网址	www.tepcb.com
E－mail	tepfx@163.com
排版单位	北京旅教文化传播有限公司
印刷单位	唐山玺诚印务有限公司
经销单位	新华书店
开　　本	787 毫米×1092 毫米　1/16
印　　张	13.75
字　　数	253 千字
版　　次	2016 年 9 月第 1 版
印　　次	2022 年 8 月第 4 次印刷
定　　价	36.00 元

（图书如有装订差错请与发行部联系）

全国邮轮专业规划教材编委会

主　任：肖宝家

副主任：刘　斌　郑炜航　杨丽萍　程爵浩

成　员：任声策　李　华　孙玉琴　郑玉香
　　　　　甘胜军　刘义军　王建喜　刘　伟
　　　　　佟和龙　郭一明　郭　训

序

邮轮产业被誉为漂浮在水道上的黄金产业。

自20世纪80年代至今,邮轮业的发展以每年7.6%的平均速度增长。综观全球邮轮旅游市场,虽然目前国际邮轮旅游市场仍主要集中在北美和欧洲,两地区的发达国家邮轮旅游占了市场的最大份额,但随着国际邮轮产业将发展重点转向亚洲尤其是中国内地这一新兴市场,亚太地区邮轮业发展迅速,增长速度已明显高于世界平均值。

我国的邮轮产业经历了近10年的磨砺前行,已经步入飞速发展阶段。中国交通运输协会邮轮游艇分会(CCYIA)的统计数据表明,2006—2014年,中国港口接待邮轮数量从115艘次增加到466艘次,同比增幅达到267.8%。中国以优越的地理位置、独具魅力的东方文化、丰富的旅游资源和潜力巨大的客源市场成为亚洲邮轮市场的核心组成部分,越来越受到邮轮公司的重视。随着国民经济实力的不断提升和对外开放程度的不断加强,邮轮旅游为越来越多的人所熟知和接受,中国已经成为未来最具潜力的邮轮市场。

海洋是各国经贸文化交流的天然纽带,在建设"21世纪海上丝绸之路"的战略蓝图下,我国邮轮产业的发展将有利于重现海上丝绸之路的繁荣,促进沿线国家的经济发展与共同富强。同时邮轮经济的健康持续发展也将为实现我国海洋强国的梦想起到推动作用。在我国经济发展新常态下,邮轮旅游作为旅游产业中的新兴产品,因其较强的产业关联性,将成为现代服务业发展的新经济增长点,进一步促进整体经济结构的升级和变革。

邮轮产业涉及邮轮建造业、邮轮经营业、邮轮母港服务以及邮轮旅游四大环节。目前我国邮轮的"产业化"格局尚未形成,邮轮经济的乘数效应仍未得到明显体现,邮轮业务的发展对港口城市带来的综合影响很小,本土经济受益有限。其原因在于与邮轮经济发展相关的制度法规体系、人才培养体系、产业服务体系以及文化意识培育等还不够系统。

伴随着国际邮轮公司在华运营力度的加大,各大邮轮品牌争相布局中国,以及国内邮轮港口的规模化建设与本土邮轮公司的起步和发展,中国邮轮产业的发展无疑将需要大批通晓国际邮轮运营、港口管理、邮轮产品销售、邮轮服务等知识和技能的专业人才。据估算,到 2020 年我国邮轮人才的需求量将超过 30 万。因此,加强和规范邮轮人才的培养任务非常紧迫。

上海海事大学是一所以航运、物流、海洋、经济管理为特色学科的综合性大学。结合邮轮产业蓬勃发展的契机,上海海事大学有责任承担在上海市"国际航运中心"建设中为中国,乃至全球提供邮轮中高端人才培养的任务。为了休闲旅游产业的蓬勃发展,2012 年 4 月 18 日,上海海事大学与英国海贸集团、上海国际港务集团等共同成立了亚洲邮轮学院,开启了旅游管理(邮轮管理方向)本科人才培养之路。随后,立足国际邮轮产业发展前沿,针对中国邮轮产业面临的诸多前瞻性问题,以教育带动问题研究,上海海事大学首创开设了邮轮管理 EMBA 班,致力打造汇集邮轮产业产、学、研、政、商、资本等各领域碰撞和融合的平台。

本套邮轮系列规划教材由上海海事大学组织兄弟院校共同编写,集结了我国邮轮行业专家和学者的智慧和力量,主要包括《邮轮运营管理》《邮轮旅游地理》《邮轮港口规划与管理》《邮轮旅游服务管理》《邮轮市场营销》《邮轮英语》《海洋旅游学》《水上旅游管理》和《航运市场营销管理》等共 9 本,意在为我国中、高端邮轮人才培养提供一套全面系统的邮轮专业教材。

我衷心地希望通过本系列教材的出版,有更多的学生选择邮轮管理专业,更多的旅游从业者选择邮轮行业,并参与邮轮管理相关培训和学习,切实提高自身综合素质和业务能力,真正推动上海乃至全球邮轮产业朝着更规范和可持续发展的方向迈进。

也祝愿全球邮轮产业蓬勃发展!

中国交通运输协会会长 钱永昌

前　言

邮轮是一种新型时尚的旅游方式。现代邮轮实现了旅游和接待的完美结合，邮轮以海为路，把旅客从一个港口送到另一个港口，从一个国家带到另一个国家。从海上看岸上的风景，是另一种韵味，另一种风情，另一种感慨。现代邮轮产业出现于20世纪60年代末70年代初。虽然邮轮产业还比较年轻，但它已成为旅游业的重要组成部分。从1980年到2015年，世界邮轮游客年平均增长率在7.6%左右，甚至2008年的金融危机都没有影响邮轮旅游的需求，仍然保持13%的增长率。亚洲尤其是中国邮轮市场越来越受到国际邮轮公司的青睐。作为新兴的邮轮区域，中国邮轮产业发展势头迅猛，CCYIA（中国交通运输协会邮轮游艇分会）的统计数据显示：近几年我国邮轮旅游市场呈现爆炸式增长，2015年我国十大邮轮港共接待邮轮629艘次，同比增长35%，邮轮旅客出入境248万人次，同比增长44%。在短短9年间，邮轮产业迅猛成长，邮轮港口布局初显规模，中国已成为亚太地区邮轮航线的重要始发港和环球航线的重要挂靠港，邮轮产业国际影响力不断增强。在我国快速增长的邮轮旅游市场的吸引下，国际各大知名邮轮公司纷纷投入中国市场，中国本土邮轮公司开始萌芽发展，世界邮轮产业重心也开始加快向亚洲转移。中国邮轮旅游市场前景灿烂。

《邮轮市场营销》一书正是在中国邮轮旅游蓬勃发展的现实背景下，遵循全国邮轮规划专业教材的具体要求编写的。全书注重内容的科学性、系统性和可操作性，将市场营销学的一般规律、原理与邮轮市场营销运作结合起来，系统阐述了邮轮市场营销的基本理论和方法。本教材共十章：

第一章至第五章系统地介绍了邮轮市场营销，包括邮轮市场营销概论、邮轮市场营销环境分析、邮轮旅游者购买行为分析、邮轮市场调研与预测和邮轮市场细分与目标市场的选择。第六章至第十章介绍了邮轮市场营销组合，包括邮轮市场竞争战略、邮轮旅游产品策略、邮轮旅游价格策略、邮轮旅游渠道策略和邮轮旅游促销策略。总之，本书多方面涵盖邮轮产业与邮轮市场营销的相关内容，但鉴于篇幅所限，一些邮轮市场营销创新与管理的内容没有深入，期待有兴趣的读者自己探索。希望本书能起到抛砖引玉的作用，进一步引起我国学术界和实业界的兴趣，共同探索有中国特色的邮轮产业发展道路。

书中给出了大量邮轮市场营销的实际案例构成探究活动和知识探索模块，力求通过实例说明相关概念、原理和方法，通过能力训练项目培养邮轮市场营销应用能力，为教师的备课、学生的学习提供方便。本书既可作为工商管理以及休闲、旅游、接待业管理等专业的本科生教材,也可作为邮轮旅游行业的培训教材,还可作为旅游管理人员、高校教师的参考书。

本教材由上海海事大学经济管理学院刘义军老师担任主编,甘胜军老师编写了第2、3、6、7章,任声策老师编写了第7、8章,刘义军老师编写了第1、4、5、9、10章并对全书作了统筹安排。教材的编写引用了大量学者的成果和网站的内容,还得到了系里很多老师的指导和协助,尤其是宋炳良教授的指导,在此一并感谢!

若书中有错漏之处,恳请翻阅此书的各位专家和读者批评指正,以便修订完善。

刘义军

2016年6月

目 录

上篇 邮轮市场营销分析

第1章 邮轮市场营销概论 ... 3
- 第一节 市场与市场营销 ... 4
- 第二节 邮轮市场营销 ... 6
- 第三节 邮轮市场营销学 ... 14

第2章 邮轮市场营销环境 ... 20
- 第一节 邮轮市场营销宏观环境分析 ... 21
- 第二节 邮轮市场营销微观环境分析 ... 32

第3章 邮轮旅游者购买行为分析 ... 42
- 第一节 邮轮旅游者购买行为概述 ... 43
- 第二节 邮轮旅游者购买决策心理分析 ... 46
- 第三节 邮轮旅游者购买行为过程分析 ... 52

第4章 邮轮市场调研与预测 ... 62
- 第一节 邮轮市场营销调研的概念 ... 63
- 第二节 邮轮市场调研的内容和程序 ... 64
- 第三节 邮轮市场调查问卷设计 ... 72
- 第四节 邮轮市场预测的方法 ... 75

第5章 邮轮市场细分与目标市场选择 ... 84
- 第一节 邮轮市场细分概述 ... 85
- 第二节 邮轮市场细分依据与方法 ... 87
- 第三节 邮轮目标市场选择 ... 92
- 第四节 邮轮市场定位 ... 95

下篇　邮轮市场营销组合

第6章　邮轮市场竞争战略 ……………………………………………………… 103
 第一节　邮轮市场竞争对手分析 ………………………………………… 104
 第二节　邮轮市场竞争战略选择 ………………………………………… 108
 第三节　一般市场竞争者战略 …………………………………………… 112

第7章　邮轮旅游产品策略 ……………………………………………………… 120
 第一节　邮轮旅游产品概述 ……………………………………………… 121
 第二节　邮轮旅游产品类型 ……………………………………………… 124
 第三节　邮轮旅游新产品的开发 ………………………………………… 130
 第四节　世界邮轮旅游航线 ……………………………………………… 138

第8章　邮轮旅游价格策略 ……………………………………………………… 147
 第一节　邮轮旅游产品价格概述 ………………………………………… 149
 第二节　邮轮旅游产品定价目标与步骤 ………………………………… 152
 第三节　邮轮旅游产品定价方法 ………………………………………… 158
 第四节　邮轮旅游产品价格决策的误区与非价格竞争策略 …………… 165

第9章　邮轮旅游渠道策略 ……………………………………………………… 169
 第一节　邮轮旅游营销渠道概述 ………………………………………… 170
 第二节　邮轮旅游中间商 ………………………………………………… 174
 第三节　邮轮旅游营销渠道选择 ………………………………………… 178

第10章　邮轮旅游促销策略 …………………………………………………… 188
 第一节　邮轮旅游促销概述 ……………………………………………… 189
 第二节　邮轮旅游广告 …………………………………………………… 193
 第三节　邮轮旅游营业推广 ……………………………………………… 200
 第四节　邮轮旅游公共关系 ……………………………………………… 202
 第五节　邮轮旅游人员推销 ……………………………………………… 203

参考文献 ………………………………………………………………………… 210

上 篇
邮轮市场营销分析

第1章 邮轮市场营销概论

 **本章导读**

2016年2月29日,由中国交通运输协会邮轮游艇分会、上海虹口区人民政府、上海国际航运研究中心联合出品的《2015中国邮轮发展报告》(简称《报告》)在上海虹口区政府正式发布,自2009年起,《中国邮轮发展报告》已连续七年发布。

据中国交通运输协会邮轮游艇分会(CCYIA)统计:2015年我国有10个港口接待过邮轮,包括大连、天津、青岛、烟台、上海、舟山、厦门、广州、海口、三亚,我国内地共接待邮轮629艘次,同比增长35%;邮轮旅客出入境2 480 454人次(1 240 227人),同比增长44%。其中接待母港邮轮539艘次,同比增长47%;访问港邮轮90艘次,同比下降10%。乘坐母港邮轮出入境的中国游客2 224 209人次(1 112 104人),同比增长50%;乘坐邮轮访问中国的境外游客256 245人次(128 122人),同比增长4.7%。

《报告》介绍了全球邮轮市场发展、著名邮轮集团和港口的运营情况、中国邮轮产业发展政策,大陆与香港地区、台湾地区主要邮轮港口的发展动态,分析了中国邮轮产业的热点与问题,对2016年中国邮轮产业发展形势、趋势进行了透析与预测,还首次设置了中国邮轮产业法律前沿研究专题。

《报告》认为,过去10年我国邮轮产业发展处于培育期、粗放式的起步发展阶段,发展力量主要集中在邮轮政策制定、邮轮码头建设、邮轮船队引进、邮轮旅游观光和接待等方面,在邮轮管理、邮轮产业规划、邮轮制造、邮轮服务体系、邮轮市场机制、邮轮消费理念等方面还存在许多空白和不足;未来10年,我国邮轮产业发展将处于爆发期、市场细分的快速发展阶段,也是国家旅游局领导提出的黄金10年。

对于未来发展,CCYIA常务副会长兼秘书长郑炜航提出了加快出台财政税收政策扶持发展本土邮轮船队、加快推动中国本土邮轮制造业起步发展、大力发展国际邮轮入境游、把消费留在国内、鼓励国际邮轮公司和国际邮轮有序进入中国市场等10条发展建议。

上海国际航运研究中心主任真虹认为,适度放宽政策限制、创立自主邮轮品牌、加大人才培养供给,继而推动邮轮产业链全面成长与发展、积极参与国际竞争,是我国邮轮产业在供给改革方面最为紧迫、亟待解决的问题。

资料来源:中国水运网,http://www.zgsyb.com/html/content/2016 - 03/01/content_447573.shtml。

第一节　市场与市场营销

一、市场的概念

对环境的研究是企业营销活动最基本的课题。在营销活动中,企业要受到环境变化的巨大影响,并承受环境变化的压力。不论企业的营销活动规划得多么完美,都不可能离开周围环境而在真空中实施,都要受到机遇的挑战和各种变化着的因素的制约和影响。企业必须随着环境的变化而不断做出适应各种环境的反应,即调整自身的组织战略和策略等一切可控制的因素,在不断从外界吸纳各种物质和信息资源的同时,也通过企业自身的活动,输出产品、劳务和信息,对外界施加影响,以达到与周围环境的协调平衡。

从起源上说,市场是商品经济范畴,是商品经济的产物。自从有了社会分工和商品生产,就有了与之相适应的市场。由于社会分工,不同的生产者分别从事不同产品的生产,并为满足自身及他人的需要而交换各自的产品,从而使一般劳动产品转化为商品,使产品生产也转化为商品生产。正是在这一条件下,用来交换商品以满足不同生产者需要的市场应运而生。因此,市场是商品经济条件下社会分工和商品生产的产物。

随着生产力的不断发展和商品生产、商品交换的进步,市场得到空前的发展和繁荣,其内涵和外延也发生了极其深刻的变化。一方面,随着交换规模的扩大,市场冲破了地域分割,不仅越出了狭小的地区范围,形成一国的统一市场,而且扩展到国际范围,形成多国间乃至全球性的国际市场,从而使市场的空间范围极大扩展;另一方面,市场体系高度发育,不仅生产资料、消费品等商品市场趋向成熟,而且生产要素市场,如金融市场、劳动力市场、信息市场、技术市场、房地产市场等也得到充分发展。各类市场彼此衔接,相互依存,形成完备的市场体系,成为社会生产、交换、分配、消费等各类经济活动的枢纽。市场外延的扩大和内涵的变化表明,在现代市场经济条件下,市场的作用日益加强,它已经渗透到市场经济的各个方面,成为市场经济形式的集中表现,乃至包括了市场经济的全部内容。

随着社会分工和商品经济的发展,市场的概念也在不断发展和深化。人们在经济和社会生活中也往往从不同的角度和内涵上来使用"市场"一词。归纳起来,市场具有以下不同层次的多重含义:

其一,场所说。场所说认为市场是商业进行交换的场所。这是从地理位置而言的,即市场是商品交换的地方。在我国北方有"赶会""赶集"或"集市"的活动,在南方则有"赶场""赶墟"或"去埔"等说法。这是最简单的市场形式。后来发展到庙会、庙铺、贸易货栈、物资交流会、交易会、百货商场以及今天的超级市场和连锁店等。随着商品经济的发展,特别是现代电子技术及网络技术的发展,商品的交换已不再局限于某一时间或地点,买卖双方不必面对面地进行交易,而更多地采用电话、电报、传真、网络进行交易,即在虚拟市场上实现交易,市场就成了一个遍及全球的区域。

其二，关系说。从经济学角度看，市场是商品交换关系的总和。如果市场上存在买卖双方，他们之间都有可供交易的商品，且买卖双方都能接受交易条件（价格），市场交换才得以形成。在市场交换中，买方、卖方及商业中间人参与交换的目的，在交换中的地位和作用各不相同，因而都有各自不同的经济利益。因此，从经济关系角度看，市场体现着商品的买卖双方及商业中间人之间的关系，体现了人与人之间的经济关系，还体现着商品在流通过程中发挥促进或辅助作用的一切机构、部门与商品买方和卖方之间的关系。

其三，营销意义上的市场观。从营销意义上观察，市场必须有四个要素构成：人口、购买力、购买愿望及购买权利。在市场活动中，只有人口、购买力、购买愿望和购买权利四者结合起来，才能产生买卖行为。它反映了市场的人文特征和消费者的社会心理特征，这四要素的关系可用下面的等式表示：

市场 = 人口 × 购买力 × 购买愿望 × 购买权利

人是市场的主体，但仅有人还不能形成市场，人们还必须有钱去购买，同时还必须有购买的欲望，而且人们还必须拥有购买权利，这样才能形成市场。由上面的公式可以看出，这四个要素缺一不可，缺少任何一个要素都难以形成市场。

由此可见，市场是随着社会分工和商品交换而产生和发展的，是社会生产力发展到一定阶段的产物。虽然在不同的时期市场有着不同的内涵，但总的说来，市场具有地理特征、社会经济特征、人文特征、消费者的社会心理特征。

二、市场营销的概念

对于什么是市场营销，曾经有过多种口径不一、重点有别的表述。过去很长一段时间人们把营销等同于销售或促销，认为市场营销就是把生产的商品卖出去，实现其使用价值和价值的过程。这种认识显得有失偏颇。实际上，市场营销活动是一种复杂的综合性过程，包括市场调查与预测、选定目标市场、产品开发、定价、促销、分销和售后服务等一系列活动。如果企业不能生产出适销对路的产品，无论怎样推销，或许能够得益于一时，也绝不可能收效长久。从整个市场营销活动看，销售仅仅是整个市场营销的一部分，但不是市场营销的最重要部分，销售是企业市场营销人员的职能之一，但不是最重要的职能。

美国市场营销协会（AMA）定义委员会1960年给市场营销下过这样一个定义：

"市场营销是引导货物和劳务从生产者流向消费者和用户的企业商务活动过程。"这一解释尽管较之"营销=销售（推销）"的认识进了一步，但仍然有失偏颇，并不能全面概括和准确表述现代企业营销活动的全过程。事实上，为了占领市场、扩大销售、实现企业的预期目标，企业不仅要进行引导产品流向消费者这一段的经济活动，而且要进行"产前活动"（如市场调研、产品开发）和"售后活动"（如售后服务、收集反馈）。市场营销活动不仅以顾客为全过程的终点，更重要的是以顾客为全过程的起点。

1960年，美国密歇根大学教授、营销学大师杰罗姆·麦卡锡提出了著名的4P组合，即产品（product）、价格（price）、地点（place）和促销（promotion）的营销组合。这里提到的4P组合主要是针对有形产品而言的。其实，广义的产品应包含有形产品和无形服务两个方面。在发达国家里，服务的产值已远远超过狭义产品的产值。在我国，服务业被称为"第三产业",目前也得到了长足的发展。由于服务的无形性、所有权不能转移性以及不可分割性,"服务"这种产品营销更富于竞争性,对于产品营销的 4P 要素,服务营销就应该再加上 3 个 P,即人员(people)、过程(process)和公共关系(public relations)。

服务营销不仅包括对现实顾客的服务,而且也包括对潜在顾客的服务,不仅要提高顾客现实的(售后的)满意程度,还要提高预期的(售前的)满意程度。这进一步体现了市场营销的核心思想,即以消费者为中心。

综上所述,所谓市场营销是指企业利用自身的资源优势,在变化的市场环境中,通过市场交易满足目标市场现实或潜在需求的综合性商务活动的过程,它以市场需求为起点,也以市场需求为终点,适应市场环境的变化,实现商品价值的交换。

第二节 邮轮市场营销

邮轮市场营销是市场营销在邮轮旅游业中的具体应用。第二次世界大战以后,随着现代旅游业的兴起和邮轮市场竞争的发展,越来越多的邮轮企业经营管理人员开始重视研究市场营销学理论,并借鉴其他行业企业营销的实践成果,结合邮轮市场的特点逐步展开邮轮企业的营销管理活动,从而推动了市场营销在邮轮市场中的运用和深入,同时也促成了邮轮市场营销学的形成和发展。

一、邮轮旅游市场

邮轮的原意是指海洋上的定线、定期航行的大型客运轮船。"邮"字本身具有交通的含义,而且过去的跨洋邮件总是由这种大型快速客轮运载,故此得名。随着航空业的出现和发展,原来的跨洋型邮轮基本上退出了历史舞台。现在所说的邮轮,实际上是指在海洋中航行的旅游客轮。

古代邮轮是邮政部门专用的运输邮件的交通工具之一,并且同样运送旅客,但一般的邮轮均带有游览性质。由于在邮递服务的初期,洲际的邮递服务,都是依靠邮务轮船将信件和包裹由此岸送到彼岸,这些英国轮船往往需要悬挂英国皇家邮政的信号旗。在 1850 年以后,英国皇家邮政允许私营船务公司以合约形式,帮助他们运载信件和包裹。这个转变,令一些原本只是载客的船务公司旗下的载客远洋轮船,摇身一变成为悬挂信号旗的载客远洋邮务轮船。"远洋邮轮"一词,便因此诞生。

但后来由于喷气式民航客机的出现,远洋邮轮渐渐丧失它的载客、载货功能和竞争力;远洋邮轮的角色,亦由邮轮演变为只供游乐的邮轮。所以严格上来说,现在一些旅程或长或短的玩乐式邮轮,由于丧失了运载信件和包裹的功能,只能称之为邮轮,而不是邮轮。跟远洋邮轮不同的是,邮轮通常不会横渡海洋,而是以最普遍的绕圈方式行驶,起点和终点港口通常亦是同一港口,旅程通常亦较短,少至 1~2 天,多至 1~2 星期。邮轮旅游已成为国际旅游业的一个重要部分。

现代邮轮是一种"漂浮的酒店",是漂浮在海面上的"超五星级宾馆",被称为"无目的地的目的地"和"海上流动度假村"等。因此,邮轮不仅仅是一种运送旅客游山玩水、欣赏美景的工具,而且是一种休闲度假的综合服务平台。邮轮公司向旅客提供不同期限、不同航线的多种服务。

邮轮业和其他休闲旅游业的本质区别就在于邮轮旅游既是一种交通方式,又是一种旅游目的地。旅客巡游的经历不仅仅包括巡游本身,很大程度上还体现在欣赏国内外停靠港景色、享受船上精美住宿膳食服务、体验船上豪华休闲娱乐设施、参加丰富多彩的海岸远足游览等经历上。在实际操作中,邮轮公司可以提前将不同航线的船位出售给消费者,消费者可以通过诸如度假辅助计划(vacation planner)、旅游代理订位(travel agent locator)、热线订购(hot line)以及在线订购(book online)等多种渠道购买船票,从而方便有效地计划出行时间、出行航线、港口、景点以及邮轮上的餐饮、娱乐和岸上观光、远足等辅助服务。

全球邮轮旅游活动的主要区域为加勒比海区域、欧洲、地中海、亚洲/南太平洋、阿拉斯加等地,其中加勒比海地区和地中海区域是最为密集的邮轮旅游活动区。作为最成熟的邮轮旅游根据地,北美一直在世界邮轮旅游市场中占据着最重要的位置。该地区拥有众多运营优良的邮轮码头、完备的邮轮政策和产品销售网络以及根深蒂固的群众基础。

紧随北美之后,欧洲市场作为全球第二大邮轮市场,尽管受到欧债危机、利比亚和叙利亚政变、亚丁湾海盗以及各类自然灾害等影响,在2015年仍然保持着两位数的增长率。在欧洲内部,英国、德国以及意大利市场继续处于领跑地位,西班牙和法国紧随其后。

亚太地区是世界邮轮市场中较年轻但发展最快的一个分区,1992—2011年,亚太地区邮轮市场规模增加了134%,约占全球的3.5%,亚太地区正逐渐成为重要的邮轮旅游目的地之一,区域内客源市场规模也在不断扩大。

按照邮轮旅游的航域,亚太地区可划分为三大分区:南太平洋分区(澳大利亚、新西兰、印尼、巴布亚新几内亚等);东南亚分区(马来西亚、菲律宾、新加坡、印度、越南等地);远东地区(中国、朝鲜、日本、韩国等)。

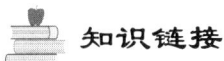 知识链接

邮轮旅游发展历程

世界邮轮旅游发展历程见表1-1。

表1-1 世界邮轮旅游发展历程

阶段	时间	主要功能	重点区域	特点/事件
远洋客运阶段	20世纪60年代以前	海上客运	大西洋两岸	20世纪60年代初期往返美欧大陆之间的跨大西洋客运班轮每年的客运量超过了100万,70年代初民用航空的发展使其急剧下降到每年25万左右

续表

阶段	时间	主要功能	重点区域	特点/事件
初期萌芽阶段	20世纪60~70年代	海上本国观光	欧洲地中海、美洲加勒比海（发源地）	1959年，歌诗达邮轮公司推出世界上第一艘完全意义上的专为休闲旅游娱乐而设计的海上邮轮Franca C，它为游客提供环美国和加勒比海地区为期7天和14天的邮轮旅游服务； 较短天数、较低价位、本国观光航线为主
快速发展阶段	20世纪80~90年代中期	海上国际休闲游憩	北美、欧洲	自1980年以来，邮轮旅游一直以年均8.6%的速度增长； 在1988年到1998年间，加勒比海地区停靠的邮轮数量从97艘增加到129艘，床位数从6.8万个增长到12.7万个，在1997年就为加勒比海地区带来约1000万的游客； 这一时期，目前世界上规模最大的三大邮轮公司（嘉年华、皇家加勒比、丽星）都在邮轮旅游行业奠定了稳固的基础，并在欧美主流消费市场建立了各自的邮轮网络； 邮轮产品日益丰富，开始高度细分
成熟拓展阶段	20世纪90年代中期至今	海上综合度假	北美、欧洲、亚洲	航线的平均航程达到6~8天，停靠目的港不断增多； 游客趋于大众化和年轻化，中等收入的邮轮游客增多，消费价格逐年下降； 行业竞争加剧，集中程度增高

资料来源：根据中交协等部门发布的《2008—2009中国邮轮发展报告》整理。

二、邮轮旅游特点

邮轮旅游市场作为社会整体市场的一部分，具有一般市场的基本特性。同时，由于邮轮旅游活动乃至邮轮旅游业本身所固有的特点，邮轮旅游市场相对于其他行业的市场来说，还具有以下特性：

（一）全球性——海上旅游的特性决定的

遍布全球的经营场所：以连接七大洲的整个海洋作为经营舞台。

遍布全球的码头：邮轮港口构成重要的网络节点。

来自全球的人员：船员与游客来自于全球几十个国家和地区。

（二）规模性——资本密集型决定的

公司规模：三大邮轮集团控制全球80%以上的市场份额，寡头垄断明显。

邮轮规模：30年间，邮轮吨位增长10倍以上，单船客位增长近8倍。

（三）聚集性——经济差异与产业规律决定的

母港聚集：大部分在北美。
客源聚集：90%的游客来自北美和欧洲。
航线聚集：70%的航线集中在北美和欧洲。
产业聚集：以邮轮码头为中心形成邮轮产业集聚区，邮轮母港的经济收益是停靠港的10~14倍。

 知识链接

邮轮公司总部

邮轮公司总部——美国垄断：

三大邮轮集团（嘉年华集团、皇家加勒比邮轮集团及丽星邮轮集团）控制了全球邮轮旅游市场80%的份额。

8大邮轮公司，6家总部在美国，亚洲与欧洲分别1家（见表1-2）。

表1-2 全球八大邮轮公司

全球八大邮轮公司	所属邮轮集团	成立时间	总部位于		邮轮数量（艘）
			国家	城市	
嘉年华邮轮（Carnival）	嘉年华邮轮集团	1972年	美国	迈阿密	22
荷美邮轮公司（Holland America）		1989年	美国	西雅图	15
公主邮轮（Princess）		1965年	美国	洛杉矶	18
歌诗达邮轮（Costa Cruises）		1959年	意大利	热那亚	15
皇家加勒比邮轮（RCI）	皇家加勒比邮轮集团	1968年	美国	迈阿密	28
精致邮轮（Celebrity）		1989年	美国	迈阿密	11
挪威邮轮（NCL）	云顶香港有限公司	1966年	美国	迈阿密	16
丽星邮轮（Star Cruises）		1993年	中国	香港亚太区	24

全球三大邮轮集团见表1-3。

表1-3　全球三大邮轮集团及各自旗下主要品牌情况

公司名称	简介	旗下品牌	邮轮类型	目标市场
嘉年华邮轮集团	世界最大的邮轮集团,占全球邮轮市场56%的份额 成立时间:1962年 总部:迈阿密 船队:拥有12个品牌,100艘邮轮 航线:南北美、欧洲、英国、亚洲、澳大利亚	嘉年华邮轮	现代型	北美市场
		公主邮轮	高级型	北美市场
		荷美邮轮	高级型	北美市场
		世鹏邮轮	豪华型	北美市场
		冠达邮轮	高级型	欧洲,尤其英国市场
		阿依达邮轮	现代型	德语市场
		歌诗达邮轮	现代型	欧洲及南美市场
		Ibero Cruceros	经济型	葡萄牙、西班牙市场
		P&O邮轮	高级型	英国市场
皇家加勒比邮轮集团	全球第二大邮轮集团 成立时间:1969年 总部:迈阿密 船队:拥有6个品牌,42艘豪华邮轮 航线:北美、欧洲、中东、亚洲、澳新等	皇家加勒比邮轮	现代型	北美市场
		名人邮轮	高级型	北美及欧洲市场
		精钻邮轮	豪华型	北美市场
		Pullmantour	经济型	西班牙市场
		CDF	现代型	法语市场
		TUI邮轮	经济型	德语市场
云顶香港有限公司（原"丽星邮轮集团"）	全球第三大邮轮集团 总部:香港 成立时间:1993年 船队:21艘 航线:主要面向亚太、欧美	丽星邮轮	现代型/经济型	亚洲市场
		挪威邮轮	现代型	北美、欧洲市场
		NCL邮轮	现代型	北美市场
		东方邮轮	现代型	欧洲市场

三、中国邮轮产业发展的特点

（一）一线三点,上海为主

中国国家旅游局副局长吴文学表示,中国的海岸线上将形成"一线三点"邮轮母港基本格局。即北部以天津港为中心,以韩日和西伯利亚东海岸为主的航线;中部以上海港为代表,以韩日、台港澳为主的航线;南部以厦门、三亚为核心,以东南亚和两岸为主的航线。不论是国际邮轮的接待量,还是邮轮游客的接待量,上海都占据全国的50%以上（见图1-1）。

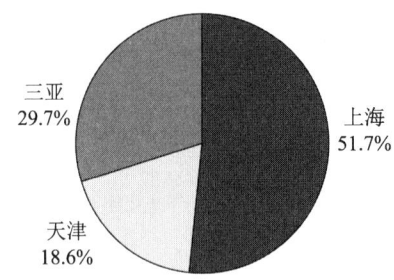

图 1-1 三大邮轮港 2013 年接待邮轮游客的结构

（二）母港开发火热

1. 可观的母港经济效应

按照国际惯例测算，一名邮轮旅客在邮轮停靠时消费能力为 30～40 美元/小时。欧美经验表明，邮轮母港的经济收益一般是停靠港的 10～14 倍。预计到 2020 年，邮轮经济对我国的经济贡献将达到 510 亿元。

2. 火热的母港规划建设

至 2014 年 8 月，已运营的上海、天津、厦门、三亚四个邮轮母港年接待能力 462.8 万人次；随着青岛、舟山母港的运营，2015 年中国母港接待能力将达 580 万人次；另外，大连、烟台、秦皇岛、宁波、温州、海口、广州、珠海等城市也在积极筹划建设母港或停靠港，在建和规划中的母港接待能力总计 500 万人次，未来中国邮轮母港将有 1000 万人次以上的接待力（见表 1-4）。

表 1-4 截至 2014 年全国主要已建、在建邮轮港情况

状态	城市	邮轮港/码头	开建时间	建成/运营时间	投资额（亿元）	泊位	年通关能力（万人次）	定位
已建	上海	吴淞口国际邮轮港	2008 年	2011 年	9.3	2 个（10 万、20 万吨各 1 个）	60.8	我国邮轮产业中心
	天津	天津国际邮轮母港		2010 年	12.4	6 个	92	北方最大邮轮母港
		天津国际邮轮母港二期	2012 年	2014 年				
	厦门	国际邮轮中心	2011 年	2013 年				中国东南沿海最有活力的区域性邮轮母港
	三亚	凤凰岛国际邮轮港	2007 年			1 个（8 万吨）	60	亚洲最大的国际邮轮母港之一
	舟山	舟山群岛国际邮轮港	2011 年	2014 年	5.6	1（10 万吨）	57	世界一流的大宗商品国际枢纽港
	青岛	青岛国际邮轮母港	2012 年	2014 年	50	3 吨（含 1 个 15 万吨）	150	中国北方重要的邮轮母港

续表

状态	城市	邮轮港/码头	开建时间	建成/运营时间	投资额（亿元）	泊位	年通关能力（万人次）	定位
已建	北海	北部湾港北海邮轮码头	2010年	2013年	7.2	2个（5万、2万吨），3个2000吨	200	南方接待能力最大的邮轮码头
在建	上海	吴淞口国际邮轮港二期	2014年	2017年		10万吨以上2个		亚洲第一大邮轮母港
在建	三亚	凤凰岛国际邮轮港二期	2014年	2017年	30	4个（10万、15万吨各1个，22.5万吨2个）	140	亚洲最大的国际邮轮母港之一
在建	厦门	国际邮轮中心二期	2012年	2020年	50	4个（10万吨以上）		海峡邮轮经济圈核心港
在建	深圳	蛇口国际邮轮母港	2011年	2020年	7.67	2个（5万、22万吨），货轮5个	180	华南地区最大的邮轮母港
筹建	大连	大连港	2014年		100			改造升级为国际邮轮中心
筹建	广州	南沙国际邮轮母港	2014年			2个（10万、22.5万吨各1个）	75	广东省海上国际客运旅游门户与枢纽

（三）非完整产业链

不完整的产业结构：目前中国的邮轮旅游经济主要还是产业链下游的港口码头经济，邮轮制造为空白，邮轮运营刚起步，直接收益份额很低。根据国际邮轮业协会（CLIA）的统计，港口服务、旅行社代理业务占直接经济收入的33%左右，而中国旅行社代理业务一般仅能拿到船票代理15%左右的回扣（见表1-5和表1-6）。

乘数效应尚难显现：邮轮经济乘数一般为1∶8~1∶14，中国邮轮经济乘数效应远低于此，邮轮经济带动产业、区域发展的效果不明显。

表 1-5　邮轮直接经济收入主要项目占比

项目	收入占比	
核心项目—港口服务	17.92%	54.31%
核心项目—旅行社代理	15.75%	
核心项目—航空服务	11.41%	
核心项目—游客消费	9.23%	
制造业	21.48%	
政府服务	13.64%	

资料来源：国际邮轮业协会（CLIA）统计。

表 1-6　中国邮轮产业链现状

	（上游）邮轮设计与制造	（中游）邮轮经营管理	（下游）邮轮码头配套服务
产值占比	20%	50%	30%
特点	技术与资金密集型	资本密集型	服务密集型
主要载体	邮轮船厂	邮轮公司	邮轮码头
主要内容	设计研发、原料采购、生产建设、加工制造、设备装配、舾装配置	航线设计、海上客运、酒店管理、购物休闲、市场推广、电子商务	港口服务、口岸服务、船舶维修、船舶供应、船员服务、岸上观光、商贸娱乐、公共交通
我国现状	完全空白 中国船厂仅完成建造航行于长江三峡区域的近岸型邮轮以及河湖型邮轮，但海洋邮轮产业起码3～5年以后才能起步。在2015年10月的第九届中国邮轮产业大会上，中国船舶工业集团宣布正式进军邮轮产业，与美国嘉年华集团签署谅解备忘录，将在我国设立合资企业，并在中船集团旗下船厂设计、建造中国首艘豪华邮轮	刚刚起步 2013年海航旅业"海娜"号和2014年渤海轮渡"中华泰山"号相继运营； 2014年，携程旅游购入了精致邮轮公司的三艘7万吨级邮轮，2015年夏天有望开设以中国为母港的邮轮航线	港口服务与船票代理为主； 一些邮轮公司与邮轮港口企业设立了专门的邮轮旅行社，如2010年上海国际港务集团投资成立了上海港国际邮轮旅行社； 一些旅行社也开设了邮轮业务部门，如锦江旅游有限公司、中国国际旅行社有限公司、广之旅国际旅行社等； 船票代理业务为旅行社在邮轮产业中的主要收入

（四）配套制度待完善

1. 口岸管理制度待常态化

中国口岸管理缺乏针对邮轮的细则规定，通关手续复杂，与国际脱轨。

2. 经营性机构设立障碍尚未突破

国际邮轮公司在中国的业务必须通过有经营业务资质的旅行社进行，其设立办事机构的意义不大，邮轮总部经济发展受限。

3. 行业税费标准亟待规范

中国针对邮轮的港口收费远高于周边国家和地区，各港口收费标准差异较大，客、货轮区别不明显。

4. 带薪休假制度待落实

带薪休假制度的实行现状严重限制远程航线发展。

第三节 邮轮市场营销学

一、邮轮市场营销学的研究对象

邮轮市场营销学是邮轮旅游业发达国家在现代邮轮市场经营活动的基础上发展起来的一门邮轮企业经营管理学科，也是市场营销学在邮轮旅游行业的应用和发展。本书所指的"邮轮企业"是指专门从事邮轮运营的企业，如嘉年华集团、皇家加勒比邮轮公司、丽星邮轮公司等。

邮轮市场营销学主要研究邮轮企业营销活动及其规律，即研究邮轮企业如何根据邮轮旅游市场需求来配置邮轮旅游资源和邮轮旅游设施、提供相应旅游服务，从而达到既使消费者满意又使邮轮企业盈利的目的。邮轮旅游需求管理问题是邮轮市场营销学研究的核心。

从所谓现代企业营销战略的"金三角"关系（企业、顾客、消费者）来看，邮轮市场营销学研究的具体问题指向三种行为：邮轮旅游消费者行为、邮轮竞争者行为和企业自身的营销管理行为。同时，对于一个旅游目的地来说，政府往往对邮轮市场营销具有重大影响，有的甚至会主导旅游目的地的营销，因此，政府与邮轮旅游相关的政策和行为也应该纳入研究的视野。

从邮轮旅游产品交换实现的条件和运作过程来看，邮轮市场营销学的研究对象包括：

一是邮轮旅游需求与供给发生的自然与社会环境；

二是邮轮旅游市场和旅游营销的基础理论和研究方式；

三是邮轮旅游消费者购买行为和消费行为；

四是邮轮旅游市场的竞争方式和竞争行为；

五是邮轮企业营销管理行为（包括营销战略、营销策略及营销组织与管理等）。

从构成上讲，我们可以把邮轮市场营销学分为宏观和微观两个层面：

宏观层面。邮轮市场营销学要侧重研究社会整体的邮轮旅游需求的满足,其目的是实现邮轮旅游产品供给与需求的平衡,增加社会福利。具体涉及旅游营销的道德影响、政策法律环境以及旅游营销系统功能、结构演变等问题。

微观层面。邮轮市场营销学主要研究邮轮企业的邮轮旅游产品与旅游消费者如何实现交换。本书主要讲述微观层面的邮轮市场营销学。

二、邮轮市场营销学的研究内容

邮轮市场营销学的研究内容包括以下三大方面:

(一)邮轮市场营销决策

邮轮企业的营销管理是在特定宏观市场环境和微观市场环境下,在周密而科学的市场营销调研的基础上,依据企业发展的总体目标和战略规划而展开的。市场营销决策要研究市场调查和预测的基本内容和方法、研究邮轮企业内部如何制定市场经营战略、研究如何制订和实施企业的市场营销计划并进行决策。

(二)邮轮市场营销策略

邮轮市场营销策略是邮轮市场营销学的核心,一般包括以下四个方面:

1.邮轮旅游产品策略

产品策略是市场营销组合的支柱和基础。邮轮旅游产品策略的正确与否直接影响邮轮旅游企业经营的全局。邮轮市场营销组合策略的其他因素都应围绕产品和服务这个中心来制定和管理。邮轮旅游产品策略主要研究以下内容:邮轮旅游产品的概念、特点;产品生命周期;邮轮旅游产品的市场定位;邮轮旅游新产品的开发策略;邮轮旅游产品组合策略。

2.邮轮旅游产品价格策略

邮轮旅游产品的价格是市场营销最敏感的因素,直接受市场供求变化的影响。邮轮企业制定价格时,要研究影响邮轮旅游产品价格的各种因素,按照邮轮旅游价格的定价目标,适用恰当的邮轮旅游产品的定价方法,采取有竞争力的邮轮旅游价格的定价策略,同时也要考虑非价格竞争策略。

3.渠道策略

现代企业为追求"规模经济"而不断地扩大旅游产品的生产规模,而如何将各种类型的邮轮旅游产品传递到邮轮旅游消费者手中自然成为邮轮市场营销的一个重要方面。渠道策略对于更好地满足旅游者的需求,使产品最快最便捷地进入目标市场,尽量缩短产品传递的过程,节省产品的销售成本起到积极作用。现代邮轮旅游产品的流通渠道一般都要通过大量批发商、代理商、经销商以及零售商等多重环节,特别是国际旅游,更需要通过其他国家地区的旅行社等经销机构等多个环节,这就加大了邮轮旅游产品中的营销成本。为此,流通渠道的选择对于扩大旅游市场、提高旅游市场占有率有重要的作用。流通策略主要包括旅游产品销售渠道的选择、产品营销中介的建立及产品营销渠道计划的制订三个方面。

4.促销策略

促销的目的不但在于向旅游消费者出售其需要的邮轮旅游产品,而且可以刺激邮轮旅游需求,挖掘潜在邮轮旅游市场,不断扩大市场占有率。在邮轮旅游业发达的国家,邮轮企业在产品促销过程中积累了丰富的促销经验,由此总结出成套的推销艺术和广告艺术。前者指人员销售,由推销员挨户进行面对面的推销。后者为非人员销售,是以文字、广播、图像等大众媒介为工具而进行的推销。促销策略的基本内容包括以下内容:邮轮旅游产品营销计划的制订,促销人员的培训,邮轮旅游产品的广告促销以及邮轮企业的公关销售。另外,邮轮企业售后服务也成为销售策略的附加内容。

三、邮轮市场营销学的研究方法

(一)宏观分析和微观分析相结合

邮轮市场营销学的研究,要注重邮轮旅游宏观环境和邮轮旅游微观环境的因素。从宏观的角度,需要研究世界局势、邮轮旅游客源国与目的地国的政治环境、经济环境、社会文化环境。从微观的角度,需要研究分析旅游者的年龄、特点、职业、经济收入、购买习惯、旅游兴趣与偏好,以及个体旅游者现实与潜在的需求。而且,还要从微观的角度研究邮轮企业产品的开发、旅游价格的制定、旅游产品的分销、旅游产品的渠道管理等内容,以制定出相应的策略指导旅游企业的经营决策活动。

(二)定性分析与定量分析相结合

定性分析是建立在经验和逻辑思维的基础上,运用历史分析法、描述法、交叉影响分析法对事物进行分析的一种方法。邮轮市场营销中的许多问题,如邮轮旅游者的态度、行为、动机等无法量化,只能对其进行定性分析。定量分析是建立在数学、统计学、运筹学、系统论、控制论、信息论、计算机学等学科的基础上,运用方程、图表、数学、模型和计算机等进行的数量分析。定量分析能够揭示事物发展与变化的程度,邮轮市场营销中关于邮轮旅游市场规模、邮轮旅游环境容量、邮轮企业市场占有率等问题都需要通过定量分析获得较为准确的结果,以方便邮轮旅游营销决策的制定。

(三)动态分析的方法

动态分析的方法是相对静态分析而言的。在邮轮市场营销的研究中采用动态分析方法的主要原因有以下几点:首先,影响邮轮市场营销的外在因素,即邮轮市场环境因素,如政治、经济、社会、文化、法律、技术等市场环境不是固定不变的,而是经常变动的。邮轮市场营销学必须研究国内外市场环境的变化,以便制定出正确的战略和策略来与发展变化了的外部环境相适应。其次,邮轮企业竞争对手的战略、策略、市场占有份额等情况,客观上是经常变动的,因此,对竞争对手的研究就不能采用静止的分析方法。尤其是研究潜在竞争对手,更需要采用动态分析的方法。再次,影响邮轮市场营销的内在因素,如邮轮企业的市场营销组合、产品策略、促销策略、价格策略、渠道策略等因素,邮轮企业可以主动进行调整。然而,邮轮企业的主动调整绝不能主观进行,必须符合客观要求,也就是必须与客观变化的情况相适应。这就要求对这些内容内在因素的研究及其策略的制定,必须主要采用动态分析的方法。

（四）实证分析的方法

邮轮市场营销学是一门应用性较强的管理学科，其研究目的是为了指导邮轮企业的营销工作。因此，邮轮市场营销学的研究必须从现实出发，研究邮轮企业的营销实践活动，总结和概括邮轮企业的营销经验，然后把已经取得的研究成果再运用于营销实践，进行验证。邮轮市场营销学进行实证分析，应以邮轮企业面临的国内外市场环境、市场竞争态势、邮轮企业的应对策略与方法措施等客观现实和实际运作作为研究对象，使研究成果对实践工作起到更好的启发与指导作用。

本章小结

邮轮旅游市场作为市场的一个组成部分，连接着邮轮旅游生产者和邮轮旅游消费者，激烈的市场竞争迫使邮轮企业也逐渐转向以游客为导向，邮轮市场营销是现代邮轮企业把握邮轮旅游市场、赢得市场竞争的锐利武器。邮轮市场营销学是研究邮轮市场营销活动基本框架和运行规律的学科，是指导邮轮企业开展市场营销、提高邮轮市场竞争力的基本理论依据。

本章主要介绍市场营销和市场营销学的基本原理，阐述邮轮市场营销的兴起和发展轨迹，并分析邮轮市场营销学的研究对象、内容体系和研究方法等基础内容。

思考题

1. 什么是市场和市场营销？
2. 邮轮市场有哪些特点？邮轮市场营销 4P 组合策略有哪些？
3. 邮轮市场营销学的研究方法主要有哪些？
4. 以小组为单位，搜集中国市场上各大邮轮公司的相关信息，了解这些邮轮公司开展的营销活动有哪些，并分析这些营销活动的特点。

案例分析

中国邮轮乘客年均增长率达 79%，国际邮轮巨头纷纷在华扩大业务

国际邮轮协会 17 日发布的研究报告显示，亚洲邮轮乘客人数过去两年的复合年均增长率为 34%，2014 年达到近 140 万人。这一增长主要是由中国大陆推动的。过去两年，中国大陆的邮轮乘客人数年均增长率为 79%，达到 69.7 万人，几乎是亚洲其他市场乘客人数的总和。

与美国相比，中国的邮轮市场仍在初级阶段，但中国是该行业增长最快的地区，吸引着邮轮公司与国内企业签约开发港口并新开邮轮航线。

1. 外国邮轮巨头看好中国市场

美国《华尔街日报》19 日报道称，为了满足中国新兴中产阶级的需要，嘉年华邮轮公司、

皇家加勒比邮轮公司等跨国公司正在扩大业务。

皇家加勒比邮轮公司董事长兼总裁、国际邮轮协会主席亚当·戈尔茨坦预计，未来若干年，中国和亚洲邮轮业的发展将领跑整个行业。

戈尔茨坦在接受采访时说："中国的发展空间巨大。如果你10年前、甚至5年前问我们，我们会认为有朝一日亚洲市场规模超过北美是科幻小说中的场景，我认为我们现在不会这样说了。"

总部位于美国迈阿密的皇家加勒比邮轮公司，计划安排该公司最新的邮轮"海洋量子"号在今年6月从纽约驶往上海，与该公司目前在华的三艘邮轮共同为中国服务。"海洋量子"号有16层甲板，设有模拟跳伞等娱乐设施。这艘邮轮可承载4180名乘客，抵达上海后将驶向日本和韩国。2014年11月，皇家加勒比邮轮公司表示，它与中国携程旅游网成立合资企业，组建在上海运营的天海邮轮公司。

嘉年华邮轮公司也对中国寄予厚望。2014年1月，该公司表示正与中国国企招商局集团商谈在华组建两家合资企业，以修建邮轮港口、建造邮轮等。2015年该公司与中国船舶工业集团公司签订了谅解备忘录，改造中国船舶的一处船坞，并与世界顶级邮轮制造商意大利造船金融股份公司携手建造邮轮。

2.中国潜力巨大

据国际邮轮协会预测，2015年、2020年全球邮轮乘客将达到2500万、3000万人次的规模。而目前，亚太区的35亿人口中，邮轮市场渗透率不到0.05%；而北美洲邮轮市场渗透率约达3.2%；欧洲邮轮市场渗透率约为2%。中国邮轮市场的方兴未艾，也为市场的高速发展提供了坚实基础。

国际邮轮协会称，中国35岁以下的年轻人是出国游的主力军，这非常有利于邮轮巨头在中国开展业务。在全球四大邮轮市场——中国、马来西亚、印度尼西亚和菲律宾，10名游客中超过4人是40岁以下的中青年人。

该协会预计，今年将会有52艘邮轮在亚洲投入运营，年复合增长率达到10%。亚洲地区今年的长途旅游航线也增至1065条，年增长11%。邮轮的运营天数也从2013年的4307天增长至2015年的5824天。

中国的公司也看到了国内市场的巨大潜力。2015年11月，携程旅游与国际知名邮轮公司皇家加勒比邮轮公司建立战略合作关系，并共同出资成立天海邮轮合资公司。

"通过和皇家加勒比邮轮公司的战略合作，我们将为中国客人量身打造最好的邮轮体验，"天海邮轮董事长兼首席执行官范敏说，"天海邮轮必将成为中国快速发展的邮轮市场中的核心力量。"

目前，国内在线旅游公司都将主要资源砸向邮轮业务，不少在线旅游公司都将包船作为主要的运营模式。

不过，这种投入并非没有回报。携程旅游表示，由于近来邮轮航线较为火爆，需要提前3~4个月预订。

中国政府也在鼓励邮轮行业的发展。2013年4月，习近平总书记在视察海南三亚邮轮母港时，要求海南"加紧推进三亚国际邮轮母港建设，壮大邮轮产业，建设环南海邮轮旅游区"。2014年,国家旅游局起草编制《中国邮轮旅游发展总体规划》,邮轮产业迎来了更好的发展契机。国家发改委明确表态:支持海南打造国际邮轮中心,拓展面向东南亚的邮轮航线,并在对外宣传促销中继续重点推介包含海南邮轮旅游在内的海上丝绸之路旅游线路。

资料来源:观察者网,http://www.guancha.cn/economy/2015_03_19_312876.shtml。

结合案例思考以下问题:

(1)查阅更多的资料,对比业已成熟的欧洲和北美邮轮市场,思考中国邮轮旅游的市场潜力究竟有多大?

(2)为什么这些大型邮轮公司大力进军中国市场?

(3)尝试为某家邮轮公司制订一份营销计划。

第2章 邮轮市场营销环境

本章导读

近年来,中国邮轮市场增长迅速,在全球邮轮市场的地位迅速提升。比达咨询发布的《2015年中国在线邮轮市场年度报告》数据显示,2015年全球邮轮市场收入规模为385.9亿美元,增长率达10.6%,而中国邮轮市场的收入规模为45.3亿元人民币,增长率达35.2%,增速是全球市场的三倍多。预计到2018年,中国邮轮市场的规模将突破100亿元人民币。邮轮市场的高速增长和良好前景也得到了政府部门的高度重视。交通运输部2015年4月印发了《全国沿海邮轮港口布局规划方案》,提出2030年前全国沿海形成以2~3个邮轮母港为引领、始发港为主体、访问港为补充的港口布局,构建能力充分、功能健全、服务优质、安全便捷的邮轮港口体系,打造一批适合我国居民旅游消费特点、国际知名的精品邮轮航线,使我国成为全球三大邮轮运输市场之一,邮轮旅客吞吐量位居世界前列。

从欧美海外旅游发展历程来看,邮轮旅游人次最高可占到全部出境人次的1/3以上。相比于中国上亿出境人次的总量,中国的邮轮旅游渗透率还很低,发展前景不可限量。早日布局邮轮市场,是旅游企业在整个旅游上游产业战略计划的一部分。促成旅游企业继续深耕邮轮市场的原因主要有两个:一是目前邮轮市场集中在大型城市,也就是长三角和京津地区,市场拓展的潜力还很大,未来对于二三线市场的渗透会拉动邮轮市场的快速增长。现在虽然需要培育消费习惯,但是如果不进入的话日后势必在市场上会形成劣势。二是邮轮市场主要面向中老年游客与家庭市场的出境游,这也是我国目前增长速度最快的一个细分领域。

面对我国蓬勃发展的邮轮旅游,邮轮企业开展市场营销活动,首先要分析邮轮旅游营销环境,包括宏观环境分析和微观环境分析两个部分。其中,宏观环境分析主要包括政治环境分析、经济环境分析、社会环境分析、技术环境分析和自然环境分析五个方面;微观环境分析主要包括邮轮企业分析、供应商分析、营销中介分析、消费者分析、竞争者分析和社会公众分析六个方面。

资料来源:品橙旅游,http://www.pinchain.com/article/63154。

第一节　邮轮市场营销宏观环境分析

对环境的研究是企业营销活动管理的最基本的课题。在营销活动中,企业要受到环境变化的巨大影响和承受环境变化的压力。不论企业的营销活动规划得多么完美,都不可能离开周围环境而在真空中实施,都要受到机遇的挑战和各种变化着的因素的制约和影响。企业必须随着环境的变化而不断做出适应各种环境的反应,即调整自身的组织战略和策略等一切可控制的因素,在不断从外界吸纳各种物质和信息资源的同时,也通过企业自身的活动,输出产品、劳务和信息,对外界施加影响,以达到与周围环境的协调平衡。

市场营销环境是泛指一切影响、制约企业营销活动最普遍的因素,是造成环境威胁和市场机会的主要力量和因素,它可分为宏观市场营销环境和微观市场营销环境。

市场营销宏观环境也叫间接营销环境,指影响企业营销活动的社会性力量和因素,包括政治法律、经济环境、法律环境、社会环境、技术环境及自然环境等。

一、政治环境

政治与法律是影响企业营销活动的重要的宏观环境因素。政治因素像一只有形之手,调节着企业营销活动的方向,法律因素规定了企业营销活动及其行为的准则。政治与法律相互联系,共同对企业的市场营销活动发挥影响和作用。影响邮轮企业营销的政治环境主要包括政策环境和法律环境两个方面。

(一)政策环境

政治环境是指企业市场营销活动的外部政治形势和状况以及国家的方针和政策。企业主要是分析政治环境的变化给企业的市场营销活动带来的或可能带来的影响。

越来越多的中国人选择出境旅游或度假,造就了中国邮轮市场发展的大好时机。近年来,政府陆续出台了多个支持我国发展邮轮产业的意见及办法。国家旅游局《关于进一步促进旅游业发展的意见》(2007年)、国务院《关于促进我国邮轮经济发展的指导意见》(2008年)、国家发改委《促进我国邮轮业发展的指导意见》(2008年)、国务院《关于加快发展旅游业的意见》(2009年)、交通运输部《关于外国籍邮轮在华特许开展多点挂靠业务的通知》(2009年)、国务院《推进海南国际旅游岛建设发展的若干意见》(2010年)、公安部《邮轮出入境边防检查管理办法》(2014年)、交通运输部《全国沿海邮轮港口布局规划方案》(2015年)以及国务院《关于进一步促进旅游投资和消费的若干意见》(2015年)等均提出了对发展邮轮产业的支持。

2012年,中交协邮轮游艇分会也正在促进国家相关部门在天津、上海两个母港城市进行关于邮轮产业试点区政策的推进,如对注册在试点区的邮轮公司、全球或地区总部迁移试点区的境外邮轮公司给予相关政策鼓励和便利;对试点区邮轮产业链相关公司企业免收营业税;试点设立的邮轮单船融资租赁公司,允许开设离岸账户,鼓励并帮助国内企业通过银行融资、邮轮产业基金等方式解决融资问题;争取在区内设立免税店和离港退税点等,这些政策真正实施起来后,一定会进一步在邮轮产业中"链"上商机。

除了国家层面的扶植政策,地方政府也在紧锣密鼓地出台支持政策。

上海将加快中国邮轮发展实验区建设,促进邮轮经济发展。上海将推动台湾地区航线常态化运营,并探索"光租"邮轮模式。此外,将不断开发从上海始发的多港挂靠航线以及包括我国台湾地区、香港地区和其他境外港口的混合航线,逐步开发到东南亚等地的中长途航线,争取有条件试点邮轮公司经营公海游,同时争取72小时过境免签尽快落地。

天津发布《中国邮轮旅游发展实验区建设三年行动方案(2015—2017年)》(2015年),该方案表示今后国际邮轮进出境将实行24小时通关保障,并争取过境免签、入境购物免税等措施强化港口旅游竞争力,同时将争取无目的地邮轮线路许可政策等国家相关政策支持,吸引更多邮轮游客上岸旅游、消费。此外,天津未来还将简化国际邮轮人员进出境联检手续,有望实行72小时过境免签政策。

福建也准备开拓更多邮轮旅游产品。福建省将力推邮轮旅游产业发展,发挥台港澳旅游的优势,构建环海峡旅游圈。从2014年开始,政府帮助企业推动邮轮旅游营销,设计开发"高铁+邮轮""高速+邮轮"等系列旅游产品,做热厦门—台湾—香港—厦门邮轮航线。

目前我国邮轮运营公司虽处于发展的起步阶段,规模相对较小,但随着利好政策的不断出台,未来具有实力的邮轮运营公司将迎来加速发展机遇。

 知识链接

韩国签证和退税政策放宽刺激中国游客赴韩旅游

2015年12月16日,韩国政府公布《2016经济政策方向》,对中国游客进一步放宽签证政策。受此利好因素刺激,近日韩国游人气明显上升,预计明年中国赴韩旅游有望重回高速增长,成为首选的出境游目的地国家之一。

携程2015"双旦"大数据显示:跨年国民出行最多的海外旅行目的地分别是韩国、泰国、中国台湾地区、日本、柬埔寨。

根据《2016经济政策方向》,2015年7月起韩国对中国团队游客实行免除签证费的优惠政策将再次延长至2016年年底,这一政策极大地刺激了中国游客赴韩旅游恢复性增长。

此前,从2015年6月开始韩国市场受MERS影响客流急剧下跌,至7月份影响达到最大,当月的赴韩人数已降至全年最低点,并一直延续到8月,使原本的旅游旺季陷落至低谷。

韩国签证政策放宽是刺激游客增长的因素之一。根据新的签证政策,韩国方面将5年多次签证免提供资产证明的签发对象范围放宽。

除了签证方面的宽松政策外,退税方面的新政也显得颇为诱人。韩国政府计划从2016年1月1日起面向外国游客实施即时免税制度。消费者购物单笔低于20万韩元(约合1200元人民币)消费总额不超过100万韩元(约合5910元人民币),均可在现场获得退税,游客不必再到机场办理退税。

资料来源：中国交通运输协会邮轮游艇分会；http://www.ccyia.com/news/xingyexinwen/2015/1225/2766.html；2015-12-25。

 **知识链接**

上海市政府拟颁布《上海市邮轮旅游经营规范》

上海市新闻办官方微博"上海发布"2015年12月22日透露，为规范本市邮轮旅游经营，保障旅游者的合法权益，即日起至12月28日，《上海市邮轮旅游经营规范》（以下简称《规范》）向社会公开征求意见。该征求意见稿对邮轮旅游定义、邮轮旅游合同、保险以及特殊告知义务等做了相关解释和说明。

《规范》第十条明确，邮轮公司在国内设立的船务公司可以直接销售邮轮船票，也可以委托有资质的旅行社销售邮轮船票。如遇不可抗力可能危及邮轮和旅游者人身安全的情况，邮轮船长有独立决定权，可以决定变更航线或者停止执行。邮轮公司、船员、码头、旅行社、旅游者均无权干涉，并应予以配合。不过，船方以及旅行社都应该及早告知游客。

在第十八条纠纷解决中，明确规定，旅行社代理销售、购买邮轮船票，因邮轮公司未按照合同约定提供相关服务产生的和旅游者之间的邮轮旅游纠纷，由邮轮公司负责纠纷解决；因旅行社在销售船票过程中未依法履行告知义务产生的纠纷，由旅行社负责解决纠纷。

另外还规定，旅行社把邮轮船票与岸上观光服务组合成报价旅游产品，违反邮轮旅游合同约定发生纠纷的，由组团社牵头负责纠纷解决。因邮轮公司的原因造成旅游者人身损害、财产损失的，或者因邮轮航程取消、变更发生纠纷的，由邮轮公司牵头负责纠纷解决，旅行社应当协助纠纷解决。

资料来源：澎湃新闻，http://www.pinchain.com/article/60722，2015-12-24。

（二）法律环境

法律环境是指国家或地方政府颁布的各项法规、法令和条例等。法律环境对市场消费需求的形成和实现具有一定的调节作用。

尽管从2006年以来中国邮轮经济发展速度令全球刮目相看，但相比中国邮轮旅客入境游占95%的韩国，中国全国人民代表大会至今未出台邮轮相关法律，而韩国国会后来居上于2015年2月颁布邮轮振兴法案。中国现有的一些法律环境对发展邮轮业的民族品牌存在一定制约。邮轮在中国大踏步发展是最近几年的事，相关法律法规的制定明显滞后，表现出来就是对中资本土邮轮还有诸多的限制。例如，标准严苛、税收较高、通关条件不如西方，等等。而在目的地的建设、配套的服务、海况与航线等方面，也还存在明显不足。

伴随着邮轮旅游渐趋火热，对于邮轮旅游的投诉也日益增加，如何减少邮轮游乘客与运营船方之间的纠纷成为旅游行业的一大热点问题。业内人士认为，解决和减少邮轮旅游纠纷的根本措施是，从邮轮旅游活动开始前、过程中和结束后的全过程管理出发，依据我国相关法律法规，建立有关邮轮旅游质量的监管制度和机制。在邮轮旅游活动过程中，及时建立和启动游客和邮轮公司之间争议问题的沟通、协商、投诉与仲裁机制。

从根本上说,标准缺失、法律关系和法律适用不明确等问题,制约着中国邮轮旅游经济的发展,目前亟须尽快建立一套快速有效的纠纷解决机制,以保障邮轮经济的健康发展。上海新修订的《上海市旅游条例》(2015年)已注意到这些问题,用法律条文来规范邮轮公司、码头和旅行社三者的权利和义务,上海也将成为我国用法治推动邮轮旅游健康发展的探索者和先行者。

 **知识链接**

遇不可抗力船长可改航线

随着邮轮旅游的火爆,相关纠纷也日益增多。

与陆地旅游不同,邮轮更容易受到天气、疫情、战争等各方面因素影响,遇到不可抗力,责任该由谁来承担?各方权益该如何保障?记者昨天获悉,本市即将出台《上海市邮轮旅游经营规范》,其中明确规定,遇到不可抗力,邮轮船长有权决定是否临时更改航线。

1.细化不可抗力下的责任

上海国际航运研究中心邮轮游艇研究所副所长程爵浩向记者介绍,根据《规范》约定,旅行社应在出发前召开行前说明会,引导旅游者正确认识邮轮旅游,避免安全问题及其他纠纷的发生。邮轮公司应当按照合同上既定的航线行驶,并且提供承诺的相关服务,不得擅自改变航线或者减少服务项目和服务内容。

如遇不可抗力可能危及邮轮和旅游者人身安全的,邮轮船长有独立决定权,可以决定变更航线或者停止航行。邮轮公司、船员、码头、旅行社、旅游者均无权干涉,并应予配合。船长决定变更航线或者停止航行的,邮轮公司应当会同旅行社等有关单位做好后续处置工作。

2.可设航线变更险转嫁风险

那么,邮轮公司和旅行社又该如何处置呢?《规范》明确,在邮轮旅游行程开始前,因不可抗力等原因导致邮轮延误、不能靠港、变更停靠港等情况的,邮轮公司、旅行社和码头应第一时间向旅游者告知不可抗力的具体情形、邮轮航线变更情况、解决方案等内容。在邮轮旅游行程中,因不可抗力等原因导致邮轮延误、不能靠港、变更停靠港等情况的,邮轮公司应当以中文等语种通过广播、公告屏、舱内电视、书面通知等形式向旅游者发布信息,告知不可抗力、客观原因的具体情形、邮轮航线变更情况、解决方案等内容,安排工作人员对旅游者进行解释、劝导。旅行社应当配合,并和邮轮公司一起制订和实施应急方案。

尽管《规范》出台后能够在一定程度上缓解因为不可抗力因素导致的相关矛盾,但有游客仍然会有心理障碍,认为变更航线给他们带来了精神或金钱上的损失,应当给予赔偿。对此,专家建议,可以适时引入邮轮旅游行业的保险机制,将航线变更等也纳入保险范围,减少游客损失。

资料来源:新浪网,http://www.ccyia.com/news/xingyexinwen/2016/0301/2912.html,2016-03-01。

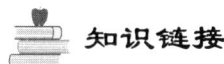

邮轮产业四大法律政策瓶颈

第一,买船的限制。中国目前的政策规定,如果是买二手船,只能买10年以内船龄的船舶。

第二,针对船员的限制。一般邮轮上面有几十个国家的游客,所以需要配备二三十个国家的海乘人员,包括客房、餐厅、酒吧的服务员。而我们国家对船员国籍的比例是有要求的。

第三,经营项目上的限制。邮轮上娱乐场所很常见,比如Casino(博彩)厅。只要是挂中国国旗的邮轮,就必须遵守中国法律,即使这艘邮轮在公海上,也不允许博彩。

第四,邮轮上免税店的限制。免税店在邮轮上很常见,但是在我国开设免税店都需要经过严格的审批。邮轮上的免税店怎么审批,我们国家还没有出台相关的办法。

资料来源:企业观察报,http://www.pinchain.com/article/48320(节选),2015-09-07。

二、经济环境

经济发展水平主要包括国民生产总值、工农业生产总值、国民收入、发展速度、基建规模、主要产品产量等因素。经济发展水平高,人均收入高,社会购买力就大,市场营销的机会就多;反之,经济衰退,市场就萎缩,对企业的营销活动就会造成威胁。同样的市场,在经济繁荣时和经济衰退时会表现出不同的市场潜量,同样的营销投入也会产生不同的销售额。

中国邮轮市场目前渗透低而增速高。近年来,在我国居民收入不断提高以及消费升级的助推下,邮轮游人数呈现40%以上的爆发式增长。随着国内中产阶级和富裕阶层不断壮大,加之银发一族的加入,邮轮市场将呈现高增速态势。邮轮作为我国的一个新兴产业,正不断受到出境游旅客的追捧,未来发展前景广阔。

据不完全统计,中国大陆包括香港在内的七大国际邮轮港接待国际邮轮出入境游客人次从2011年的68.59万猛增到2014年的195.27万,4年内总增幅达到285%。而2015年与2014年相比,也至少有30%~35%的增幅。而根据各大邮轮公司公布的消息,2016年到2017年在中国投放的邮轮总运力每年至少都有50%以上的增长。

中国邮轮业5年来"井喷式"发展的根本驱动力源于中国经济的快速发展,人均GDP的增长带动了用于休闲旅游的可支配收入和闲暇时间的增加。根据邮轮经济发展较为成熟的国家经验,当人均GDP达到6000~8000美金时,邮轮经济将进入高速发展期。作为世界第二大经济体的中国,到2012年底人均GDP已经超过6000美金,中产阶级和富裕阶层不断发展壮大,从消费能力上已经具备了发展邮轮经济的良好基础。而随着中国进入老龄社会,中国也拥有了庞大的潜在消费群体。

三、社会环境

人们都生活在一定的社会文化环境中,其思想和行为必定要受到社会文化的影响和制约。企业营销既是经济活动,又是社会活动,所以客观环境中的社会文化因素对其有着重要影响,例如中国的春节和西方的圣诞节,分别为两种不同文化背景下的消费高峰期。影响邮轮企业营销的社会环境主要包括人口环境和文化环境。

(一)人口环境

人口是构成市场的第一位因素,是影响需求的重要因素。人口的多少直接决定着市场的潜在容量,人口越多,市场规模就越大。而人口的年龄结构、地理分布、婚姻状况、出生率、死亡率、人口密度、人口流动性及其文化教育等人口特性会对市场格局产生深刻影响,并直接影响着邮轮企业的市场营销活动。对人口环境的分析可包括人口总量、人口结构、地理分布、家庭组成、教育和职业等内容。

随着科学技术进步、生产力发展和人民生活条件的改善,世界人口平均寿命延长,世界人口尤其是发展中国家人口数量持续增长。人口数量的快速增长促进了需求的增长和多元化,预示着市场容量与发展潜力的增大,给邮轮企业营销带来新的发展机遇。

2015年、2020年全球邮轮乘客将达到2500万、3000万人次的规模。邮轮产业在北美市场渗透率3.3%、欧洲市场1.6%。

国内邮轮产业渗透率较低,未来面对消费新蓝海。据国际邮轮协会预测,2012年我国邮轮旅客约73万人,渗透率仅为0.05%,与最高的澳大利亚3.67%的渗透率相去甚远。以2014年的数据来计算,当年中国有超1亿人次的旅客出境旅游,而乘坐邮轮出境旅游的旅客的规模只有约74万人次,邮轮的市场渗透率不到0.01%。交通部2014年3月18日公布的《关于促进我国邮轮运输业持续健康发展的指导意见》中预计,2020年邮轮旅客数量达到450万人,与2013年相比年均增长33%,成为亚太地区最具活力和最大的邮轮市场。上海国际航运研究中心2016年3月31日发布《2030年中国航运发展展望》预测,2030年中国邮轮游客数量将达到每年800万~1000万人,成为全球第一大邮轮旅游市场。随着国内居民可支配收入的增长,邮轮旅游将成为大众化的旅游方式,预计到2030年,我国的邮轮市场渗透率将增长至0.5%~1%。

假使以欧洲1%的平均渗透率计算,中国至少拥有1300万的潜在邮轮客户,假设人均消费达到3000元,市场空间高达390亿元,加上对母港、邮轮制造的带动,整个邮轮产业国内产值空间高达800亿元。而今国内航线仅有13条,其中仅2条为国内自主运营,未来行业仍有较大的成长空间。上海海事大学经济管理学院副教授、上海国际航运研究中心邮轮经济研究所副所长程爵浩认为,未来10~15年,中国邮轮旅客量能达到美国的水平,约1000万人,大约需要200艘邮轮,整体能拉动约5000亿元人民币的经济规模。

虽然我国潜在客源规模庞大,但中国游客偏好的短程游产品种类较为单一,从内地母港出发的短程游产品同质化严重,多为日韩/台湾地航线,难以满足庞大的需求规模。

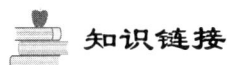知识链接

中老年旅客发力邮轮出行受关注

从旅游部门了解到,元宵节后,国内航空、铁路、公路交通枢纽将再迎春运返程小高峰。此外,元宵节前后同样也是国内旅客错峰出游的最佳时段,2016年邮轮旅行格外受欢迎,同比2015年出行人次翻番。

元宵节过后,即便是拼假出行的上班族也都基本回到了工作岗位上,加之高校陆续开学,国内旅游市场通常会进入一个月左右的淡季,而这段时间也被大多数国内中老年游客视为最佳的错峰出游时机,往年周边自驾游和高铁游的形式普遍,而今年选择走"水路"的人似乎更多一些。

在刚刚结束的猴年春节长假,出境游成为国人"旅游过大年"的热门选择,出游人数再创新高,2016年春节中国游客出境游人次近600万。途牛旅游网出境长线事业部总经理顾大鹏表示,途牛服务的出境游人次同比增长近3成,泰国、日本、韩国占据热门目的地榜单前三甲。同时,中国游客再度掀起"出境购"热潮,海外"爆买"成热门话题,日本、韩国、法国等是购物金额最高的出境游目的地。

记者从上海浦江边检站了解情况,2016年春节假期,上海港邮轮出入境人数达3.26万余人次,同比增长128%,创历史新高。其中出入境邮轮旅客2.4万人次,也创下历史纪录。越来越多的市民春节选择邮轮旅游,"海上过大年"成为市民中的一种新时尚。

资料来源:中国旅游新闻网,http://www.ccyia.com/news/xingyexinwen/2016/0223/2888.html,2016-02-23。

(二) 文化环境

文化是影响人的欲望(包括消费需求欲望)、行为(包括消费行为、购买行为)的基本因素之一。在企业面临的诸方面环境中,社会文化环境是较为特殊的:它不像其他环境因素那样显而易见与易于理解,却又无时不在深刻地影响着企业的市场营销活动。

文化主要是指那些在一定文明的基础上,在一个社会、一个群体的不同成员中一再重复的情感模式、思维模式和行为模式,包括社会阶层、家庭结构、风俗习惯、宗教信仰、价值观念、消费习俗、审美观念。任何人都在一定的社会文化环境中生活,存在于特定社会文化环境中,其认识事物的方式、行为准则和价值观等都会异于生活在其他社会文化环境中的人们。例如,由于价值观念不同,使得人们对周围事物的是非、善恶和重要性的评价不同;同一种款式的商品,甲民族认为是美的,乙民族也许认为是丑的;同一种色彩的商品,农村居民十分喜爱,城市居民却可能很少问津;同一种消费行为,在这方土地上是习以为常的,在另一方土地上则可能认为是不可思议的。再如,由于民风习俗、礼仪交往等方面的差异,往往影响到促销的内容与形式(如广告内容的设计),致使商务谈判的风格与技巧呈现出不同的特点,如此,等等。

在美国和欧洲,一说邮轮航行,人们会立刻联想到一系列的画面:退休银发族、夏威夷花衬衫、菠萝奶霜酒、玛卡瑞纳舞。自从1977年"爱之船"首航,邮轮渐渐成为休闲产业化

的象征。它们代表着美国梦的典范,而在大卫·福斯特·华莱士(David Foster Wallace)和乔纳森·弗兰岑(Jonathan Franzen)这些文学抑郁症大师看来,则代表着终极的空虚。与此同时,大部分中国人对于邮轮航行只是有着十分模糊的概念。登录公主邮轮公司的中文网页,首先出现的下拉菜单问道:"什么是邮轮旅行?"用嘉年华公司首席执行官阿诺德·唐纳德(Arnold Donald)的话来说,这个国家是"一张白纸",不断兴起的中产阶层的消费习惯仍待挖掘。

中国远途邮轮旅行的数量不是很多,2014年才达到6.3万人,占邮轮旅客的9%。但是,中国旅客在旅途中的消费相当惊人。2014年,中国旅客境外消费共计1648亿美元。在美国,中国游客消费更多,比去其他地区的中国游客多消费20%。同时,中国人崇尚美国式的消费习惯,喜欢通过肆意消费,来显示自己的财富和社会地位。虽然这种消费习惯让人感到厌恶,但这却是邮轮公司重要的收益来源。

因此,无论在国内还是在国际上开展市场营销活动,邮轮企业都必须全面了解、认真分析所处的社会文化环境,以利于准确把握消费者的需要、欲望和购买行为,正确决策目标市场,制订切实可行的营销方案。比如,歌诗达邮轮旗下的"幸运号"在保持纯正的意大利风情之外,还进行了不少中国本土化的尝试。在邮轮上,将有一条高达九层的中国龙。除此之外,在菜式上也加入了海上捞火锅和日本料理等亚洲特色,人员配备上也将会有40%的中文服务人员。

 **知识链接**

春节后邮轮游直降三四成

国内游、出境游往年正月初六、初七就降价的现象2016年并没有出现,现在的价格转折点关键看孩子。寒假结束,出门才最划算。以沙巴为例,春节售价近一万的线路现在去只要4000多元。不仅海岛,2016年去欧洲的性价比也超高,已经去过法、瑞、意的游客,不妨趁便宜去英国、西葡、东欧、北欧、希腊和巴尔干地区转转。

"三四月份相对来说是一个小淡季,邮轮价格也很实惠。2016年5月4日歌诗达幸运号的包船'日韩4晚5天'只要2599起。"省中旅市场部金晶告诉记者。

据悉,春节期间,邮轮市场的东南亚航线比较旺,日韩线相对比较冷,春暖花开则慢慢进入旺季。春节期间和三四月份的价格差在2000元到4000元,降幅在30%到40%。现在出门性价比高,舱位选择余地也大。

"3月开始,韩国的油菜花、日本的樱花相继开放,船公司和包船方也都会在船上做一系列的活动来配合赏花季。"杭州海外旅游有限公司邮轮负责人张理告诉记者。

资料来源:浙江在线,http://www.ccyia.com/news/xingyexinwen/2016/0224/2893.html,2016-02-24。

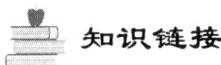 知识链接

天海邮轮产品的本土化

北京商报:在组建中国本土豪华邮轮团队的过程中,天海邮轮如何打造自己产品的差异化?

天海邮轮范敏:本土化有一个过程,首先是学习,然后革新,最后才是本土化。目前我们还主要在学习的阶段,同时会结合中国的消费者打造一些差异化的东西,主要有三点:第一是服务,我们的客人统统都是中国人,我们最懂中国人,会在服务中更多地增加中国元素,满足中国人的消费习惯。举个例子,比如说端午节这些特别的时间节点,让游客可以体会到中国元素,给一个小粽子或是给一个小的香包,让游客感觉好像就在家里一样。又比如中国人喜欢打麻将,因此我们会提供麻将桌;中国人喜欢卡拉OK,就搞一个卡拉OK。可以说服务、产品的形式都会有不一样的地方。第二是要在餐饮方面做出特色。中国人对吃比较讲究,抓住中国人的胃非常重要。为此,我们在天海"新世纪"号上专门配备了两个中餐厅做特色菜。第三是我们如何把船上的活动做得丰富多彩、有滋有味。船上的活动策划力图更多地抓住中国人喜欢的点。

资料来源:北京商报,http://www.ccyia.com/news/xingyexinwen/2015/0812/2463.html,2015-08-12。

四、技术环境

科学技术是社会生产力新的且是最活跃的因素。作为市场营销环境的一部分,科技环境不仅直接影响着企业内部的生产和经营,同时还与其他环境因素互相依赖、相互作用,尤其与经济环境、文化环境的关系更为紧密,如新技术革命,既给企业的市场营销创造了机会,同时也造成了威胁。

从历史上看,任何新技术崛起都会出现新的行业,为企业带来发展的机遇;同时,也使采用旧技术的行业衰落下去,给企业的生存带来威胁。例如,集成电路的出现,使晶体管工业被淘汰;电视的出现,造成了电影业的萧条;激光唱片的出现致使唱片业走向衰落等。

国际邮轮协会营销负责人吉姆·贝尔拉(Jim Berra)表示,邮轮业正在努力改善科技,包括升级网络和扩展带宽。正在开发的APP可以让乘客关注邮轮上举办的活动,像在陆地上一样,通过短信和他人保持联络,不需要"担心漫游费用"。在不久的将来,邮轮乘客将能体验到虚拟旅行、互动视频、4D和IMAX影院、运动模拟器等一系列高科技服务。

2015年4月,在邮轮官方会议邮轮360(Cruise3sixty)上,精钻邮轮公司(Azamara Club Cruises)的最新360度虚拟现实体验闪亮登场。通过虚拟现实的耳麦和话筒,借助傲库路思裂谷(Oculus Rift)科技,几项新体验呈现在现场:如游览精钻(Azamara)邮轮上的设施、以Z字形翱翔于哥斯达黎加的雨林、在哥伦比亚卡塔赫纳的月光下开启一场马车之旅。精钻会邮轮公司与交互式搜索公司(VERB Interactive)和总电影360(Total Cinema 360)合作,

将这些3DI虚拟旅行概念化并制作出来,为参加交易展览和业界活动的旅行代理提供服务。旅行社可引导用户打开 www.azamara3di.com 进行相似的体验。零售代理也能通过社交网络,如脸谱(Facebook)、推特(Twitter)、拼趣(Pinterest)、谷歌(Google)等分享这些视频。

迪士尼邮轮已宣布至2015年秋季将在迪士尼梦想海洋探险家俱乐部(对3~12岁儿童开放)建立一个新的星球大战(Star Wars)区。儿童将体验虚拟驾驶"千年鹰"号穿过数字空间,触发光速跳跃进入不同的星系。儿童还可以在大屏幕上观看新迪士尼XD动画系列"星球大战反叛军"(Star Wars Rebels),或参加游戏区的虚拟活动。迪士尼还将在海洋探险家俱乐部(Oceaneer Club)增设高科技互动空间,加入迪士尼无限(Disney Infinity)的电子游戏,为孩子们提供更多乐趣。在迪士尼无限玩具盒(Disney Infinity Toy Box)区域,孩子们可以一起参与虚拟体验和拟真活动。为激发儿童创造力,便于进行游戏活动,还将设立互动屋,公开展示全套迪士尼无限(Disney Infinity)中的人物形象。儿童在参观这间仅设于迪士尼"梦想"号(Disney Dream)的屋子时,可以开启迪士尼无限(Disney Infinity)游戏中的特殊关卡,回到家时还可以继续迪士尼无限的关卡。

用户对大屏幕的魅力一向无法抵御。嘉年华邮轮公司计划2016年4月推出一款超大屏幕。嘉年华维斯塔号(Carnival Vista)也将装配邮轮业内首个IMAX影院。影院屏幕有三层甲板高,内含182个座位,将上映最新好莱坞大片、适合全家观看的影片、IMAX经典片和IMAX纪录片。这只是嘉年华多路设备(Carnival Multiplex)的一部分,其他还将有惊悚影院(Thrill Theater)等,提供多维度体验,例如座位可以前后左右移动,在观看时还会喷水和泡泡,给观众一种置身其中的感觉。

挪威邮轮公司推出的虚拟礼宾部(iConcierge),能帮助游客了解船上的各种活动,该应用也在挪威邮轮旗下的船只上推行。挪威邮轮也在升级其品牌应用挪威邮轮应用程序(Cruise Norwegian App),以保障上船前的计划能无缝对接真实场景。旗下多艘邮轮的船只都增设电子触摸屏,而不仅限于最新的船只,这能方便游客自主选择喜欢的剧场、查看活动日程、预约晚餐和表演等。到2016年春季,这些电子触摸屏就能在所有船只上投入使用。

歌诗达邮轮公司旗下的歌诗达"唯美"号(Costa Deliziosa)配备了高科技感十足的4D影院、高尔夫及方程式大奖赛(Grand Prix)模拟器。

科技也使旅游代理在预订邮轮时更高效。地中海邮轮(MSC)发布了一款强大的预订引擎——MSC Book,旨在简化预订程序。代理预订时仅需四步:选择邮轮和客舱(能选择多至五个客舱)—寻找航班和酒店—增加预付特殊服务,如SPA、岸上短途旅行、特色餐饮套餐等—退房。MSC Book可将客户的行程加入收藏夹中,以便随时迅速查看。旅游代理可在预订过程中随时接收到快速报价或快速选项。此外,他们还可以通过搜索价格区间、目的地、出发日期或登船港口,来找到最佳邮轮选择。

皇家加勒比国际邮轮公司、精致邮轮公司和精钻邮轮公司都在2015年早些时候推出了其新的影音转换预订系统(Espresso)。目前为止,逾6000家美国和加拿大的旅行社都已接受了Espresso系统培训,该系统正在取代旧有的邮轮匹配预订系统(Cruise Match)。

大洋邮轮(Oceania Cruises)为代理和客户统一设计了一个网页,该网页有全新的排版、简化的导航、交互式的组合规划和更快的页面加载速度。客户可利用"我的账户(My Account)"中新设的"我保存的邮轮(My Saved Cruises)"查看所有将要进行的、已预订的邮轮旅行,以及还在考虑的未来的邮轮航行计划。大洋邮轮的旅行代理中心(Travel Agent Center)有更新的控制面板,内含许多有用的软件和额外功能。

 知识链接

海洋量子号上的高科技产品

1."北极星"上俯瞰大海

2015年,被业内称为"世界上第一艘智能邮轮"的皇家加勒比"海洋量子"号上有不少创新的设施刷新了游客们对邮轮的新印象。其中,在百米高空中俯瞰大海的体验就成为邮轮客人争相体验的新玩法。

在"海洋量子"号上,受英国伦敦眼的启发而打造的宝石形玻璃舱"北极星"是一大科技亮点,它以超长的摇臂支撑,在距海平面近100米的高空可进行360°旋转,游客进入这个玻璃舱中,可以从邮轮甲板上直升至高空中,从直升机的角度将巨大船体和广阔海景尽收眼底。据了解,如果风速和风向许可的话,玻璃舱甚至还可以伸出船的左右两边,那种感觉好像是从百米高空中悬空,全方位地俯瞰大海。

2.模拟体验高空跳伞

"高空跳伞"这两年成为不少度假胜地争相引入的新设施。于是,高空跳伞高科技体验设施就成为满足人们好奇心的装置。

最赞的是,这种装置在邮轮上就能体验到。"甲板跳伞"的海上项目是在海上邮轮上通过垂直风筒产生的空气流搭建的一个安全、可控的跳伞体验平台,游客在这个玻璃风筒里可体验垂直降落的刺激和跳伞的快感,还能通过玻璃管看到周边的海景,高空跳伞的体验也因此更加逼真。比如,"海洋量子"号上的"甲板跳伞"项目是设置于高层甲板上的,试玩者需由教练带领,经过约1分钟的底部练习平衡后,最后30秒钟内,管内的风力就会加大,接着教练就会带着试玩者浮到玻璃管的顶部盘旋,那时候只要抬抬眼,就可以欣赏到茫茫大海的无敌美景,感觉真的像是从高空中跳伞时俯瞰的感觉。而因为在设计时已充分考虑到人体的舒适度,离心力不会太大,不会让人有那种真正跳伞时的眩晕感。这个项目非常受欢迎,所以大家如果想试玩的话,要一上船就预约。

资料来源:广州日报,http://www.ccyia.com/news/xingyexinwen/2016/0224/2892.html,2016-02-24。

五、自然环境

营销学上的自然环境,主要是指自然物质环境,即自然界提供给人类各种形式的物质财富,如矿产资源、森林资源、土地资源、水力资源等。自然环境也处于发展变化之中。当代自然环境最主要的动向是:自然资源日益短缺,能源成本趋于提高,环境污染日益严重,政府对自然资源的管理和干预不断加强。所有这些,都会直接或间接地给企业带来威胁或机会。因此,企业必须积极从事研究开发,尽量寻求新的资源或代用品。同时,企业在经营中要有高度的环保责任感,善于抓住环保中出现的机会,推出"绿色产品""绿色营销",以适应世界环保潮流。譬如,为控制污染的技术及产品,如清洗器、回流装置等创造一个极大的市场,并探索一些不破坏环境的方法去制造和包装产品。

自然环境制约着邮轮旅游产品的设计和开发,以中国为例。

目的地方面:中国母港出发能到达的目的地基本就只有日韩和台湾地区(华北理论上能到俄罗斯远东,但河道等是重大挑战。华南可以到越南,三亚、厦门、菲律宾甚至泰国,但是除了越南芽庄,其他都不是主流目的地,需求并不旺盛,偶尔可以为之)。台湾地区这个中国大陆客人语言没有丝毫障碍的目的地,其实更适合深度地面旅行,而不是走马观花式的邮轮旅游。那么,就只有日本和韩国了。另一个挑战是尽管日本有不少停靠港口和美丽风景,但是来自中国的大都是大型豪华邮轮,这些港口往往无法让这些大型邮轮停靠。

产品能力方面:邮轮相对来说还是一个非常标准化的产品,母港可以到达的目的地不可能有大的变化,产品可塑性和创造性较低,这是导致产品同质化的根本原因,而供给量激增使产品同质化情况更加恶化。

出游时间方面:邮轮出游的淡季为3月到5月,11月到次年1月,春节除外。除了淡季的时间段,邮轮出游的人数都比较多,会在暑期和十一黄金周达到一个高峰期。不同的时段出游的人群也有略微的区别,像淡季的时候就是老年人居多,因为他们有足够闲暇的时间,可以错开高峰期,安静地享受悠闲的邮轮出游。而在旺季,一般都是上班族们放假的时候,他们会带着孩子和老人,举家出游。

第二节 邮轮市场营销微观环境分析

市场营销微观环境也叫直接营销环境,指与企业紧密相连,直接影响企业营销能力的各种参与者,包括企业本身、市场营销渠道企业(供应者、中间商)、竞争者及社会公众等。

一、邮轮企业

企业自身包括市场营销管理部门、其他职能部门和最高管理层。企业为开展营销活动,必须依赖于各部门的配合和支持,即必须进行制造、采购、研究与开发、财务、市场营销等业务活动。市场营销部门一般由市场营销副总经理、销售经理、推销人员、广告经理、营销研究经理、营销计划经理、定价专家等组成。

自1990年之后,全球的邮轮企业如雨后春笋般大量涌现,并纷纷致力于建造更大、更新、更豪华的巨型邮轮,邮轮旅游已开始变得愈来愈平民化。在欧美及亚洲发达地区,短天数、低价位的邮轮产品更颠覆了它高不可攀的传统形象,成为人人消费得起的大众化旅游产品。

全球大约有60多家邮轮品牌,航线主要分布在加勒比海区域,欧洲、地中海区域,亚洲/

南太平洋、阿拉斯加和墨西哥西海岸等。全球邮轮企业三大巨头是嘉年华、皇家加勒比和丽星。

嘉年华邮轮集团是全球最大的超级豪华邮轮公司之一,被誉为"邮轮之王",于1972年成立,总部设在佛罗里达州的迈阿密市。嘉年华邮轮集团旗下拥有公主邮轮(Princess Cruises)、冠达邮轮(Cunard Line;其前身白星邮轮拥有泰坦尼克号邮轮)、歌诗达邮轮(Costa Cruise Line)、荷美邮轮(Holland America)、世朋邮轮及风之颂邮轮等著名邮轮品牌。此外,嘉年华邮轮还有"世界上最受欢迎的邮轮"的美誉。

皇家加勒比邮轮有限公司总部位于美国迈阿密,在全球范围内经营邮轮度假产品,旗下拥有皇家加勒比国际邮轮(Royal Caribbean International)、精致邮轮(Celebrity Cruises)、精钻会邮轮(Azamara Club Cruises)、普尔曼邮轮(Pullmantur Cruise)和CDF(Croisieres de France)等邮轮品牌。

丽星邮轮是全球休闲、娱乐和旅游及酒店服务业的领导企业——云顶香港的全资附属公司。作为亚太区邮轮业的先驱,丽星邮轮率先于1993年开始运营区内航线,并以发展亚太区成为国际邮轮目的地为理念。目前,丽星邮轮旗下拥有六艘邮轮,包括"处女星"号、"双子星"号、"宝瓶星"号、"天秤星"号、"双鱼星"号及"大班"。

二、供应商

供应商是向企业及其竞争者供应原材料、辅助材料、设备、能源和劳动力等资源的一切组织和个人。因此,供应商的资源供应能力直接影响企业的营销能力;供应商所供资源的价格和数量,直接决定营销企业产品的营销成本、价格水平、市场占有率以及利润的实现程度。

邮轮企业的供应商主要包括邮轮码头、船供用品和人力资源等。

(一)邮轮码头

邮轮母港能为邮轮经济提供综合性服务,经济效益是停靠港的10倍以上。全球可供停靠邮轮的码头有900多个,但真正成为邮轮母港的仅有14个,主要分布在美国和欧洲。

根据中国交通运输协会邮轮游艇分会(CCYIA)发布的报告,2015年国内有10个港口接待过邮轮,包括大连、天津、青岛、烟台、上海、舟山、厦门、广州、海口、三亚,共接待邮轮629艘次,邮轮旅客124万人次。目前除上海吴淞港占全国邮轮旅客量的71.9%,能维持盈利外,其余邮轮母港均处于亏损状态。

不同的港口对应着不同的出行线路,从厦门可以前往日韩、中国台湾地区;从三亚可以前往越南;从香港地区可以前往东南亚;而从上海出发,可以选择纯韩国线路、纯日本线路,或是日韩线路。

(二)船供用品

按国际公认的说法,邮轮母港的经济收益一般是停靠港的10~14倍,邮轮母港对所在区域的经济具有较强的推动力。以"海洋航行者"号为例,其1天的日用品、食品等物资需求量达到近10万美元,一艘邮轮每航次的采购量往往突破100万美元。邮轮企业选择的船供用品采购地会影响船供用品的成本和品质，进而影响邮轮产品的成本和品质。

目前我国供应的物资在国际邮轮公司亚洲航线全球采购和补给量中的占比非常小，其上万种采购物品中，在中国采购的只有250种左右，邮轮船供市场发展潜力巨大，但邮轮经济总体规模小，对经济的拉动作用尚未真正显现。

近年来，嘉年华、皇家加勒比、丽星等知名国际邮轮集团已在中国注册设立公司，并在中国开展物资采购、联合办学等，从2009年以来，皇家加勒比在中国的业务从零起步，几乎每年都翻倍增长。皇家加勒比已计划将原本在新加坡完成的邮轮翻修、船供等业务在2017年转到中国。

2011年，受国际邮轮公司委托，中国交通运输协会邮轮游艇分会(CCYIA)着手组建"中国国际邮轮采购联盟"，选择一批中国品牌的食品、饮料、水果、农副产品、酒店用品的生产商、贸易商，优先推荐给国际邮轮公司，安排与邮轮公司洽谈采购合作。"联盟"首批成员单位将作为参展企业参加邮轮博览会，并将在邮轮博览会期间举行成立仪式。该联盟成立后，将会成为中国企业船供产品登陆国际豪华邮轮的一个重要平台，也将是国际邮轮公司船用易耗品全球采购的又一个有效渠道。

（三）人力资源

邮轮产业是资本密集型产业，除了动辄几亿美元的邮轮投资，人才系统、管理系统和相关的运营政策许可都是必需的。邮轮还是一个移动的海上度假村和星级酒店，需要同时具备酒店管理和船舶运营的人才。邮轮的管理系统涉及从总部的航线设计到船上的各项服务，是个庞大的流程，没有相关的经验很难有效运营。因此，在加速布局中国邮轮，增加邮轮和航次时，国际邮轮企业同时发力培养中国邮轮市场的人才。比如，皇家加勒比邮轮公司与天津海运职业学院共建了人才培训中心。

邮轮是高资本、高技术、高人才、高管理的行业，不是有资本就买艘邮轮那么简单，中国企业虽然不缺少资本，但缺少高级人才。邮轮是一个移动的海上度假村和星级酒店。中国企业可能有管理酒店的人才，也可能有运营船舶的人才，但邮轮需要同时具备这两种管理才能的人才。学习西方需要较长的时间，权宜之计也往往是从西方市场挖掘现成的团队。

早在2006年，天津海运职业学院就在全国率先申报了邮轮乘务专业。院长马魁君说："邮轮上的岗位涉及几十个工种，因此，我们的邮轮专业学生要学习摄影、酒吧服务、娱乐训导等，主修英语和酒店基本业务。学校在培养过程中要注重语言和实训环节的强化，才能适应需求。"

2012年，上海海事大学亚洲邮轮学院成立。随后，上海宝山区政府、上海工程技术大学及皇家加勒比邮轮公司、歌诗达邮轮公司创办了上海国际邮轮学院，形成全国最大的邮轮人才培养和研发基地。

自2007年我国开设母港航线以来，出入境邮轮游客年均增幅超过21%。据保守估算，到2020年，我国邮轮的国际海乘、船队运营、港口管理、旅游营销人才需求量将超过30万，目前上海海事大学、上海工程技术大学、天津海运职业学院、青岛远洋船员技术学院等全国10多家高校开设邮轮管理、邮轮旅游等专业，按照每所院校招收100~200人计算，每年的邮轮人才供应量是 1000~2000 人。照此推算,到 2020 年,我国培养出的邮轮人才为一两万人,邮轮人才供应缺口却将达到 28 万人。

三、营销中介

营销中介是指为企业融通资金、销售产品给最终购买者提供各种有利于营销服务的机构,包括中间商、实体分配公司、营销服务机构(调研公司、广告公司、咨询公司)、金融中介机构(银行、信托公司、保险公司)等。它们是企业进行营销活动不可缺少的中间环节,企业的营销活动需要它们的协助才能顺利进行,如生产集中和消费分散的矛盾需要中间商的分销予以解决,广告策划需要得到广告公司的合作,等等。

从邮轮销售来看,欧美市场尽管也有 Expedia、Booking.com 这样大型的在线旅行商家(OTA),有瑞士旅业集团廓宁(Kuoni)、国际旅游联盟集团(TUI)和托马斯·库克(Thomas Cook)这样大型的传统旅游集团(包括批发商和零售商),也有包括美国运通公司(AMEX)和嘉信力旅运公司(CWT)这样大型的差旅管理公司(TMC),但是由于旅游业向消费者终端已经渗透得非常彻底,小型旅行社门店星罗棋布。而邮轮业在欧美的主要市场是以老年人为主(老人是有闲暇时间,有养老金的消费人群,而且平时缺乏人际交流,有社交需求),老年人自己购买旅游产品相对来说需要一个人际沟通过程,这点是线上代理所无法提供的。而且相对来说老年人忠诚度较高(他/她们需要便捷的服务,不希望也无法频繁改变消费行为和服务提供者)。这些原因导致在欧美国家邮轮产品销售还是以小型的旅行代理机构或门店为主。尽管少数超大型和大型旅游企业依靠全国甚至全球性的强大销售网络和能力还是有一定的谈判能力和筹码,但是直达消费终端的邮轮销售代理商体系和格局已然成形,销售网点星罗棋布,随时随地直接为邮轮企业输送较为稳定的客源。因此邮轮企业对市场的掌控性非常强大,而收益管理也能做到了然于心,完全可以根据舱位的付款率进行动态收益管理。

国外邮轮企业不能直接在中国国内销售船票,所以,邮轮票的销售,大多包给旅行社销售。目前邮轮市场 90% 的产品是通过包船模式进行分销的,其中上海 2015 年 320 个母港航次中,98% 为包船。包船是指代理商将邮轮公司某航次的舱位提前买断,根据买断的比例不同,包船又分为半包船、大切舱等不同形式。

目前,国内的线上 OTA 和线下旅行社,大多采用包船包舱的模式销售邮轮产品(大多采用代理模式)。一方面,线上线下旅行社企业利用包船模式可以从邮轮公司获取更好的船期,比如暑期旺季保证舱位,获取冲量的机会;另一方面,如果分销能力不够强大或者遇到突发事件,比如恶劣天气、恐怖袭击、疫情等,都会导致分销受挫,库存积压,造成亏损。比如 2015 年韩国的 MERS 疫情,对旅行社造成的冲击几乎是毁灭性的。

对于包船模式,目前业内普遍认为未来的模式应该是包船与邮轮公司直销相结合。《2015 中国邮轮发展报告》指出,包船模式导致的巨额亏损让邮轮旅行社面临困局,但这一局面短时间内难以改变,2016 年,包船模式依旧是主导,但切舱、散客销售的比例将会提高。

 **知识链接**

零售包船模式的基本流程

第一,首先邮轮公司收益部门根据多维度的计算和判断,制定出次年甚至后年的航线航期表以及每个航次的大致期望价格。

第二,邮轮公司将航线航期表和相应航次价格向各家邮轮代理公布(不同的邮轮公司有不同的公布时间和公布方式,其中亦有技巧)。其中包括航线、航期、航次价格、税费、市场支持费(如果有的话)及其他代理销售激励政策。航次价格是以APD(Average Per Diem,每天的费用)计算,而不是分各种舱型进行报价。理论上讲,包船的价格(净价)总价一定会低于邮轮公司散卖该航次的总价(总船票收入)。

第三,邮轮销售代理从航线、价格及奖励政策等多个角度考虑,最后挑选、确定自己心仪的航次,上报邮轮公司进行竞标和谈判。

第四,谈判结束后,邮轮公司将大致内容写入确认书,交付给代理确认后双方签订正式包船合同。

第五,按照包船合同里的付款条款约定,邮轮代理向邮轮公司支付第一笔款项(此后各笔款项也均有明确的付款时限)。在开航前包船商必须把所有包船款打入邮轮公司账户。

第六,邮轮销售代理在签订合同后,可以立即开始制订该航次的销售计划,大致包括航次的分舱型价格表、岸上观光内容和价格,以及销售渠道和销售进度表等内容,正式开始销售。

第七,在邮轮包船航次启航前某一约定时间前,包船商必须将所有游客信息提前输入至邮轮公司系统,并付清所有款项。

第八,如果包船商最后招徕到的客人没有达到邮轮公司设定的最低上客人数,将向邮轮公司交付一定的罚金。

第九,如果包船商自行安排游客在目的地的岸上观光,邮轮公司将收取一定的团队管理费。

资料来源:中交协邮轮游艇分会,http://http.ccyia.com/news/xingyexinwen/2015/1218/2736.htmL,2015-12-18。

四、邮轮顾客

顾客是企业的服务对象,是企业产品和服务的直接购买者或使用者。企业营销的最终目的就是通过有效地向顾客提供产品或服务满足顾客的需求。任何企业的产品如果得不到顾客的认可与接受,就无法进行交易,因而也就达不到预期的营销效果。所以,时刻了解顾客对企业及其竞争对手所提供的产品或服务的看法与态度,是营销企业极其重要的基础工作。

营销企业的顾客来自不同的市场。从购买的目的来看,他们来自消费者市场和组织机构市场;从地域范围来看,他们来自国内市场和国外市场(如北美市场、西欧市场、东南亚市场等）。企业只有分别了解不同市场顾客的需求特点和购买行为，才能在营销活动中进行适当的市场定位，从而制定出切实可行的营销战略。

根据近两年中国游客在出游前所做的选择可以看出，大家比较看重的主要在三个方面：第一是邮轮的品质，邮轮本身就是旅行目的地之一，邮轮所能提供的服务、硬件设施都成为了主要的考量标准。第二是具体的线路，经过哪些地方，花费几天时间有很多细微的差别。比如说从上海出发的日韩线路，可以选择"上海—济州—福冈—上海，历时4晚5天"，也可以选择"上海—济州—釜山—福冈—上海，历时5晚6天"，还可以选择"上海—济州—长崎—鹿儿岛—上海，历时5晚6天"。第三个方面就是价格，除了不同邮轮性价比之间的比较以外，邮轮出游也有淡季和旺季之分。淡季价格较低，旺季价格较高。

中国邮轮市场的收益组成与欧美截然不同：酒精饮料和老虎机不怎么受欢迎，赌场里赌客的数量相对少，但平均下注的额度则更高。还有就是在各停靠口岸的团队购物活动对中国旅客来说绝对是行程中的一大亮点。此外，很多国内的邮轮旅客都是祖孙三代家庭成员一起出游（若加勒比地区的邮轮上有100名儿童，那从上海出发的船上就会有500～800名的儿童）。

再看一组数据比较，2014年中国出境游人数为1.09亿，全球排名第一，其中以邮轮出游的游客仅占1%；2013年美国出境游人数仅有6000多万，却有超过1100万人选择邮轮出游，占比高达18.3%。一般认为，差距或空白，就意味着机遇和市场。但这种简单的横向对比，放在邮轮市场真的合适吗？中美两国出游者构成有很大差别。中国的出境游大多停留在跟团、出国长见识层次，作为新生事物的邮轮，短时间内吸引国内游客尝鲜很容易，从长远看，消费者是否愿意多次选择邮轮出游呢？目前，邮轮市场仍处于消费者培育阶段，投诉与矛盾不断出现，邮轮消费的增长，能否与邮轮供给的增长匹配也是一个未知数。

五、竞争者

任何企业在进行营销活动时，不可避免地要遇到竞争对手的挑战。在发育健全的市场经济中，一个企业不可能垄断整个市场，即使是高度垄断的市场，只要存在需求向替代品转移的可能性，就可能出现潜在的竞争对手。所以，企业在某一目标市场上的营销努力总会遭到其他企业类似努力的影响或威胁，这些和营销企业争夺同一目标顾客的力量就是企业的竞争者。

根据满足消费者需求的标准进行划分，企业在营销活动中所面对的一系列竞争者大致可以区分为4种类型：欲望竞争者、同类竞争者、产品形式竞争者、品牌竞争者。

目前，全球邮轮行业集中度较高，美国的嘉年华以及皇家加勒比邮轮公司牢牢控制着全球邮轮市场约75%的份额。两家公司在发展初期都不断抢占低成本市场，并快速收购以完善全球布局。2015年两家公司分别获得营收157.14亿美元、82.99亿美元，市值分别达到280亿美元及160亿美元，成为全球休闲旅游板块的巨型企业。

《2015中国邮轮发展报告》指出，2015年中国（内地）母港邮轮共有12艘，2016年将再引入6艘，使得母港邮轮总量达到18艘。另外，云顶香港高端邮轮品牌"星梦邮轮"旗下的云顶梦号计划于2016年11月下水。2017年嘉年华集团计划引进嘉年华邮轮和AIDA邮轮两大品牌进入中国市场,挪威邮轮此前也宣布在2017年正式进入中国市场,布局一艘度身定制的新船。如此布局之后,81.36%的中国邮轮市场供给来自全球四大邮轮公司。以上海为例,嘉年华集团、皇家加勒比邮轮公司、地中海邮轮的上海母港市场份额占比为89%。

此外,中国本土邮轮企业的经营状况也难见转机。《2015中国邮轮发展报告》提出,2015年中国邮轮市场上有3艘中资本土邮轮——海航旅业旗下的"海娜"号、渤海轮渡旗下的"中华泰山"号和天海邮轮旗下的"新世纪"号与国际邮轮企业竞争,但是由于各方面原因,中资本土邮轮的生存状况堪忧。首先,运力方面,由于全球邮轮供给属于寡头垄断的竞争态势,全球三大邮轮企业(嘉年华、皇家加勒比、云顶香港等)在中国市场供给占比高达81.36%,极高的行业壁垒导致本土邮轮企业作为新进入者拥有单艘邮轮的运营成本难以取得规模效益,运力扩张速度缓慢;其次,产品方面,中国市场广受追捧的邮轮均出自四大邮轮企业的船舶系列,并且为了适应中国市场,大多都对船舶进行了"本土化"调整,并且不断投入新船以保持游客的新鲜感。因此,中资邮轮企业短期内盈利无望。

2015年11月,"海娜"号由于船龄到期而停运;"中华泰山"号全年满舱率仅为77%,对比国际邮轮企业100%以上的平均满舱率而言,经营堪忧;"新世纪"号虽然拥有携程强大的线上销售渠道,但本土邮轮品牌尚未形成核心竞争优势,因此销售情况并不理想,销售价格也始终维持在低位。

六、社会公众

企业的直接营销环境中所说的公众,是指对一个组织实现其目标能力有着实际或潜在利益或影响的各种社会群体。企业要面对的公众主要包括金融界、新闻界、政府、社区公众,以及各种利益集团公众等。公众对企业目标的实现可能起推动作用,也可能起阻碍作用,因此,企业必须处理好与周围各种公众的关系,努力塑造并保持企业良好的信誉和公众形象。在现代,越来越多的营销企业在内部组织结构中设立了公关部门,专门负责处理与不同公众之间的关系。

邮轮企业所面临的公众主要有以下几种:

第一,融资公众。是指影响邮轮企业融资能力的金融机构,如银行、投资公司、证券经纪公司、保险公司等。

第二,媒介公众。是指报纸、杂志社、广播电台、电视台等大众传播媒介,它们对邮轮企业的形象及声誉的建立具有举足轻重的作用。

第三,政府公众。是指负责管理企业营销活动的有关政府机构。邮轮企业在制订营销计划时,应充分考虑政府的政策,研究政府颁布的有关法规和条例。

第四,社团公众。是指保护消费者权益的组织、环保组织及其他群众团体等。邮轮企业营销活动关系到社会各方面的切身利益,必须密切注意并及时处理来自社团公众的批评和意见。

第五,社区公众。是指邮轮企业所在地附近的居民和社区组织。

第六,一般公众。是指上述各种公众之外的社会公众。一般公众虽然不会有组织地对邮轮企业采取行动,但邮轮企业形象会影响他们的惠顾。

第七，内部公众。是指邮轮企业内部的公众，包括董事会、经理、企业职工。

所有这些公众，均对邮轮企业的营销活动有着直接或间接的影响，处理好与广大公众的关系，是邮轮企业营销管理的一项极其重要的任务。

本章小结

市场营销环境是泛指一切影响、制约企业营销活动最普遍的因素，是造成环境威胁和市场机会的主要力量和因素。它可分为宏观市场营销环境和微观市场营销环境。

市场营销宏观环境也叫间接营销环境，指影响企业营销活动的社会性力量和因素，包括政治法律、经济环境、法律环境、社会环境、技术环境及自然环境等。

市场营销微观环境也叫直接营销环境，指与企业紧密相连，直接影响企业营销能力的各种参与者，包括企业本身、市场营销渠道企业（供应者、中间商）、竞争者及社会公众等。

思考题

1. 市场营销环境是什么？包括哪些内容？
2. 简述邮轮企业市场营销的宏观环境包括哪些内容？
3. 分析我国经济环境对邮轮企业市场营销的影响。
4. 简述我国社会环境对邮轮企业市场营销的影响作用。
5. 简述邮轮企业市场营销的宏观环境包括哪些内容？
6. 简述影响邮轮企业营销的营销中介因素。

案例分析

邮轮市场兵败 2015 年的根本原因：包船模式

从 2010 年开始，随着中国政府对邮轮经济和邮轮旅游持开放和支持的态度以及各大邮轮公司在华逐步加大宣传和推广力度，邮轮旅游在中国悄然升温，中国游客对于邮轮旅游的认知也与日俱增，需求快速放大增长。与此同时，嘉年华邮轮集团旗下的歌诗达邮轮和公主邮轮，皇家加勒比邮轮和丽星邮轮等公司在华部署的邮轮也逐年增加。而中国领先的在线旅游电商——携程旅行网也和皇家加勒比邮轮公司合作，购买了中型豪华邮轮并成立了第一家中国自己的邮轮公司开始运营。

在中国邮轮业发展初期，邮轮的供给量是非常有限的。即便是已经开始腾飞的 2011—2013 年，从邮轮公司母港出发的各航次的最终上客人数和当时邮轮船票的最终卖价可以看出，当时整体的供给量小于或等于市场对于邮轮产品的需求量。甚至在某个特殊阶段供给量略大于市场需求量的时候，问题也不是太大。毕竟中国有那么大的人口基数，支撑 6~7 艘邮轮的生意自然不在话下。

然而情况从 2014 年下半年开始慢慢发生了变化。如前所述，几年的包船经历使邮轮公司和包船商获利颇丰，也赢得了不错的社会效益。不少旅行社企业还借机赢得了企业快速的规模扩张。这一切可能使大家忽视了2015年以及后面的年份由于供给量激增可能带来的巨大风险,尽管邮轮公司早就提前宣布更多的邮轮会投放到这个看上去欣欣向荣的新兴市场。

由于2014年仍然是盆满钵满的一年,所以在这一年的年中各大邮轮包船商都早早签署了2015年的包船合同。的确,2015年的上半年也没有让大家失望,销售情况甚至比2014年的上半年还要理想,各大包船商及各级代理盈利情况良好。然而正当大家信心十足地准备迎接全球最新的豪华邮轮——海洋量子号来到中国时,一场突如其来的公共卫生危机——韩国MERS病毒突袭东亚,点燃了2015年中国邮轮业危机的导火线,将之前预测的2016年中国邮轮业由于供求失衡、价格高而导致的阶段性危机事件提前了半年。

整个危机过程简单粗暴,大致脉络如下:

中国母港航次出发的邮轮航次几乎都是以日韩路线为主。

由于济州岛的特殊地理位置,邮轮公司在设计航线时,通常会以济州+一个日本港口的4晚或者5晚日韩航次作为主流航次考虑。

韩国一共有济州、釜山、首尔和光阳4个港口作为经常停靠的邮轮港口,前3个港口的使用频次很高。MERS危机一爆发,就意味着将所有韩国港口暂时性直接"封杀"了。

尽管日本港口众多,但是能够停泊大型邮轮的港口并不多。更重要的原因是由于所有航次都已经被"包船"所以通常来说无法将4晚、5晚的航次合并成8晚或更长时间的航次,从而去到更远的目的地。于是导致日本九州的福冈、长崎、甚至鹿儿岛、别府的港口都变得非常紧张,因为从韩国挪过来的航次太多了。另外一个挑战是有些4晚、5晚的航次只能到一个目的地,甚至由于码头泊位满负荷,最后整个航次只能在海上漂流,这更加加剧了游客的不满情绪,随之要求降价或退款。代理在降价、沟通、销售、操作、投诉安抚等比以往多出几倍的工作量和压力中艰难前行,更要承担起因为航次变更、需求下降导致的销售受阻、亏损的结果,苦不堪言。

而此时的邮轮公司既要迅速做出判断调整线路,同时也由于航线改动已经付出相当大的经济损失,对包船商的支持也只能是有心无力或视而不见,而包船模式也限制了邮轮公司更深度的介入销售,有时候反而是演变成大事件中的双方博弈。

MERS危机对与日韩有关的出境旅游的深刻影响大约持续了40天左右。在7月25日左右疾病被控制,局势逐步好转后,其他飞机团、自由行都以较快的速度开始复苏。但是正值最旺季节的邮轮旅游却始终没有恢复元气,暑期船票价格并没有一路走高,相比危机时期只是略有反弹。新来的海洋量子号情况稍好一些,但和预期也有差距。事与愿违,前景如此低迷,原因到底在哪里?

公共卫生危机解除,通常来说,市场会迅速释放之前被压抑住的旅行需求,而且暑期正是邮轮旺季,即便没有一个像2003年SARS以后的"井喷",业者期待至少也有一个小高潮。但是2015年的供给量较2014年又有一个较大增长(当时预计全年增长25%~50%),供求关系的平衡逐渐被打破,从2015年6月起,上海吴淞口国际邮轮港、天津东疆国际邮轮港和香港启德国际邮轮港几乎每天都有邮轮靠港停泊,两船同靠情况也变得相对频繁。厦门、青岛,甚至舟山港也开始频繁作为邮轮母港,而不是停靠港被使用。这样的供给量增加会带来一定的压力,但是并非主要因素。所谓"成也包船,败也包船",要命的是包船这种"期货产品",在销售窗口关闭前如果还有剩余舱位没有销售完,就会被"强行平仓",包船商为了避免空舱带来的更大损失,一定会"主动平仓"止损。在这样巨大的压力下,尽管市场回暖,但是由于暑期不少航次的销售窗口已近关闭或者销售时间已经非常有限,一旦市场出现滞销,包船商就必须立刻提前降价甩舱来迅速消化库存,忍痛止损来避免空舱带来的更大的损失。而这种局势一旦失控,不仅市场观望情绪更加浓烈,甚至催生了市场上买空卖空的大批"黄牛"从中牟利。事实上,这种恶劣的市场情景已经如约而至。而在利益的驱使下,包船商、零售商的极少部分员工和"黄牛"相互勾结从中牟利的情况也时有发生。

资料来源:环球旅讯,http://www.ccyia.com/news/xingyexinwen/2015/1218/2739.html,2015-12-18。

结合案例思考以下问题:

(1)结合案例分析2015年中国邮轮旅游暂时性衰退和包船商巨亏的主要原因。

(2)未来中国邮轮销售包船模式是否会继续?说明理由。

第3章 邮轮旅游者购买行为分析

 **本章导读**

据邮轮产业协会(Cruise Line Industry Association)统计,从2012年到2014年,中国邮轮旅游市场增长了79%。其中,去年有将近70万中国游客选择邮轮旅行。按这个速度,中国邮轮旅游市场预计从2013年的68亿美元增长到2018年的115亿美元。

据《休斯敦纪事报(Houston Chronicle)》报道,到2015年为止,从中国出发的91%的邮轮的旅行目的地为韩国、马来西亚、日本等亚洲国家。预计未来10年,有更多的旅客会选择去往世界其他地方。在中国,乘飞机旅行已十分普遍,而邮轮旅行还是个新鲜事物。而且,随着收入水平的提高和不断升温的旅游热,长途邮轮旅游的增长潜力巨大。

皇家加勒比海邮轮集团主席亚当·戈斯坦(Adam Goldstein)表示,"2014年,中国出境旅游的人数已经达到1亿,这是个难以想象的数字。即使大部分中国人热衷于亚洲范围内的短途旅游,我也相信在未来10年,会有更多的中国人想到其他地方看看。所以,我们现在要做好一切准备工作"。

值得一提的是,中国远途邮轮旅行的数量不是很多,2014年才达到6.3万人,占邮轮旅客的9%。但是,中国旅客在旅途中的消费相当惊人。2014年,中国旅客境外消费共计1648亿美元。在美国,中国游客消费更多,比去其他地区的中国游客多消费20%。同时,中国人崇尚美国式的消费习惯,喜欢肆意消费,来显示自己的财富和社会地位。虽然这种消费习惯让人感到厌恶,但这却是邮轮公司重要的收益来源。

而且,中国境外旅游的主力军是35岁左右的年轻人。这些年轻人一旦喜欢上邮轮旅游,就会花时间重复旅游。据佛罗里达加勒比海邮轮协会的数据显示,2013年,60%的美国邮轮旅行爱好者安排了不止一次行程,而且,重复旅游的人愿意出高价享受更好的服务。

面对邮轮旅游者需求的增加,邮轮企业必须积极进行邮轮旅游者购买行为分析,以便制定相应的营销战略,争取更多的市场份额。本章主要介绍购买行为分析模式和邮轮旅游者市场的类型,分析邮轮旅游者购买决策的心理,分析邮轮旅游者购买行为的过程。

资料来源:中国交通运输协会邮轮游艇分会,http://www.ccyia.com/news/xingyexinwen/2015/0420/2202.html,2015-04-20。

第一节　邮轮旅游者购买行为概述

一、购买行为分析的模式

购买行为分析有三种模式。各种分析模式在企业营销中作用有所不同。邮轮企业营销应该了解这些分析模式,把握各种分析模式的优点与不足。对各种模式了解得越全面,理解得越透彻,对购买行为分析得越科学,其营销效果也必然越显著。

(一)经济学模式

最早建立购买行为理论的是以马歇尔为代表的经济学家,这种理论认为购买者是"经济人"。"经济人"的行为是合理的、完全理智的,追求的是"最大边际效用",他们会根据自己获得的市场商品信息,根据个人的愿望和有限的收入,购买那些能使自己得到最大效用(或满足)的物品。

经济学模式分析购买行为,要求注重产品的价格和性能因素,强调的是消费者购买的经济动机对购买行为的影响,这无疑是重要的。但单纯的经济因素不能解释清楚消费者行为的发生及其变化,如购买者对产品商标和牌号的偏好。为什么一位顾客在面对几种价格相仿,质量、性能相近的同类产品时,只选择其中的某一种,经济学模式是难以回答的。

(二)传统心理模式

需求驱策力模式是传统的心理学模式,其理论基础是以巴甫洛夫为代表的心理学家提出的人类教育是基于"条件反射"而来的。该模式认为,需求促使人们产生购买行动,而需求是由驱策力引起的——原始驱策力与学习驱策力。原始驱策力是指生理的需求,是非理性因素的行为;学习驱策力是心理的需求,是理性因素的行为。心理学强调学习驱策力来自于人们运用自己的器官与外界事物经常接触,从而得到认识和积累经验,再从经验中学得理性知识。为此,学习是一种联想过程,人们的许多行为被联想所制约,即在一定条件下,作出反应的行动。

传统心理学模式分析购买行为,要求通过各种强化力量加强诱因——反应的关系,借助强大的驱策力来确立消费者的购买行为。此模式应用于企业营销活动,如促销、广告能够收到较好的效果。但这种理论对人们对商品及促销活动的感受以及人际之间的影响在购买行为中的作用等还不能做出令人满意的回答。

(三)社会心理模式

社会心理模式的提出是社会学家和心理学家共同努力的结果。这一模式认为人是社会的人,应该遵从共同的大众文化的标准及形式。社会心理模式提出人们的需求行为都要受到社会群体的压力和影响,这使处于同一社会阶层的人们在商品需求、兴趣、爱好、购买方式、购买习惯上有着许多相似之处。

社会心理模式分析购买行为,要求企业营销的主要任务是确定哪些人对哪些产品最具影响力,以使这些人在最大限度和范围内施展其影响。但还有不够完美的一面。因为个人行为要受到社会的影响是肯定的,但这种影响对个人许多行为的影响程度不同。即使两个人受到同一社会的影响,他们的行为仍然会有明显的不同。这种不同是由消费者个性差异造成的。购买者的个性类型与商品品牌偏好之间的关系,至今仍在探索之中。

二、邮轮旅游者市场类型

分析邮轮旅游者市场需求,首先需要回答的就是"谁会购买邮轮旅游产品"。邮轮旅游者市场是对邮轮旅游产品有购买能力、购买欲望的顾客群体。根据旅游者购买目的或用途的不同,邮轮旅游者市场可以划分为消费者市场和组织市场两大类。本书主要介绍邮轮旅游者的需求、动机和购买行为等内容,简称"邮轮旅游者"。

(一)邮轮旅游消费者市场

邮轮旅游消费者(Cruise Tourist)是邮轮旅游产品的最终购买者。邮轮旅游消费者市场即由这些为了满足自身需要而购买邮轮旅游产品的各类消费者组成。邮轮旅游消费者市场庞大而分散,是邮轮旅游产品供给的终极目标所在。只有熟知邮轮旅游消费者,才能有的放矢地开展邮轮旅游市场营销活动。

划分邮轮旅游消费者市场的标准多种多样,常见的划分标准是按照组织形式进行划分以及按照消费者旅游目的进行划分。

1.按照组织形式划分

按照出行成员数量和组织形式进行划分,邮轮旅游消费者一般包括个体旅游消费者、团体旅游消费者两种类型。

第一,个体旅游消费者。个体旅游消费者也称为散客,是以单个个体或家庭的形式参与邮轮旅游活动的旅游者。

第二,团体旅游消费者。当散客按照一定的方式组成一个邮轮旅游团体之后,就成为团体旅游消费者。团体旅游消费者可以是旅行社组织的出行团体,也可以是政府单位、事业单位、公司企业、各类协会或民间组织等机构购买邮轮旅游产品而自然形成的出行团体。比如,2011年《北京青年周刊》就在皇家加勒比邮轮上举行了一场明星价值品牌榜的发布会,这是国内第一次在公海的邮轮上举行发布会。与会的明星中,张国立、陈建斌等明星都对邮轮度假产生了极大的兴趣。

以机构团体为单位购买邮轮旅游产品同样是以消费为目的,但其购买决策过程与个体旅游消费者的决策过程存在一定差异。

 **知识链接**

安利公司的邮轮会奖旅游

2009年,安利中国与皇家加勒比国际邮轮合作,开创了中国海上会奖旅游的成功先例。当时,安利中国为奖励其销售精英,包下皇家加勒比国际邮轮海洋神话号6个船次,先后承载了1万多名安利中国的销售代表,从上海出发,历时7天,游遍了台湾地区的基隆、花莲、南投和台中。皇家加勒比国际邮轮亚洲及中国区董事总经理刘淄楠说,随着深度游、个性游在高端旅游市场中需求的扩大,邮轮会奖旅游会朝着主题化和定制化方向发展,从而也向邮轮旅游行业提出了更高、更严格的要求。

资料来源:未知,http://www.ccyia.com/news/xingyexinwen/2013/0207/919.html,2012-10-10。

2.按照旅游目的划分

按照消费动机和旅游目的进行划分,邮轮旅游消费者一般包括观光型旅游者、休闲型旅游者、蜜月型旅游者、探险型旅游者、公务型旅游者等多种类型。

第一,观光型旅游者。观光型旅游者乘坐邮轮旅游,以外出观赏异地的风景名胜、风土人情为目的,希望通过游览增长知识、开阔视野,是目前我国最普通和最常见的旅游者。

第二,休闲型旅游者。休闲型旅游者乘坐邮轮旅游,以娱乐、消遣、得到身心的充分放松为目的,在中等以上收入阶层中此类消费者不断增加。

第三,蜜月型旅游者。蜜月型旅游者乘坐邮轮旅游,以感受浪漫、享受假期为目的。邮轮旅游独特的魅力,对蜜月型旅游者产生巨大的吸引力。情人节"甜蜜"出游,也逐渐成为情侣们的庆祝活动。近年来邮轮旅游受到年轻情侣的关注,尤其是情人节航游。一次的"海上之旅"集所有浪漫元素于一身,为情侣们缔造难忘而欢乐的假期。

第四,探险型旅游者。探险型旅游者乘坐邮轮旅游,以探索奥秘、实现自我价值为目的。一些邮轮公司提供南极探险、北极看极光等邮轮旅游航次,深受探险型旅游者喜爱。南极邮轮旅游选择的是曾出征南极考察队的专业豪华探险邮轮,价格不菲。南极游一般要半个月时间,费用一般在15万元至20万元。

第五,公务型旅游者。公务型旅游者乘坐邮轮旅游,以商贸洽谈、会议交流、学习访问为目的,消费能力高,支付能力强,在邮轮旅游顾客市场中占有一席之地。

(二)邮轮旅游组织市场

购买邮轮旅游产品的不仅有最终消费者,还有各类社会组织。组织市场同样是邮轮公司面临的重要市场组成部分,应该充分了解其特点和购买行为。

一般来讲,邮轮企业最常见的组织市场是中间商市场。中间商市场由购买邮轮旅游产品用于转售以获得利润的中介组织所构成。旅行社等独立的经营组织是比较常见的邮轮旅游中间商,被称为"邮轮旅游市场的向导和顾问"。全球大约有90%以上的客舱是通过旅行社等中介组织售出的。

中间商市场的购买行为区别于邮轮旅游消费者市场。从交易数量和交易频次上来看,中间商购买者的行为呈现出一次性购买数量大、购买频次低的特点。从购买动机上看,中间商购买者是为了将低价获得的邮轮旅游产品再次出售,并不是为了直接消费。邮轮公司不仅要了解消费者市场的消费特点,还应该充分掌握中间商市场的需求状况和水平。

知识链接

旅行社疯狂包船

旅游企业为抢夺邮轮客源也是使出浑身解数。凯撒旅游产品研发中心日韩及邮轮业务总监任涛表示,2015年凯撒旅游承包了多家邮轮公司近30艘邮轮,预计业务量同比增长400%以上。

携程也不甘示弱,2014年购得皇家加勒比邮轮公司的"精致世纪"号邮轮,同时与其他投资者共同投资天海邮轮公司。途牛通过包租邮轮、与邮轮公司合作等方式,对邮轮仓位进行资源直采。众信2015年也通过向邮轮公司购买舱位的形式加大仓位持有量。

北京商报记者了解到,歌诗达新投入中国市场的"赛琳娜"号邮轮,尚未到达中国就已经实现了98%的包船率。歌诗达负责中国市场的另外2艘邮轮"维多利亚"号、"大西洋"号2015年的包船率也比2014年有明显的增加。

受此影响,不少旅游企业的邮轮业务量猛增。途牛邮轮业务2014年前三季度增速约150%,携程预计其邮轮市场份额在2020年将超过50%。同时港中旅旗下的芒果网预计其邮轮业务2015年将同比增长200%。

资料来源:中国邮轮产业发展大会,2015-03-24。

第二节 邮轮旅游者购买决策心理分析

一、邮轮旅游者市场需求

行为科学认为,需求是动机的根源,动机是造成行为的原因,而行为则让需求得以满足。因此,要分析邮轮旅游者的购买行为,首先就要分析邮轮旅游者的需求,然后分析其动机,最后分析其行为。

(一)邮轮旅游者市场需求的特点

邮轮旅游者是邮轮旅游产品的主要购买者,是邮轮产品的最终消费者。其市场需求有以下6个特点:

1.多样性

由于地理位置、民族传统、宗教信仰、文化水平、兴趣爱好、生活习惯、年龄、性别、职业特点等方面存在不同程度的差异,邮轮旅游者对产品和服务的需求无论是从对象本身还是满足方式上都是不一致的,从而决定了邮轮旅游者市场需求的多样性。

2.层次性

邮轮旅游者的市场需求,是受其货币支付能力和其他条件制约的。一定条件下,他们对各类邮轮旅游产品的需求有缓有急、有强有弱、有低有高,呈现层次性。因此,邮轮企业

应针对不同时期的消费水平、消费结构和消费方式开展分类研究,根据自己的服务能力,提供不同层次的邮轮旅游产品,更好地为不同层次的邮轮旅游者服务。

3. 伸缩性

邮轮旅游者的需求量是由内外部条件因素共同作用的结果,这些因素一旦发生了变化,邮轮旅游者的市场需求就会发生变化,或者需求增加,或者需求减少,表现出较强的伸缩性。一般来说,邮轮旅游属于非生活必需品,其伸缩性比生活必需品大一些。因此,邮轮企业应注意研究引起需求量变化的内外因素,并根据这些因素的变化调整邮轮旅游产品结构和市场供应量。

4. 可诱导性

由于绝大多数邮轮旅游者缺乏产品购买的专门知识,在购买过程中要经历一个搜集有关信息(从广告媒体中或听他人介绍获得信息)的过程,故那些重视市场宣传、知名度高的邮轮企业的产品,即使质量与其他产品相同,也会被人优先选购。因此,邮轮企业应重视广告宣传,向社会公众传播邮轮企业和邮轮旅游产品的信息,帮助邮轮旅游者学习认识邮轮旅游产品,引导邮轮旅游者需求的变化和转移,创造新的邮轮旅游消费时尚。

5. 季节性

季节性指不同季节邮轮旅游者对邮轮旅游产品的需求明显不同。邮轮出游也有淡季和旺季之分。淡季价格较低,旺季价格较高。邮轮出游的淡季为3月到5月和11月到次年1月(春节除外)。除了淡季的时间段,邮轮出游的人数都比较多,在暑期和十一黄金周会达到一个高峰期。不同的时段出游的人群也有略微的区别,像淡季的时候就是老年人居多,因为他们有足够闲暇的时间,可以错开高峰期,安静地享受一个悠闲的邮轮出游。而在旺季,一般都是上班族们放假的时候,他们会带着孩子和老人,举家出游。

6. 地域性

地域性指处于不同地区的邮轮旅游者有不同的需求。比如,同时受签证政策以及假期时间的影响,中外邮轮旅游者在选择邮轮产品方面存在差异。西方消费者多选择8~13天的邮轮产品,而中国邮轮旅游者更倾向于选择短途旅行和免签证的目的地,同时更愿意在目的地停留更长时间。

(二)邮轮旅游者市场需求的影响因素

影响邮轮旅游者市场需求的因素主要包括人口因素、收入因素、价格因素、消费者结构因素和消费者观念因素等。

1. 人口因素

任何生活消费都是由人进行的,故人口因素就成为影响邮轮旅游者市场需求的最基本因素。人口总量、家庭户数、人口增长状况、人口性别结构、人口年龄结构、人口地理分布和流动等都会影响消费需求。美国市场邮轮渗透率公认在3%~3.5%,中国市场目前的渗透率大约为0.025%,因此中国邮轮市场的发展潜力非常巨大。上海国际航运研究中心发布的报告预测,2030年中国每年邮轮游客数量将达到800万~1000万人,成为全球第一大邮轮旅游市场。预计到2030年,我国的邮轮市场渗透率将增长至0.5%~1%。

2. 收入因素

人们的邮轮旅游消费需求是通过自己的支付能力购买邮轮旅游产品来满足的。这里的收入要注意区分总收入、可支配收入和可任意支配收入三种。我国人均 GDP 已超过 7000 美元，部分沿海省市超过 1 万美元，具备了邮轮旅游快速发展的条件。预计到 2020 年，我国人均 GDP 将达到 1.2 万~1.5 万美元，中等收入人群将达到 6 亿~8 亿人，我国将整体跨入中等收入国家行列，居民人均出游将达到 5 次以上。如此大规模的潜在旅游消费人群，必将形成巨大的邮轮旅游消费市场，成为推动邮轮旅游产业发展的强劲动力。预计到 2020 年，全国出入境邮轮旅游将突破 350 万人次，中国将成为亚太地区最具活力和最大规模的邮轮市场。

3. 价格因素

在收入水平既定的条件下，消费品的价格越高，消费者所能买到的消费品数量就越少，反之亦然。价格因素对邮轮旅游需求的影响一般表现为价格上升，需求减少，反之亦然。但是对不同的产品，其影响幅度存在很大差别。对于大众邮轮旅游产品，价格变动可引起需求的较大变动，这就是需求弹性大；而对于豪华邮轮旅游产品，价格波动对需求没有产生多少影响，这就是需求弹性小。

近年来，国内邮轮市场高速发展的背后，价格战已经初露端倪，各种低价邮轮游已经让邮轮旅行变质；由于中国邮轮市场已经出现供过于求的现象，旅行社常通过包船形式与邮轮公司合作，不少旅游企业通常低价甩卖邮轮仓位。

4. 消费结构因素

消费结构可分为三种基本类型：生存型、温饱型和发展性。不同类型消费结构的更替，既表现为需求总量的增加，也表现为生存需求支出的比重由高到低发展和享受需求的支出比重由低到高的变化。这种变化称为恩格尔定律。邮轮旅游属于发展型消费，会随着国民收入水平的提高而在居民消费结构中所占的比重从无到有逐渐增加。

5. 消费观念因素

有什么样的消费观念就会形成什么样的消费需求。例如，在 20 世纪 80 年代以前，由于经济发展落后，人均收入水平低，中国最具影响力的消费观念是传统的"节衣缩食"观念，穿一件衣服，要"新三年，旧三年，缝缝补补又三年"，对高档消费品和化妆品的需求有限。20 世纪 80 年代以来，随着改革开放和经济加速发展，人们的生活水平逐渐提高，消费观念发生了较大变革，人们的消费不再以满足温饱为目的，而是将购买力更多投向耐用消费品和满足服务需求，如进行教育投资、智力开发、出境旅游等，从而使这些商品的需求规模大幅度增加。

比如，中国人只是将邮轮作为一种新兴的交通工具，而没有欧美人在邮轮上享受时光的观念。选择哪家邮轮公司，国内的游客更加偏好于旅游目的地和线路，其次才是品牌，这种尚未成熟的品牌消费观念，在差异化服务不大的情况下，对起步阶段的国内邮轮企业还是有利的。

二、邮轮旅游者购买动机

消费者购买动机的产生以消费者的需求为基础。只有当消费者有了某种需要并期望得到满足时,才会产生购买动机。如饥饿促生了充饥的生理需要,为了满足这一需要,就产生了购买食物的动机。但是,这种需要并不能确定用哪种食物来满足,因为充饥的食物是多种多样的,生产厂家也是千差万别的,因而消费者的生理需要不是形成购买动机的唯一原因。社会文化环境、经济收入、商品实体本身和销售服务的特色等,也是诱发消费者产生购买动机的重要原因。

因此,对邮轮企业来说,应重视诱导邮轮旅游者形成购买邮轮产品的动机,并通过满足邮轮旅游者的需要使这一动机不断强化,从而为维护邮轮企业产品持续畅销打下坚实基础。

人类为了维持和延续生命,有饥渴、冷暖、行止、作息等生理本能。这种由生理本能引起的动机叫作本能模式,包括生存动机、安全动机、发展动机等心理动机。它具体的表现形式有维持生命动机、保护生命动机、延续生命动机等。由于邮轮旅游属于中高端消费,受生理动机的影响很小,因此本文主要讨论影响邮轮旅游者购买行为的心理动机,包括个人心理动机和社会心理动机。

(一)邮轮旅游者购买行为的个人心理动机

邮轮旅游者购买行为的个人心理动机包括情绪动机、情感动机、理智动机和惠顾动机等。

1. 情绪动机

情绪动机是指因喜怒哀乐好恶等情绪影响而产生的动机。由于人们情绪的正常变化是波动的,故情绪动机引起的购买行为都具有冲动性、即景性和不稳定性的特点。比如说冲动性,邮轮旅游者在旅游过程中购买的许多旅游纪念品,可能买回来之后一辈子也不会去看它,当时购买时只是一时冲动,心情愉悦而已。

2. 情感动机

情感动机是指人们的道德感、群体感、美感等感情因素所引起的购买动机,这类动机引起的购买行为是稳定的。比如,喜欢意大利式浪漫气息的中国邮轮旅游者,倾向于选择歌诗达邮轮旗下的邮轮,从早期的"爱兰歌娜"号,到后来的"大西洋"号、"维多利亚"号和"赛琳娜"号,到2016年4月刚刚引入中国的"幸运"号,无不致力于打造绝佳的意式度假体验,不同主题却各具特色的意式装潢,随处可见的艺术作品,到处可以感受到浪漫时尚的气息。

3. 理智动机

理智动机是指建立在邮轮旅游者对邮轮产品的客观认识之上的,经过对邮轮产品分析、比较之后产生的购买动机。这类动机具有周密性、客观性和控制性的特点。受理智动机驱使的邮轮旅游者,在购物时比较注重邮轮产品的品质,讲究实用、可靠、价格合理、服务周到等。

4. 惠顾动机

惠顾动机是指邮轮旅游者在总结感情和理智经验的基础上,对某类邮轮产品产生特殊的信任和偏好而重复购买的购买动机。引起邮轮旅游者产生偏爱而惠顾的原因,一般在于营销者服务周到、企业信誉好、物美价廉、品种齐全和购买方便等。因此邮轮企业要注重培养忠实顾客,形成忠实顾客、回头客。

（二）邮轮旅游者购买行为的社会心理动机

邮轮旅游者购买行为的社会心理动机包括求实动机、求廉动机、求新动机、求名动机、求美动机、求同动机和求异动机等。

1. 求实动机

求实动机是以追求商品的使用价值为主要特征的动机。受这种动机驱使的邮轮旅游者,在购买邮轮产品时非常注重产品的内在质量和实际效用,做到一分钱买一分货。

2. 求廉动机

求廉动机是以追求商品的价格低廉为主要特征的动机。受到这种动机驱使的邮轮旅游者,在购买邮轮产品时特别注重产品的价格,要求价廉物美。

3. 求新动机

求新动机是以注重商品的时尚为主要特征的动机。受这种动机驱使的邮轮旅游者,在购买邮轮产品时追求商品的时髦、奇特,要求款式新颖、格调清新、市场流行。

4. 求名动机

求名动机是以追求商品能显示自己的地位和威望为主要特征的动机。受到这种动机驱使的邮轮旅游者,在购买邮轮产品时特别注重产品品牌、商标价值、邮轮企业声誉、邮轮名称是否"吉利"和价格高低等因素。

5. 求美动机

求美动机是以重视商品的欣赏价值和艺术价值为主要特征的动机。受这种动机驱使的邮轮旅游者,在购买邮轮产品时追求商品的装饰性、艺术性,希望通过邮轮旅游来陶冶情操。

6. 求同动机

求同动机也叫仿效心理动机,即以注重追随社会潮流为主要特征的动机。受这种动机驱使的邮轮旅游者,在购买时愿意随大流,适应社会的传统习惯,又不愿落在潮流的后面,因而购买那些周围人群普遍购买的邮轮产品。如2016年8月"黄金赞礼"号在天津首航,很多邮轮旅游爱好者争相购票,希望见证首航庆典。

7. 求异动机

求异动机是以追求商品的与众不同为主要特征的动机。受这种动机驱使的邮轮旅游者,在购买邮轮产品时愿意标新立异,表现出与众不同的个性,因而购买那些周围人群从未购买或很少购买的商品。如近年来在中国国内逐渐出现的乘邮轮南极探险游、乘邮轮环球游,总有一些邮轮旅游爱好者愿意尝试与众不同的旅游线路。

总之,各种动机是相互结合的,每个邮轮旅游者身上都有几种动机,在某一时刻会受某类动机驱使,而在其他时刻又会受其他动机驱使。

三、邮轮旅游者决策过程

邮轮旅游者的购买活动不是单纯的瞬间行为,而是经过了一定的购买过程来完成。通过对购买过程的分析,可以使邮轮市场营销人员对每个过程中邮轮旅游者的心理与行为特征采取适当的措施,来影响邮轮旅游者的购买决定,并促使市场营销活动的顺利完成。

邮轮旅游者的购买决策过程在实际购买之前就已经开始,并且延伸到购买之后的很长一段时间才会结束。一般来讲,主要分为认识需要、收集信息、产品评估、购买决策、购后行为五个步骤(见图3-1)。

图3-1 邮轮旅游者购买决策过程

(一) 认识需要

邮轮旅游者认识到自己有某种邮轮旅游需要时,是其决策过程的开始,这种邮轮旅游需要可能是由内在的生理和心理活动引起的,也可能是受到外界的某种刺激引起的。

此阶段邮轮企业必须通过市场调研,认定促使邮轮旅游者认识到需要的具体因素,营销活动应致力于做好两项工作:一是发掘消费驱策力;二是规划刺激、强化需要。

(二) 收集信息

在多数情况下,邮轮旅游者还要考虑买什么品牌的邮轮产品,花多少钱到哪里去买等问题,需要寻求信息,了解商品信息。寻求的信息一般有产品质量、功能、价格、已经购买者的评价等。

邮轮旅游者的信息来源通常有以下四个方面:一是商业来源(如广告、推销员、分销商等);二是个人来源(如家庭、亲友、邻居、同事等);三是大众来源(如大众传播媒体、消费者组织等);四是经验来源(如以往邮轮体验的经验等)。邮轮企业的营销任务是设计适当的市场营销组合,尤其是产品品牌广告策略,宣传产品的质量、功能、价格等,以便使消费者最终选择本邮轮企业的产品。

(三) 产品评估

邮轮旅游者进行比较评价的目的是能够识别哪一个邮轮、哪个类型的产品最适合自己的需要。邮轮旅游者对商品的比较评价,是根据收集的资料,对邮轮产品属性做出的价值判断。邮轮旅游者对产品属性的评价因人因时因地而异,有的评价注重价格,有的注重质量,有的注重产品类型等。

邮轮企业营销首先要注意了解并努力提高本邮轮企业产品的知名度,使其列入邮轮旅游者比较评价的范围之内,才可能被选为购买目标。同时,还要调查研究人们比较评价某类商品时所考虑的主要方面,并对这些方面进行突出宣传,对邮轮旅游者购买选择产生最大影响。

(四) 购买决策

邮轮旅游者通过对可供选择的邮轮产品进行评价,并做出选择后,就形成购买意图。在正常情况下,邮轮旅游者通常会购买他们最喜欢的品牌。但有时也会受两个因素的影响而改变购买决定:一是他人态度;二是意外事件。

邮轮旅游者修改、推迟或取消某个购买决定,往往是受已察觉风险的影响。"察觉风险"的大小,由购买金额大小、产品性能优劣程度,以及购买者自信心强弱决定。邮轮企业营销应尽可能设法减少这种风险,以推动邮轮旅游者购买。

（五）购后行为

邮轮旅游者购买商品后,购买的决策过程还在继续,因为他们会评价已购买的邮轮产品。邮轮企业营销须给予充分的重视,因为它关系到产品今后的市场和企业的信誉,并且还会影响到其他邮轮旅游者,形成连锁效应。

判断邮轮旅游者购后行为有两种理论:一是预期满意理论;二是认识差距理论。邮轮企业营销应密切注意邮轮旅游者购后感受,并采取适当措施,消除不满,提高满意度。如经常征求邮轮旅游者意见,加强售后服务和保证,改进市场营销工作,力求使邮轮旅游者的不满降到最低。

第三节　邮轮旅游者购买行为过程分析

一、邮轮旅游者购买行为分析

（一）邮轮旅游者购买行为分析的内容

邮轮企业营销必须搞清楚邮轮旅游者购买行为表现出来的5个"W"和1个"H"。这是分析邮轮旅游者购买行为的基本内容。

1.购买对象(What)

了解邮轮旅游者知道什么、购买什么,即确定购买对象。这是决策的核心和首要问题。决定购买目标不只是停留在一般类别上,而是要确定具体的对象及具体的内容,包括哪个邮轮的产品、出行的时间、航线的天数、舱房的级别等。

2.购买时间(When)

了解邮轮旅游者在购买某类邮轮产品的具体时间,即确定购买时间。这也是购买决策的重要内容,它与主导购买动机的迫切性有关。在邮轮旅游者的多种动机中,往往由需求强烈的动机来决定购买时间的先后缓急;同时,购买时间也和市场供应情况、营业时间、交通情况和邮轮旅游者可供支配的空闲时间有关。随着网络、智能手机和电子支付手段的普及,购买时间的灵活度极大增强。

3.购买地点(Where)

了解消费者在哪里购买,即确定购买地点。购买地点是由多种因素决定的,如路途远近、可挑选的品种数量、价格以及服务态度等。它既和邮轮旅游者的惠顾动机有关,也和邮轮旅游者的求廉动机、求速动机有关。运用智能手机和网上支付,购买地点的灵活性也极大增强,邮轮旅游者可以在有网络的任何地方购买邮轮产品。

4. 购买方式(How)

了解邮轮旅游者怎样购买,是函购、邮购、还是代购;是付现金、开支票,还是分期付款;喜欢什么样的促销方式;如何使用产品,等等。

5. 购买原因(Why)

了解和探索邮轮旅游者行为的动机或影响其行为的因素。购买邮轮产品,邮轮旅游者的动机可能是观光、休闲、度蜜月、探险或者公务活动。不同购买动机,对邮轮产品的具体要求有差异。

6. 由谁购买(Who)

了解邮轮旅游者是哪些人,又要弄清购买行动中的"购买角色"问题。邮轮企业营销者要注意研究自己产品的主要购买者,是男性还是女性,是老年人还是青少年,以便针对他们的不同要求,提供不同的营销策略。

(二)邮轮旅游者购买行为分析的难点

对邮轮旅游者购买行为分析的难点是"暗箱"分析。购买行为分析六大基本内容的难易程度大不相同。对"为什么购买"的分析具有相当难度,因为它是隐蔽的、错综复杂的和难以捉摸的。对邮轮企业营销者来讲,就像照相的"暗箱"一样,明明知道里面运转不停,却看不见。购买行为的发生或拒绝接受的行为都是暗箱运转的结果,但对邮轮企业营销者来说是个谜。

许多学者、企业营销人员都设想在这个"暗箱"内建立一套机械性的理论模式,以解决企业最想知道的消费者"为什么购买"的问题,于是各种不同的解释"暗箱"这个消费者心理活动的模式被设计出来了(有关模式在本章第一节已经作了介绍)。把邮轮旅游者的购买心理视作一个充满问题的"暗箱",在此基础上来研究种种已知的市场营销影响因素和邮轮旅游者反应之间的关系,这是邮轮旅游者购买行为分析的难点。

(三)邮轮旅游者购买行为分析的重点

对邮轮旅游者购买行为分析的重点是"刺激—反应"分析。

随着对购买者行为研究的深入,企业营销人员认识到可以利用行为心理学提出的"刺激—反应理论"(S-R模式),从各种各样的"市场营销刺激"对购买者行为所产生的影响中,推断出"暗箱"中购买行为产生的动机,从而考察购买者对本企业营销策略、手段的反应,这对于营销活动的成败至关重要。

企业的各种营销活动都可以被视作对购买者行为的刺激,如产品、价格、销售地点和场所、各种促销方式等,它们被统称为"市场营销刺激",是企业有意安排的对购买者的外部环境刺激。当然,购买者还时时受到其他方面的外部刺激,如经济的、政治的、文化的和技术的因素等。所有这些刺激,进入了购买者的"暗箱"后,经过一系列的心理活动,产生了人们看得到的购买者反应:购买还是拒绝接受,或是表现出需要更多的信息。如购买者一旦决定购买,其反应便表现在购买选择上,包括产品的选择、品牌选择、购物商店选择、购买时间选择和购买数量选择。这一关系可用图3-2表示。

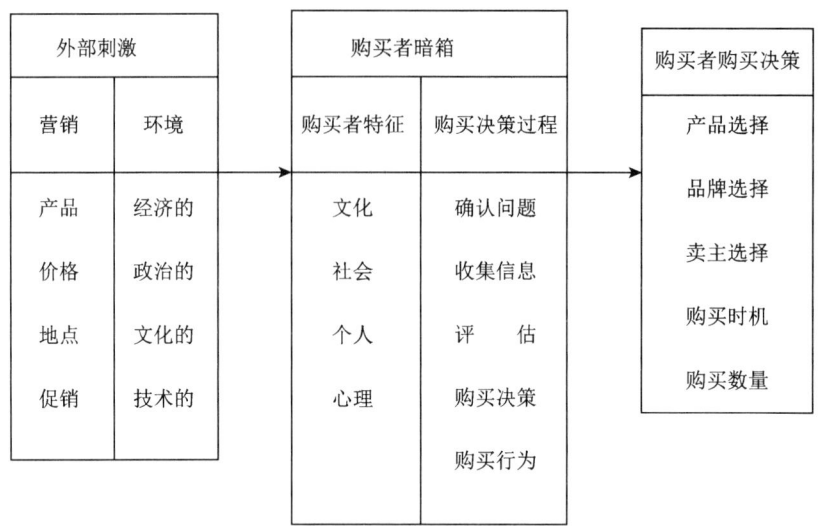

图 3-2 邮轮旅游者购买行为的 S-R 模式

二、邮轮旅游者购买行为模式

现实中的邮轮旅游者是多种多样的,不同的邮轮旅游者在购买动机及行为方面有着很大差别。受购买动机、经济条件、生活方式、社会文化、年龄和个性等因素的影响,邮轮旅游者的购买行为主要有以下七种类型:

(一)习惯型购买行为

习惯型购买行为是指邮轮旅游者根据以往的购买习惯而反复购买某种商品的行为模式。这类邮轮旅游者非常重视以往的购买和使用经验,在购买时不需花费时间选择比较,也不需征集信息评价产品。对待这类邮轮旅游者,营销人员不必过多介绍商品,而应做到动作迅速,很快办完交易手续。

(二)理智型购买行为

理智型购买行为是指邮轮旅游者在购买商品时比较慎重、有主见,能控制自己的情感,不受优惠、广告宣传等外来因素的影响,力图挑选自己最满意邮轮产品的购买行为。营销人员接待这类邮轮旅游者时要有耐心,实事求是的介绍邮轮产品,决不能心急图快,或对邮轮旅游者的挑剔显示出不耐烦的神色。

(三)经济型购买行为

经济型购买行为是指邮轮旅游者在购买时特别注重邮轮产品价格的购买行为。这种购买行为有两种表现:一种是愿意购买廉价邮轮产品。这类邮轮旅游者对邮轮产品价格的反映特别灵敏,善于发现不易被别人察觉的价格差异。对这类邮轮旅游者,营销人员应主动说明价廉的原因,或如实指出邮轮产品的实际缺点及减价产品同普通邮轮产品在价格、质量上的异同,以使邮轮旅游者更满足,并取得邮轮旅游者的信任。另一种是喜欢购买高质高价邮轮产品。这些购买者认为一分钱一分货,质量高的邮轮产品价格虽高,但性价比高,实际更便宜。

(四)冲动型购买行为

冲动型购买行为是指邮轮旅游者感情容易受到外界因素影响而产生的随机性较强的购买行为。这类邮轮旅游者在购买时感情容易冲动、容易受到广告宣传的影响,心境变化剧烈,往往注意邮轮产品的新特点,不大注重产品的性能和效用,喜欢追求各类新推出的邮轮产品。对这类邮轮旅游者,营销人员应多介绍一些邮轮产品的新特点和优点,以刺激邮轮旅游者的购买欲望。

(五)想象型购买行为

想象型购买行为是指邮轮旅游者以丰富的想象力衡量邮轮产品的意义并做出购买决定的购买行为。这类邮轮旅游者有丰富的想象力,对美的要求和欣赏能力也比较高,因此在购买时特别注重邮轮本身的特性、航线的设计、岸上游的安排等。但他们的注意力容易转移,兴趣容易变换。这类邮轮旅游者,营销人员要搞好邮轮产品宣传,以美丽的陈列展示给邮轮旅游者。

(六)不定型购买行为

不定型购买行为是指邮轮旅游者购买邮轮产品的心理尺度尚未稳定,在购买时缺乏主见。这类邮轮旅游者则多属于不经常购买商品的人,缺乏商品知识和购买经验,因而在购买时没有固定的偏好。对这类邮轮旅游者,营销人员应做到耐心介绍,主动为邮轮旅游者出主意当参谋。

(七)疑虑型购买行为

疑虑型购买行为是指邮轮旅游者因担心受骗或失误而在购买过程中犹豫不决。这类邮轮旅游者行动谨慎、迟缓,从不冒失仓促地做出购买决定,对所购买的邮轮产品疑心重重,担心广告不实或营销人员在介绍中说了假话;担心自己购买的邮轮产品是低质产品;担心买回去不合家人之意,等等。对这类邮轮旅游者,营销人员应注意耐心解释,解除其疑虑,使其放心购买。

总之,由于邮轮旅游者有不同的购买行为,这就要求邮轮企业营销人员必须能够准确地判断邮轮旅游者的行为类型,根据不同的购买行为采用不同的推销技巧。

三、邮轮旅游者购买影响因素

影响邮轮旅游者购买的因素既有外在因素,也有邮轮旅游者自身因素,同时还包括邮轮企业的因素(见图3-3)。

(一)经济因素

影响邮轮旅游者购买行为的经济因素主要是社会生产力、社会生产关系、邮轮旅游者经济收入、商品价格和边际效用递减等方面。前面几个因素已经论述过,这里重点探讨后面两个因素的影响。

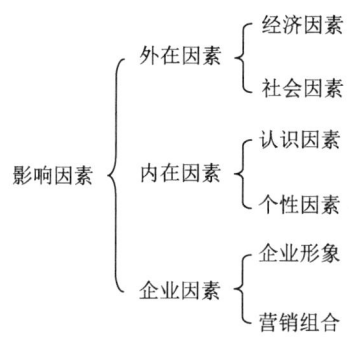

图 3-3　影响邮轮旅游者购买的因素

1.商品价格

由于邮轮旅游者在一定时间内的收入是有限的,同时,可供人们消费的邮轮产品也总是以一定的价格形式出现在市场上。因此,邮轮旅游者为了满足消费需要,必须根据自己的收入状况,根据不同邮轮产品的价格水平,在各种邮轮产品中进行选择。例如,收入高负担轻的邮轮旅游者,由于经济条件较宽松,可能多选择高价格的邮轮产品;而收入少或负担重的邮轮旅游者,则可能较多地选择中低价格的邮轮产品。但这种现象并不是绝对的,在现实生活中,有的邮轮旅游者出于某种偏好或消费心理,不顾价格的昂贵,反而以购买高价邮轮产品为荣,这就要作更深刻的分析。

2.边际效用递减规律

该理论认为,消费者总会在自己收入范围内做出最合理的购买决策,以实现效用最大化。但随着购买数量的增加,边际效用(即多购买的每一单位商品的追加利益)却是递减的。因此,市场上任何一个邮轮旅游者都不会把自己的钱用于购买同一种邮轮产品,这要求邮轮企业应注意不断降低邮轮产品价格,增加邮轮产品功能,以增加邮轮产品效用,扩大邮轮产品销售。

(二)社会因素

1.文化

文化是引发人类愿望和行为的最根本原因。不同文化层次的人,有着不同的价值观念、审美观点、生活标准和行为准则,因而文化是造成邮轮旅游者购买行为差异的重要因素。

亚文化包括民族、宗教、种族和地域等。亚文化为其成员带来更明确的认同感和集体感。许多亚文化构成了重要的细分市场。

2.社会阶层

社会阶层是在一个社会中具有相对的同质性和稳定性的群体,它们按等级排列,每个阶层成员具有类似的价值观、兴趣爱好和行为方式。社会阶层不仅受收入影响,也受其他因素如职业、教育和财产等的影响。在一些社会系统中,各阶层具有特定的作用和特定的社会地位。

3.社会角色

一个人一生中可能会从属于很多群体——家庭、俱乐部以及各类组织。每个人在群体中的位置取决于他的角色和地位。例如，一个在工作单位是职工或领导的已婚妇女，在家里又分别是妻子、母亲或儿媳。在作为社会不同角色时，人们对她有不同的要求，从而产生不同的购买行为。

4.相关群体

一个人的消费行为受到许多参考群体的影响。直接影响的群体称为会员群体，包括家庭、朋友、邻居、同事等主要群体和宗教组织、专业组织和同业工会等次级群体。崇拜群体是另一种参考群体。处于相关群体中的消费者因为发生面对面的密切关系而会在购买行为上产生相互影响。

5.家庭状况

家庭成员对购买者的行为影响很大。家庭是社会中最重要的消费者购买群体，而且已经被广泛地研究。其影响表现为二：一是每个家庭成员对购买决策都会产生或多或少的影响；二是家庭生命周期的不同阶段需求存在明显的差别。

（三）认识因素

1.需要

行为科学认为，需要引起动机，动机影响购买行为。需要是指在一定的生活环境中，人们为了延续和发展生命对客观事物的欲望的反映。美国著名的心理学家马斯洛提出的"需要层次论"，把需要分成5个层次，即生理需要、安全需要、社交需要、尊重需要和自我实现需要。邮轮旅游的需要，属于社交需要、尊重需要或自我实现需要。

2.感受

消费者对商品服务的感受有适应性、选择性和错觉性3个特点。例如，错觉性，同一物体或图案放在比它大的物体环境中显得小一些，放在比它小的物体环境中则显得大一些。如以前美国一位卖鸡蛋的商人，让小女孩手捧鸡蛋，显得鸡蛋大一点。又如卖钻石等贵重物品，往往放在小图案背景之下，衬托得钻石大一些。这给邮轮企业营销人员一个启示：要巧妙地运用背景的衬托来展示相关产品。

3.态度

消费者态度指消费者在购买或使用商品的过程中对商品或服务及其有关事物形成的反应倾向，即对商品的好恶、肯定与否定的情感倾向。邮轮旅游者对某种事物的特殊态度，可以导致购买行为也可能导致拒绝购买。在这其中，邮轮企业营销人员起了很大的作用，营销人员的素质决定了邮轮企业的获利与否。

4.经验

邮轮旅游者的经验既有来自社会各界提供的信息，也有来自自身的购买实践。邮轮旅游者会根据自己的经验不断完善购买过程。

（四）个性因素

1.气质

气质类型是指人气质的不同类型，气质是个人生来就具有的心理活动的典型而稳定的动力特征,是人格的先天基础。气质类型会影响人们的行为。古希腊著名的医生希波克拉底认为人体中有四种性质不同的液体,它们来自于不同的器官,并据此将人的气质分为胆汁质、多血质、黏液质、抑郁质。例如,胆汁质的人在购买时表情丰富,情绪激烈,脾气暴躁;多血质的人购买迅速,态度灵活,不断变换购买花样;黏液质的人虽急于购买但不灵活,只能按预定的方案办事;抑郁质的人在购买上往往犹豫不定。

2.性格

性格是在生活实践中形成的,形成后又会影响人的行为,包括购买行为。

3.能力

能力分一般能力和特殊能力。例如,中老年妇女大都有购买儿童服装的特殊能力,知识分子则对文化教育用品的购买有特殊能力。邮轮旅游者要顺利完成邮轮产品的购买活动,通常要两种能力共同发挥作用。

4.兴趣

兴趣对购买行为的影响表现在以下几个方面:兴趣有助于消费者为未来的购买活动做准备;兴趣能刺激消费者的购买欲望;兴趣能使消费者尽快做出购买决策;兴趣能促使消费者长期使用某种商品。

5.自我形象

自我形象是通过谈吐、情绪、穿戴和行为表现出来的。消费者树立自我形象,可通过物质的、精神的、社会的、道德的多方面因素表现出来。因此消费者往往要求购买的商品或取得的服务与自己的形象相称。邮轮旅游作为国内一种新兴的旅游休闲方式,给人一种高端的感觉,这对于追求自我形象提升的消费者来说具有很大的吸引力。

(五)企业形象

企业形象是企业在消费者心中的整体看法和评价,包括人员形象、产品形象、资信形象等。企业形象的好坏直接影响消费者对本企业产品的购买行为。不同邮轮企业在公众中的形象好坏,会影响公众是否购买其邮轮产品。

(六)营销组合

营销组合是企业向消费者提供的产品、制定的价格、选择的消费渠道和采用的促销方式的组合。组合的构成因素同时又是企业向消费者提供的刺激物,它可以刺激和诱导消费者增加购买。

本章小结

邮轮旅游者市场是对邮轮旅游产品有购买能力、购买欲望的顾客群体。根据旅游者购买目的或用途的不同,邮轮旅游者市场可以划分为消费者市场和组织市场两大类。邮轮旅游者的市场需求有多样性、层次性、伸缩性、可诱导性、季节性和地域性等特点。影响邮轮旅游者市场需求的因素主要包括人口因素、收入因素、价格因素、消费者结构因素和消费者观念因素等。影响邮轮旅游者购买行为的心理动机,包括个人心理动机和社会心理动机。邮轮旅游者的购买决策过程主要分为认识需要、收集信息、产品评估、购买决策、购后行为五个步骤。分析邮轮旅游者购买行为的基本内容包括购买对象、购买时间、购买地点、购买方式、购买原因和由谁购买等。邮轮旅游者的购买行为主要包括习惯型购买行为、理智型购买行为、经济型购买行为、冲动型购买行为、想象型购买行为、不定型购买行为和疑虑型购买行为七种类型。影响邮轮旅游者购买行为的因素主要有经济因素、社会因素、认识因素、个性因素、企业因素和营销组合等。

思考题

1.邮轮旅游者可以分为哪些类型?
2.简述邮轮旅游者的需求特点及其影响因素。
3.邮轮旅游者购买动机有哪些?
4.简述邮轮旅游者购买决策的主要过程。
5.对邮轮旅游者的购买行为分析主要包括哪些内容?
6.简述邮轮旅游者的购买行为模式的主要类型。
7.邮轮旅游者购买行为的影响因素有哪些?

案例分析

出游方式新态势　邮轮旅行趋火爆

1.出游玩出新花样,邮轮选择余地多

根据中国交通运输协会邮轮游艇分会(CCYIA)发布的报告,2015年国内有10个港口接待过邮轮,包括大连、天津、青岛、烟台、上海、舟山、厦门、广州、海口、三亚,共接待邮轮629艘次,邮轮旅客124万人次。对于余杭游客来说,出行选择最多的,自然是距离最近的上海吴淞口码头。

在邮轮市场中有着众多的公司,当游客面临每个公司众多不同的邮轮时又会做何选择呢? 杭州假日国旅业务部经理尹苗向笔者介绍,余杭地区游客出游选择主要集中在这几个邮轮公司的邮轮:皇家加勒比国际邮轮的"海洋量子"号、"海洋水手"号;歌诗达邮轮的"赛琳娜"号;天海邮轮的"新世纪"号和地中海邮轮的"抒情"号。

不同的港口对应着不同的出行线路,从厦门可以前往日韩、中国台湾地区;从三亚可以前往越南;从香港地区可以前往东南亚;而从上海出发,可以选择纯韩国线路、纯日本线路,或是日韩线路。

根据近两年余杭游客在出游前所做的选择可以看出,大家比较看重的主要在三个方面:第一是邮轮的品质,邮轮本身就是旅行目的地之一,邮轮所能提供的服务、硬件设施都成为了主要的考量标准。第二是具体的线路,经过哪些地方,花费几天时间有很多细微的差别。比如说从上海出发的日韩线路,可以选择"上海—济州—福冈—上海,历时4晚5天",也可以选择"上海—济州—釜山—福冈—上海,历时5晚6天",还可以选择"上海—济州—长崎—鹿儿岛—上海,历时5晚6天"。第三个方面就是价格,除了不同邮轮性价比之间的比较以外,邮轮出游也有淡季和旺季之分。淡季价格较低,旺季价格较高。

2.选好"对口菜"然后"再动筷"

与传统的旅游出行方式相比,邮轮旅游能够给游客带来哪些特别的体验呢?尹苗给出了自己专业性的答案。

首先,是服务品质的可控性。传统的旅行方式由交通、酒店、地接服务等多种服务内容和单位组合而成,服务品质参差不齐。邮轮是一站式服务,一条邮轮就涵盖了整个旅行过程中的方方面面,服务品质可控。同时邮轮业界有完善成熟的星级评定系统,就和酒店业一样。

其次,是超高的性价比。独具魅力的海上航行,轻轻松松畅游各地,还可尽情享受高档设施,体验丰富娱乐项目,松弛身心的同时感受它的尊贵、高品位,更能满足各类游人需求。邮轮旅游费用包括了餐费、住宿费、船上活动费、娱乐费等。家人、朋友、伴侣、单身者和度蜜月者都可尽情享受。

再次,是它的便捷性。邮轮旅游非常便利,游客在旅游目的地之间旅游时无须担心赶下一趟航班的问题、收拾行李的问题以及晚餐或夜总会预订的问题。邮轮就是漂浮于海上的度假胜地,能提供可以想象到的一切设施。

最后,是它的娱乐性。邮轮一般都有非常丰富的娱乐活动,影剧院、卡拉OK厅、酒吧、商店、游泳池、餐厅、篮球场、阅览室等,随你所需。船上还会安排各种让你应接不暇的活动,比如歌舞表演或者派对,况且,邮轮生活并非永不停歇,在沿途风景美丽之地,船会靠岸,供你上岸尽情玩乐一番,完全自由自在。

说起大家对于邮轮"高大上"的印象,她也有自己的感触。

"刚开始推邮轮线路时,基本上可以说是无人问津,这主要是大家缺乏对邮轮旅游的了解。对邮轮的认识只限于豪华的外观和高额的费用,而对邮轮的主要特点和设施、邮轮旅游航线、邮轮活动安排及登上邮轮之前的相关准备工作等大都不熟悉。近几年,越来越多的中国游客对于旅游的认知有所改变,加上国内邮轮数量越来越多,推出的线路主打东南亚国家短线,价格上有一定的优势,客户的选择性也越来越多。"

在这里也要提醒大家,如果您注重品质,经济条件较宽裕,可选择下水时间较短、邮轮质量较好的邮轮,比如现在的量子号、水手号等,各方面设施、服务在邮轮中均属于佼佼者;若您选择经济出游,可以选择赛琳娜号、抒情号等邮轮,性价比较高。

当然,在选择邮轮之前,您也可以先上网查一查邮轮的基本情况,然后再向旅行社咨询相关的产品、具体的线路等。最重要的是,不要忽略了个人的身体条件,一定事先明确自己是否符合邮轮的登船规定。

热爱旅行的人永远停不下自己的脚步,不仅要去世界各处看不一样的新鲜风景,经历不同的新鲜体验,在出游方式上,也不忘了要"尝尝鲜"。

从窗前显现美景一路节奏摇摆的火车,到穿越云端睡一觉就到目的地的飞机,再到自由驰骋的悠闲汽车自驾,现在,轻松"豪华"舒适的邮轮也越来越受到大家的认可。

不少爱尝鲜的余杭百姓也早就体验过邮轮出游,尽管如此,在很多人的印象中,邮轮还是显得挺"高大上",不是那么"接地气儿"。今天,笔者走访了旅行社和邮轮的工作人员,来聊聊邮轮出游这回事儿。

资料来源：钱江晚报（杭州），http://www.ccyia.com/news/xingyexinwen/2016/03/18/2969.html，2016-03-18。

结合案例思考以下问题：

（1）从案例中可以看出，旅游者在选择邮轮出行时主要考虑哪些方面的因素？

（2）根据案例内容，探讨邮轮企业营销人员在推广邮轮产品时应主要介绍哪些方面的东西吸引旅游者？

第4章 邮轮市场调研与预测

 **本章导读**

2015—2016年全球邮轮业发展现状及未来前景预测

邮轮产业在我国作为一个新兴产业在过去几年得到了快速的发展,2015年中国大陆邮轮预计运营629航次,增长35%,全年出入境邮轮旅客248.05万人次,同比增长44%。由于邮轮更多的是作为一个旅游目的地资源而非交通工具,其休闲养生的特点符合我国老龄化人口增多以及居民收入提高带来消费升级的大趋势,未来具有广阔的发展前景。但在过去几年的发展中,由于我国居民邮轮消费观念尚未成熟,我国邮轮行业同样经历着阵痛期,虽然增速在不断提升,但邮轮运营商以及下游分销商都经历了不同程度的亏损。

产业信息网发布的《2015—2022年中国邮轮投资分析及前景预测报告》显示,自20世纪60年代以来,世界现代邮轮在经历了50余年的发展后,目前已经逐步演变成为一个庞大而成熟的产业。根据世界邮轮协会(CLIA)的最新数据,邮轮产业在最近的30年内获得了飞速的成长,2014年全球邮轮游客数达到2210万人次,增速3.76%,同时根据其最新发布的《2016年邮轮发展趋势报告》预测,2016年全球轮接待人数将达到2400万人次。这段历程中邮轮行业的发展最初是受北美地区的需求推动,中期则是欧洲地区发展的促进,而目前,整个邮轮市场"东移"特征明显,亚洲以及大洋洲的接待邮轮游客人次的增速已远超欧美地区,2014年达到12.94%,其中亚洲市场2012年至2014年每年增长率为34%。

邮轮产业被誉为"漂浮在海上的黄金产业",对消费、制造及文化等产业具有巨大的拉动效应。特别是对邮轮母港地区,可以带来大量的就业岗位并促进消费力的提升。根据CLIA的统计,每接待一位邮轮游客获得的收入是接待普通国际游客的两倍,邮轮母港的经济带动效应是接待港的十倍。

未来,国际邮轮产业仍然有着巨大的发展潜力。根据世界旅游组织统计,水上旅游收入占比不超过世界旅游总收入的10%,而其增速则是国际旅游行业整体增速的近两倍。未来,在尚处于爆发式增长初期的亚太邮轮产业发展的带动下,国际邮轮产业仍有着巨大的发展空间。

第4章 邮轮市场调研与预测

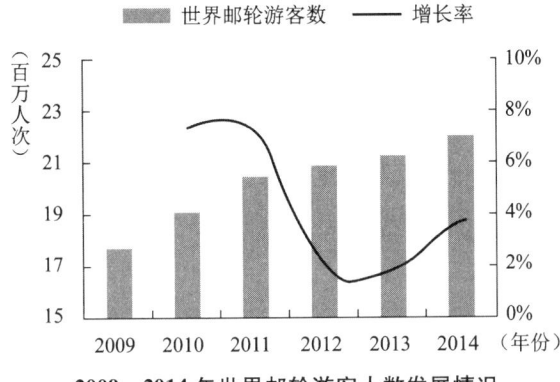

2009—2014年世界邮轮游客人数发展情况

资料来源：根据世界邮轮协会发布的相关报告整理。

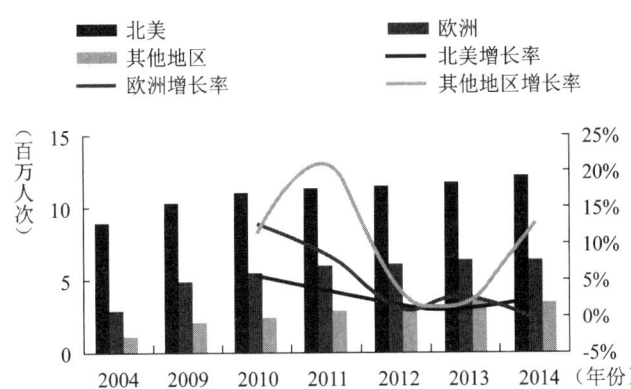

2004—2014年亚洲及大洋洲地区邮轮游客增速迅猛

资料来源：根据中国交通运输协会等部门发布的《2016中国邮轮发展报告》整理。

资料来源：根据中国交通运输协会等部门发布的《2016中国邮轮发展报告》。

第一节 邮轮市场营销调研的概念

一、邮轮市场营销调研的概念

美国市场营销协会是由美国市场调查者、市场学教育工作者以及在工商企业和政府部门从事市场营销工作的人员组成的组织，其总部设在美国芝加哥。美国市场营销协会在1931年设立定义委员会，该委员会在1960年将市场营销调研定义为：市场营销调研是企业系统地收集、记录和分析有关货物和劳务的市场营销问题的资料。这种研究，可以由独立的机构从事,也可以由企业或其代表人从事,以解决其市场营销问题。

美国著名的营销专家菲利普·科特勒认为:市场营销调研是企业系统地计划、收集、分析和报告那些与公司所面临的某种特定市场营销情况有关的资料和调研结果。

根据以上有关市场营销调研的定义,我们可以得出以下结论:邮轮市场营销调研是指运用科学的方法,有针对性、有计划、系统地收集整理和分析有关邮轮旅游营销活动方面的信息,以了解邮轮市场营销环境与市场状况,为邮轮旅游经营决策提供依据的活动。

二、邮轮市场调研的意义

邮轮市场调研的意义具体表现在以下几个方面:

其一,邮轮市场调研能及时探明邮轮市场需求变化的特点,掌握市场供求平衡情况,为邮轮企业编制经营计划、制定科学的营销决策提供依据。

其二,邮轮市场调研是有效促进市场营销活动的保证。在整个邮轮市场营销活动过程中,邮轮企业必须有效地加以控制、引导和调整,以保证其战略和计划的正确执行。同时,由于环境和市场始终处于变化状态,一旦出现了新情况、新问题,原定计划应适当进行修订。这一切都只有通过市场调研获取的最新信息来做出决断。

其三,邮轮市场调研能充实和完善邮轮市场信息系统,有助于开拓新市场。邮轮企业通过邮轮市场调研,系统、连续地搜集来自市场各方面的信息资料并输入到邮轮市场信息系统中,使之不断充实和完善,凭借全面、完整的邮轮市场信息系统,开展邮轮市场预测。

第二节 邮轮市场调研的内容和程序

一、邮轮市场调研的内容

邮轮市场营销调研涉及邮轮市场营销环境及营销活动的各个方面,所有支持邮轮市场营销决策的各种信息或营销决策中遇到的各种问题都应加以专门研究,所以,邮轮市场营销调研的内容极为广泛。由于调研目的不同、调研时间有限,可作专题调研,也可作全面调研。一般的邮轮市场调研应该包含如下内容:

(一)邮轮市场环境调研

邮轮企业的生存与发展是以邮轮市场环境为条件的,邮轮市场环境的变化直接影响到邮轮企业的营销活动和邮轮旅游者的需求。对邮轮企业而言,邮轮市场环境是不可控因素,邮轮企业的生产与营销活动必须与之相协调和适应。邮轮市场环境调研应主要集中于宏观环境的经济、政治和法律、社会文化、技术、人口以及自然环境等方面。微观环境调研应主要集中于邮轮企业的竞争者、邮轮市场营销中介单位以及社会公众等方面。由于邮轮市场的调研对营销决策具有极为重要的意义,因此,对邮轮市场需求和邮轮旅游者的情况应进行专门研究。

1. **政治环境调研**

了解对邮轮市场起影响和制约作用的国内外政治形势以及国家邮轮旅游市场管理的有关方针政策。

2. **法律环境调研**

了解我国及客源国或地区的有关法律和法规条例。包括环境保护法、邮轮旅游法、保险法、与外国合资经营条例、办理出入境手续方面的规定、各个地区的邮轮旅游管理条例等。

3. **经济环境调研**

了解我国及客源国或地区的经济特征和经济发展水平、经济发展趋势等。

4. **科技环境调研**

了解与邮轮旅游行业有关的科技发展水平以及发展趋势。

5. **社会文化环境调研**

包括邮轮旅游目的地和客源地的价值观念、受教育程度与文化水平、职业构成与民族分布、宗教信仰与风俗习惯、社会审美观念与文化禁忌等。

6. **地理环境调研**

包括区位条件、地质历史条件、自然景观条件、气候条件、季节因素以及物产方面等。

（二）邮轮市场需求调研

邮轮市场需求调研就是针对邮轮市场需求的数量、特征以及其变化趋势的研究。邮轮市场需求是决定邮轮市场购买力和市场规模大小的主要因素。针对邮轮旅游者所进行的需求调研是邮轮市场调研内容中最基本的部分。

1. **邮轮旅游者规模及构成调研**

邮轮旅游者规模及构成调研的内容包括：区域经济发展水平与人口特征；居民收入与闲暇时间；邮轮旅游者数量与消费构成。调查购买邮轮旅游产品的现实与潜在的邮轮旅游者数量和特征（例如，邮轮旅游者国籍、年龄、性别、职业、民族特征等），统计邮轮旅游者消费水平及构成（例如，食、住、行、游、购、娱等方面），滞留时间等；邮轮旅游者对邮轮旅游产品的质量、价格、服务等方面的要求和意见。

2. **邮轮旅游动机调研**

邮轮旅游动机是激励邮轮旅游者产生邮轮旅游行为、达到邮轮旅游目的的内在原因。根据邮轮旅游者消费行为动机的结论，邮轮旅游者的消费动机可以分为感性与理性两大类。在动机调研过程中，应结合目标市场的实际情况，明确邮轮旅游消费者的实际动机和潜在动机的具体内容。

3. **邮轮旅游行为调研**

邮轮旅游行为是邮轮旅游者的邮轮旅游动机在实际邮轮旅游过程中的具体表现。邮轮旅游行为调研就是了解客源地邮轮旅游者何时邮轮旅游、到何处邮轮旅游、由谁决策邮轮旅游等。

（三）邮轮市场供给调研

邮轮市场供给是一定时期内为邮轮市场提供的邮轮旅游产品的总量调研，需从以下几个方面进行：

1. 邮轮旅游吸引物调研

凡是能够吸引邮轮旅游者到来并能引发邮轮旅游者情趣的事物、事件或现象都是吸引物范畴。它的数量和质量决定着邮轮旅游者对邮轮旅游目的地的选择。

2. 邮轮旅游设施调研

邮轮旅游设施是直接或间接向邮轮旅游者提供服务所凭借的物质条件，可分为邮轮旅游服务设施和邮轮旅游基础设施两类。

3. 可进入性调研

可进入性是指邮轮旅游者进入邮轮旅游目的地的难易程度，表现为进入游览点、服务设施和参与邮轮旅游活动所付出的时间和费用，包括交通工具、地方政府的政策及邮轮旅游经营因素、签证手续的繁简、入出境验关程序、服务效率、邮轮旅游线路的编排与组织等。

4. 邮轮旅游服务调研

邮轮旅游服务是邮轮旅游产品的核心，其调研内容包括售前服务（邮轮旅游咨询、签证、办理入境手续、财政信贷、货币兑换、保险等）；售中服务（邮轮旅游活动过程中向旅游者直接提供食、住、行、游、购、娱及其他服务）；售后服务（机场、港口、办理出境手续、托运、委托代办服务及邮轮旅游者回家后的跟踪服务等）。

5. 邮轮企业形象调研

邮轮企业形象是邮轮企业经营的无形资产。邮轮旅游者对邮轮旅游产品或邮轮旅游目的地的评价直接导致他们的购买决策。

（四）邮轮市场营销组合调研

邮轮市场营销组合调研主要包括对邮轮旅游产品和服务、价格、销售及分销渠道，以及促销等营销变量中的特定问题进行的研究。因此，邮轮市场营销组合调研也应围绕这些营销组合要素而展开。

1. 邮轮市场竞争状况调研

第一，竞争企业分析。主要从现实和潜在的竞争对手数量、市场占有率、经营状况、价格及推销政策、分销渠道及其他竞争策略、规模及竞争实力、所处地理位置与活动范围等因素出发进行分析。

第二，竞争产品分析。主要从竞争者产品的质量、数量、品种、价格、特色及有何不足之处等因素出发进行分析。

2. 邮轮旅游产品调研

邮轮旅游产品是邮轮企业赖以生存的物质基础，邮轮企业只有不断地推出能满足旅游者需求的邮轮旅游产品，才能在激烈的邮轮市场竞争中求得生存和发展。邮轮旅游产品调研包括邮轮旅游者对邮轮旅游产品的意见要求、邮轮旅游产品的市场占有率和销售潜力、邮轮旅游产品的改进或邮轮旅游新产品的开发、邮轮旅游产品组合、邮轮旅游产品市场生命周期等。

3. 邮轮旅游价格调研

邮轮企业的盈亏与邮轮旅游产品销售的价格有很大的关系，因此，邮轮企业要想赢利就必须制定出正确的产品价格策略,为此,首先必须要做好邮轮旅游产品价格的调研。邮轮旅游产品价格调研包括邮轮旅游产品定价情况及变化趋势的调研、替代品的供求和价格调研、需求价格弹性调研、邮轮旅游新产品定价策略调研等。

4. 邮轮旅游分销渠道调研

分销渠道的选择对邮轮企业能否打开销路、尽快占领市场及降低营销费用有着十分重要的作用。在选择合适的分销渠道之前,必须要做好如下内容的调研:邮轮旅游产品销售渠道的数量、分布和营销业绩,销售渠道长度、宽度及运转情况,市场上是否存在经销此类邮轮旅游产品的权威性机构,市场主要的中间商销售渠道策略实施、评估、控制和调整情况及其对本邮轮旅游产品的要求和条件等。

5. 邮轮旅游促销调研

邮轮旅游促销是刺激邮轮产品销售的有效手段。邮轮旅游促销调研着重于促销对象、促销方法、促销投入、促销效果四个方面,包括促销对象的类型,促销信息源选择,信息发送方式与发送渠道,广告、销售促进、人员推销、公共关系等促销方式是否为促销对象所接受并取得信赖,促销投入预算,促销宣传的内容是否符合促销范围内的需求水平、知识水平和风俗习惯,促销能引起多少人的注意及兴趣,促销给目标视听者什么样的邮轮旅游产品形象及其是否产生购买欲望,促销后的邮轮企业销售实绩等。

以上所列邮轮市场营销调研内容是就一般情况而言的,是总体概念上的调研内容。然而,不同的邮轮企业、不同的地区、不同时期的营销调研内容应有所不同。

二、邮轮市场调研的程序

企业开展市场调查可以采用两种方式,一是委托专业市场调查公司来做,二是企业自己来做,企业可以设立市场研究部门,负责此项工作。市场调研工作的基本过程包括明确调查目标、设计调查方案、制订调查工作计划、组织实地调查、调查资料的整理和分析、撰写调查报告。

(一)调查目标

进行市场调查时,首先要明确市场调查的目标,按照企业的不同需要,市场调查的目标有所不同。企业实施经营战略时,必须调查宏观市场环境的发展变化趋势,尤其要调查所处行业未来的发展状况。企业制定市场营销策略时,要调查市场需求状况、市场竞争状况、消费者购买行为和营销要素情况。当企业在经营中遇到了问题,这时应针对存在的问题和产生的原因进行市场调查。

(二)调查方案

一个完善的市场调查方案一般包括以下几方面内容:

1. 调查目的

根据市场调查目标,在调查方案中列出本次市场调查的具体目的。例如,本次市场调查的目的是了解邮轮旅游产品的消费者购买行为和消费偏好情况等。

2. 调查对象

市场调查的对象一般为消费者、零售商、批发商。零售商和批发商为经销调查产品的商家,消费者一般为使用该产品的消费群体。在以消费者为调查对象时,要注意到有时某一产品的购买者和使用者不一致,如对儿童邮轮旅游的调查,其调查对象应为孩子的父母亲。此外还应注意到一些产品的消费对象主要针对某一特定消费群体或侧重于某一消费群体,这时调查对象应注意选择产品的主要消费群体。

3.调查内容

调查内容是收集资料的依据,是为实现调查目标服务的,可根据市场调查的目的确定具体的调查内容。如调查消费者行为时,可按消费者购买、使用、使用后评价三个方面列出调查的具体内容项目。调查内容的确定要全面、具体,条理清晰、简练,避免面面俱到,内容过多,过于烦琐,避免把与调查目的无关的内容列入其中。

4.调查表

调查表是市场调查的基本工具,调查表的设计质量直接影响到市场调查的质量。设计调查表要注意以下几点:

第一,调查表的设计要与调查主题密切相关,重点突出,避免可有可无的问题;

第二,调查表中的问题要容易让被调查者接受,避免出现被调查者不愿回答、或令被调查者难堪的问题;

第三,调查表中的问题次序要条理清楚,顺理成章,符合逻辑顺序,一般可遵循容易回答的问题放在前面,较难回答的问题放在中间,敏感性问题放在最后,封闭式问题在前,开放式问题在后的原则;

第四,调查表的内容要简明,尽量使用简单、直接、无偏见的词汇,保证被调查者能在较短的时间内完成调查表。

5.调查地区范围

调查地区范围应与企业产品销售范围相一致,当在某一城市做市场调查时,调查范围应为整个城市。但由于调查样本数量有限,调查范围不可能遍及城市的每一个地方,一般可根据城市的人口分布情况,主要考虑人口特征中的收入、文化程度等因素,在城市中划定若干个小范围调查区域,划分原则是使各区域内的综合情况与城市的总体情况分布一致,将总样本按比例分配到各个区域,在各个区域内实施访问调查。这样可相对缩小调查范围,减少实地访问工作量,提高调查工作效率,减少费用。

6.样本的抽取

调查样本要在调查对象中抽取,由于调查对象分布范围较广,应制订一个抽样方案,以保证抽取的样本能反映总体情况。样本的抽取数量可根据市场调查的准确程度的要求确定,市场调查结果准确度要求愈高,抽取样本数量应愈多,但调查费用也愈高,一般可根据市场调查结果的用途情况确定适宜的样本数量。实际市场调查中,在一个中等以上规模城市进行市场调查的样本数量,按调查项目的要求不同,可选择200~1000个样本,样本的抽取可采用统计学中的抽样方法。具体抽样时,要注意对抽取样本的人口特征因素的控制,以保证抽取样本的人口特征分布与调查对象总体的人口特征分布相一致。

7.资料的收集和整理方法

市场调查中,常用的资料收集方法有调查法、观察法和实验法,一般来说,前一种方法适宜于描述性研究,后两种方法适宜于探测性研究。企业做市场调查时,一般采用调查法,调查法又可分为面谈法、电话调查法、邮寄法、留置法等。这几种调查方法各有其优缺点,适用于不同的调查场合,企业可根据实际调研项目的要求来选择。资料的整理方法一般可采用统计学中的方法,利用 Excel 工作表格,可以很方便地对调查表进行统计处理,获得大量的统计数据。

(三)工作计划

1.组织领导及人员配备

可由企业的市场部或企划部来负责调查项目的组织领导工作,针对调查项目成立市场调查小组,负责项目的具体组织实施工作。

2.访问员的招聘及培训

访问人员可从高校中的经济管理类专业的大学生中招聘,根据调查项目中完成全部问卷实地访问的时间来确定每个访问员 1 天可完成的问卷数量,核定需招聘访问员的人数。对访问员须进行必要的培训,培训内容包括以下几个方面:

第一,访问调查的基本方法和技巧;

第二,调查产品的基本情况;

第三,实地调查的工作计划;

第四,调查的要求及要注意的事项。

3.工作进度

将市场调查项目整个进行过程安排一个时间表,确定各阶段的工作内容及所需时间。市场调查包括以下几个阶段:

第一,调查工作的准备阶段,包括调查表的设计、抽取样本、访问员的招聘及培训等;

第二,实地调查阶段;

第三,问卷的统计处理、分析阶段;

第四,撰写调查报告阶段。

4.费用预算

市场调查的费用预算主要有调查表设计印刷费;访问员培训费;访问员劳务费、礼品费;调查表统计处理费用等。企业应核定市场调查过程中将发生的各项费用支出,合理确定市场调查总的费用预算。

(四)实地调查

市场调查的各项准备工作完成后,开始进行问卷的实地调查工作,组织实地调查要做好两方面工作。

1.做好实地调查的组织领导工作

实地调查是一项较为复杂烦琐的工作。要按照事先划定的调查区域确定每个区域调查样本的数量、访问员的人数、每位访问员应访问样本的数量及访问路线,每个调查区域配备一名督导人员;明确调查人员及访问人员的工作任务和工作职责,做到工作任务落实到位,工作目标、责任明确。

2. 做好实地调查的协调、控制工作

调查组织人员要及时掌握实地调查的工作进度完成情况,协调好各个访问员的工作进度;要及时了解访问员在访问中遇到的问题,帮助解决,对于调查中遇到的共性问题,提出统一的解决办法。要做到每天访问调查结束后,访问员首先对填写的问卷进行自查,然后由督导员对问卷进行检查,找出存在的问题,以便在后面的调查中及时改进。

(五)整理分析

实地调查结束后,即进入调查资料的整理和分析阶段,收集好已填写的调查表后,由调查人员对调查表进行逐份检查,剔除不合格的调查表,然后将合格的调查表统一编号,以便于调查数据的统计。调查数据的统计可利用 Excel 电子表格软件完成;将调查数据输入计算机后,经 Excel 软件运行后,即可获得已列成表格的大量的统计数据,利用上述统计结果,就可以按照调查目的的要求,针对调查内容进行全面的分析工作。

(六)调查报告

撰写调查报告是市场调查的最后一项工作内容,市场调查工作的成果将体现在最后的调查报告中,调查报告将提交企业决策者,作为企业制定市场营销策略的依据。市场调查报告要按规范的格式撰写,一个完整的市场调查报告格式由题目、目录、概要、正文、结论和建议、附件等组成。

三、邮轮市场调研的方法

调研方法的选择和技巧的运用直接关系到邮轮市场调研结果的可信度,因此对邮轮市场进行调研必须选用科学的方法。按照邮轮市场信息资料来源可将旅游市场调研方法归为文案调查法和实地调查法两大类。

(一)文案调查法

文案调查法又称"间接调查法",它是通过搜集邮轮企业内部和外部各种现有的信息数据和情报资料,从中摘取与市场调研课题有关的内容进行分析研究的一种调查方法。这一方法的优点在于所花费的时间少,费用不高,能够为邮轮市场营销提供大量的信息。这种方法常被作为邮轮市场调查的首选方法。几乎所有的市场调查都可始于收集现有资料。

文案调查法主要有三种方法:文献资料筛选法、剪辑分析法、情报网络法。

文案调查法的信息来源:国家机关公布的有关资料,邮轮旅游行业协会的资料,新闻媒介、书籍、邮轮旅游年鉴提供的资料,研究机构、专业情报机构、咨询机构提供的资料和研究结果,以及邮轮企业内部积累的资料等。

(二)实地调查法

实地调查法又称"直接调查法",是在周密的调查设计和组织下,由调研人员直接向被调查者搜集原始资料的一种调查方法。实地调查主要有询问法、观察法和实验法。根据调查项目类型、调查的目的要求、允许的时间、调查资金及其他物质条件,可灵活选择其中某种或几种方式交叉组合运用。

1. 询问法

询问法就是调研人员采用访谈询问的方式,向被调查者了解邮轮市场情况的一种方法,又称"访谈法"。访谈询问成功与否,取决于被调查者的配合、调查者的准备工作及对访谈技巧的掌握。询问法又可分为面谈调查法、电话调查法、邮寄调查法、留置问卷调查法、网上调查法等。

第一,面谈调查法。调研人员通过与被调查者面对面交谈和提问或者讨论获得有关信息的调查方式。该方法经常被使用,其具体形式有个别交谈、小组交谈,也有一次性面谈或多次面谈等。该种方法的优点是能直接获取被调查者的意见,得到第一手的真实资料,方式灵活,启发性好。该方法可以针对不同的调查者采取不同的询问方法。该种方法的缺点是调查的时间长、费用大,因而调查的成本高,且调查结论受调查者和被调查者的主观因素的影响比较大。

第二,电话调查法。电话调查就是调研人员根据抽样要求,选取样本,通过电话与被调查者交谈,以此获取有关信息的调查方式。该种方法的优点是获取信息的速度快,经济省时。它适用于那些工作繁忙,不愿意接待来访者的被调查者。由于被调查者不受调查人员在场的心理拘束,对于获取那些当面不便回答的敏感问题,不失为一种好的调查方法。该种方法的缺点是电话询问受通话时间的限制,提问不能太多,不能做深入的交谈,因此,很难判断所得信息的真实性。

第三,邮寄调查法。邮寄调查是指调研人员将设计好的调查问卷邮寄给被调查者,由被调查者根据调查表的要求填好后寄回,从而获取信息的调查方式。该种方法的优点是调查面广,成本低;可以避免调查人员的主观偏见;被调查者有思考、讨论的余地,较适合敏感性问题的调查。该种方法的缺点是问卷回收率低,信息反馈时间长,代表性和准确性难以把握,只适用于有一定文化程度的调查对象和简单、易于回答的问题的调查。

第四,留置问卷调查法。留置问卷调查是指调研人员将调查表当面交给被调查者,说明调查意图和要求,由被调查者自行填写回答,再由调查者按约定日期收回,从而获取信息的一种调查方式。该方法可以避免邮寄调查法询问回复率低的缺点,还可以克服面谈式的某些不足之处。

第五,网上调研法。由于互联网的广泛使用,很多邮轮企业在市场营销调研中运用互联网搜集信息,邮轮企业可以在公司主页上安装相应软件来检测访问者是否完成调查问卷,或者通过电子邮件寄送问卷进行市场调研。由于有相应的软件支持,通过网上调查法搜集到的调研结果整理起来更方便,所需要的调研费用也不高,还可以不受时空限制,并且能迅速获得反馈。但是,由于在互联网上营销人员与被调查者之间属于虚拟的人际关系,很多时候营销人员对被调查者的真实情况无法了解,这也在一定程度上影响了调研结果的准确性。另外,目前虽然使用互联网的邮轮企业和个人在不断增加,但是还不能算是完全普及。以个人消费者为例,目前互联网的使用对象主要集中在个人收入和文化程度相对较高的一些人士身上,这就使调查的对象受到限制。

2. 观察法

第一,亲身经历法。指旅游调研人员通过亲自参与邮轮旅游活动而获取邮轮市场信息的一种调查方法。

第二,直接观察法。指邮轮旅游调研人员亲自或派人到现场观察调查对象,以此获取有关邮轮市场信息的一种调查方法。

第三,行为记录法。指邮轮旅游调研人员用特定的装置在调查现场记录被调查对象在一定时间内的有关行为的调查方法。

第四,痕迹观察法。指邮轮旅游调研人员通过观察调查对象所留下的痕迹来收集有关邮轮市场信息的调查方法。

3.**实验法**

实验法起源于自然科学研究实证法。它是指把调查对象置于特定的控制环境下,通过控制外来变量和检验结果差异来发现变量间的因果关系,获取信息资料的调查方式。这种方法对于研究变量之间的因果关系非常有效。由于实验法是在小规模的环境中进行实验,所以在管理上比较好控制,并且完全由客观方法得到资料,数据的可信度高、可靠性强,排除了主观的推论和臆测。

该种方法的优点是客观性较强,有很好的实际应用价值。旅游企业在改变其产品的品种、外观造型、包装装潢、价格、广告宣传、分销渠道和陈列方式等时,均可以进行实验。通过实验能直接了解引起某一旅游市场营销问题变化的原因和结果,并能直接检验营销活动的效果。该种方法的缺点是时间较长,费用较高,选择合适的实验对象较难。但总的说来,实验法是一种科学的方法,经过精心安排的实验所得到的结果具有较高的参考价值。

第三节 邮轮市场调查问卷设计

调查问卷又称调查表或询问表,它是调查人员根据调查的目的和要求设计的,由一系列问题和说明组成的调查表格,它是社会调查的一种重要和常用的工具。

一、问卷的组成部分

一份正式的调查问卷一般包括四个组成部分:

第一,问卷的标题。问卷的标题是概括说明调查研究主题,使被调查者对所要回答问题的方向有一个大致的了解。

第二,前言。也称问卷说明,是向被调查者写的一封简短信,主要说明调查的主题、调查的目的、调查的意义,填表须知、交表时间、地点及其他事项说明等,以及向被调查者表示感谢。说明信一般放在问卷开头,通过它可以使被调查者消除顾虑,并按一定的要求填写问卷。

第三,正文。这是调查问卷的主体部分,一般设计若干问题要求被调查者回答。

第四,结束语。这部分内容一般放在问卷的最后,以简短的语言对被调查者的合作表示感谢,或者征询被调查者的问卷设计本身的意见和建议。

二、问卷的功能

第一,能正确反映调查目的,具体问题,突出重点,能使被调查者乐意合作,协助达到调查目的。

第二,能正确记录和反映被调查者回答的事实,提供正确的情报。

第三,统一的问卷还便于资料的统计和整理。问卷的设计是市场调查的重要一环。要得到对你有益的信息,需要提出确切的问题。最好通过提问来确定一个问题的价值:你将如何使用调查结果?这样做可使你避免把时间浪费在无用或不恰当的问题上。要设计一份完美的问卷,不能闭门造车,而应事先做一些访问,拟订一个初稿,经过事前实验性调查,再修改成正式问卷。

三、问卷设计的原则

第一,问卷上所列问题应该都是必要的,可要可不要的问题不要列入。

第二,所问问题是被调查者所了解的。所问问题不应是被调查者不了解或难以答复的问题。

第三,在询问问题时不要转弯抹角。

第四,注意询问语句的措辞和语气。

四、调查问卷提问的方式

调查问卷提问的方式可以分为以下两种形式:

第一,封闭式提问。也就是在每个问题后面给出若干个选择答案,被调查者只能在这些被选答案中选择自己的答案。

第二,开放式提问。就是允许被调查者用自己的话来回答问题。由于采取这种方式提问会得到各种不同的答案,不利于资料统计分析,因此在调查问卷中不宜过多。

五、问卷调查设计需要注意的事项

问卷设计具有一定的技巧性,需要引起调研者的注意。首先,语言的表达要简洁明了,不能模棱两可。措辞要有亲切感,避免引起被调查者的反感。如果调查的对象为国外游客,问卷设计应采用中英文对照。其次,问卷结构的设计要注意合理性。问卷的正文,即调查的问题应占整个问卷的 $2/3 \sim 4/5$,其他部分如问卷说明、有关被调查者和调查个人的个人资料信息只占很少部分。具体到问卷正文中的问题,应当先易后难,将核心问题放在问卷的前半部分。此外,问卷的篇幅要简短,否则被调查者会因时间过长敷衍答卷而影响问卷调查的效果。

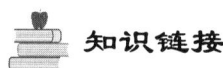

知识链接

中国公民邮轮旅游认知调查问卷

您好！我是××(单位名称)的市场调查员，我们正在进行中国公民邮轮旅游认知的市场调查，希望得到您的积极参与。问项的填答并无"对"与"错"，填答的资料仅供本研究参考之用，涉及您隐私的地方，我们予以保密。我们对您的支持表示衷心的感谢，并祝您旅行愉快！

××旅游局邮轮旅游认知调研小组

××年××月

1.你有出国邮轮旅游的想法吗？
　□有　　　　□没有
2.你对豪华邮轮了解吗？
　□完全不了解　□有点了解　　□十分了解
3.你认为豪华邮轮和普通邮轮区别大吗？
　□区别不大,都一样　　　　□区别非常大
4.在印象中,你感觉豪华邮轮上面有哪些设施和活动？（多选）
　□餐厅　　　□咖啡厅　　　□酒吧　　　□豪华套房　　□海景房　　□客舱
　□游泳池　　□健身房　　　□网吧　　　□迷你高尔夫球场　　　　□赌场
　□免税店　　□会议室　　　□溜冰场　　□4D电影院　　□儿童俱乐部
　□网球场　　□图书馆和牌室　　　　　　□派对　　　　□夜总会和演出
　□舞蹈课程
5.你感觉豪华邮轮的船票包括哪些免费项目？（多选）
　□只是一张船票,不包括其他项目　　　　□自助餐　　□客舱　　□赌场
　□游泳池　　□健身房　　　□网吧　　　□会议室　　□溜冰场
　□夜总会和演出　　　　　　□电影院　　□舞蹈课程
6.如果豪华邮轮有第5题所列举的所有设施,你还可以免费享用第5题所列举的项目,仅需要2398元就可以乘坐豪华邮轮从上海出发前往济州岛和首尔,你愿意尝试吗？
　□愿意　　　□不愿意　　　□可以考虑
7.豪华邮轮是海上漂浮的超五星级酒店,你同意这种观点吗？
　□同意　　　□不同意　　　□不知道
8.你期望乘坐豪华邮轮游玩几天？
　□3天以内　□3~4天　　　□5~7天
9.您能够接受的豪华邮轮旅游的价位区间是每人：
　□3000~5000元　　　　　□5000~8000元　　　　　□8000~10 000元
　□10 000元以上　　　　　□_____（自选）
10.你最希望乘坐邮轮前往哪个国家或地区？

☐日本 ☐韩国 ☐台湾地区 ☐东南亚 ☐_____（自选）

您的个人信息（您不需要填写姓名，我们确保所填写信息的私密性）

(1) 您现在居住的城市：_____

(2) 您的性别：☐男性 ☐女性

(3) 您的年龄：☐18岁以下 ☐18～25岁 ☐26～35岁 ☐36～45岁
　　　　　　　☐46～55岁 ☐55岁以上

(4) 您的家庭结构：☐单身 ☐已婚无孩子 ☐已婚，孩子未成年
　　　　　　　　　☐已婚，孩子已成年 ☐其他

(5) 您的个人月收入：☐3000元以下 ☐3001～5000元 ☐5001～10 000元
　　　　　　　　　　☐10 001～20 000元 ☐20 000元以上

(6) 您的职业是：☐公务员 ☐专业人士 ☐企业员工 ☐高级管理人员
　　　　　　　　☐自由职业者 ☐学生 ☐离退休人员 ☐私营企业主
　　　　　　　　☐其他（请注明：_____）

第四节　邮轮市场预测的方法

一、市场预测的概念

市场预测就是运用科学的方法，对影响市场供求变化的诸多因素进行调查研究，分析和预见其发展趋势，掌握市场供求变化的规律，为经营决策提供可靠的依据。预测为决策服务，是为了提高管理的科学水平，减少决策的盲目性，我们需要通过预测来把握经济发展或者未来市场变化的有关动态，减少未来的不确定性，降低决策可能遇到的风险，使决策目标得以顺利实现。

二、定性预测方法

定性预测是指预测者依靠熟悉业务知识、具有丰富经验和综合分析能力的人员与专家，根据已掌握的历史资料和直观材料，运用个人的经验和分析判断能力，对事物的未来发展做出性质和程度上的判断，然后，再通过一定形式综合各方面的意见，作为预测未来的主要依据。

定性预测特别适合于对预测对象的数据资料（包括历史的和现实的）掌握不充分，或影响因素复杂，难以用数字描述，或对主要影响因素难以进行数量分析等情况。主要定性预测方法有以下几种：

（一）德尔菲法

德尔菲法（Delphi Method），又称专家规定程序调查法。该方法主要是由调查者拟定调

查表,按照既定程序,以函件的方式分别向专家组成员进行征询;而专家组成员又以匿名的方式(函件)提交意见。经过几次反复征询和反馈,专家组成员的意见逐步趋于集中,最后获得具有很高准确率的集体判断结果。德尔菲法具有反馈性、匿名性和统计性特点,选择合适的专家是做好德尔菲预测的关键环节。

(二)主观概率法

主观概率法是市场趋势分析者对市场趋势分析事件发生的概率(即可能性大小)做出主观估计,然后计算它的平均值,以此作为市场趋势分析事件的结论的一种定性市场趋势分析方法。主观概率法一般和其他经验判断法结合运用。

例1:某邮轮旅行社根据市场销售的历史和现状,对市场趋势分析期内经营情况及可能出现的自然状态,分别提出估计值和概率,如表4-1所示。

表4-1 主观概率法表

(单位:人次)

参加预测人员	估计值						期望值
	最高量	概率	中等量	概率	最低量	概率	
1	2500	0.3	2200	0.5	2000	0.2	2250
2	2450	0.2	2200	0.6	1900	0.2	2190
3	2400	0.2	2180	0.6	1800	0.2	2140
4	2350	0.1	2100	0.7	1900	0.2	2000
5	2300	0.2	2000	0.6	1700	0.2	2000

期望值的计算方法为:最高估计值×概率+中等估计值×概率+最低估计值×概率
如1号市场趋势分析人员的期望值为:

$$2500×0.3+2200×0.5+2000×0.2=2250(人次)$$

从表4-1中可以看出每个人每次概率均是大于0小于1,所有事件概率之和等于1。
先用算术平均法求出平均市场趋势分析值为:

$$(2250+2190+2140+2000+2000)/5=2116(人次)$$

可以平均市场趋势分析值2116(人次)作为邮轮旅行社的市场趋势分析结果。
考虑到各市场趋势分析人员的地位、作用和权威性的不同,可用加权平均法求出加权平均值作为调整的方案。分别给予1号和2号人员较大权数是3,3号和4号的权数为2,5号是1。则综合预测值为:

$$(2250×3+2190×3+2140×2+2000×2+2000×1)/(3+3+2+2+1)=2145(人次)$$

(三)领先指标法

各种经济现象之间的内在联系是十分紧密的,表现在经济指标上,则反映为时间序列上的先后关系。例如,原材料价格的变动,先于制成品价格的变动;教育事业的发展,先于科学技术的发展;科学技术的发展又先于生产建设的发展等。领先指标法就是利用经济指标之间的时间差异,将各种经济时间序列分为三种类型:领先指标型;同步指标型;滞后指标型。根据这种分类,可以通过领先指标以预测同步指标或滞后指标。运用领先指标法,不但可以预测经济发展趋势,而且可以预测转折点。领先指标法既可用于微观经济预测,也可用于宏观经济预测。

(四)情景预测法

情景预测法是假定某种现象或某种趋势将持续到未来的前提下,对预测对象可能出现的情况或引起的后果作出预测的方法。通常用来对预测对象的未来发展作出种种设想或预计,是一种直观的定性预测方法。

情景预测法是一种新兴的预测法,由于它不受任何条件限制,应用起来灵活,能充分调动预测人员的想象力,考虑较全面,有利于决策者更客观地进行决策,在制定经济政策、公司战略等方面有很好的应用。但在应用过程中一定要注意具体问题具体分析,同一个预测主题,如果其所处环境不同,最终的情景可能会有很大的差异。

由于我国邮轮旅游起步较晚,邮轮旅游方面的统计工作尚不完善,而且也没有适当的数据可以使用,定性预测方法在一定范围内将会得到较多使用。而且中期到长期的预测更多选用此方法。

三、定量预测方法

定量预测是使用历史数据或因素变量来预测需求的数学模型,是根据已掌握的比较完备的历史统计数据,运用一定的数学方法进行科学的加工整理,借以揭示有关变量之间的规律性联系,用于预测和推测未来发展变化情况的一类预测方法。

定量预测在邮轮市场营销调研中一般用于对邮轮市场发展变化可能达到的水平和规模、邮轮旅游产品的供求变动趋势估计。

定量预测基本上可分为两类:一类是时间序列法。时间序列法包括移动平均法、指数平滑法等。另一类是因果关系法,它包括一元回归法、多元回归法和投入产出法。回归预测法是因果分析法中很重要的一种,它从一个指标与其他指标的历史和现实变化的相互关系中,探索它们之间的规律性联系,作为预测未来的依据。

(一)时间序列法

时间序列法是指根据时间顺序排列的统计数据及其内在规律性向外延伸,来揭示未来市场变化趋势的预测方法。主要有以下几种:

1.移动平均法

移动平均法是根据时间序列,逐项推移,依次计算包含一定项数的序时平均数,以此进行预测的方法。移动平均法包括一次移动平均法、加权移动平均法和二次移动平均法。

简单移动平均的各元素的权重都相等。简单的移动平均的计算公式如下:

$$F_t = (A_{t-1} + A_{t-2} + A_{t-3} + \cdots + A_{t-n})/n$$

式中:F_t 表示对下一期的预测值;

n 表示移动平均的时期个数；

At-1 表示前期实际值；

At-2,At-3 和 At-n 分别表示前两期、前三期直至前 n 期的实际值。

例2：我国天津港近年邮轮旅游人次如下表，请用一次移动平均法预测2014年天津港邮轮旅游人次。

表4-2 移动平均法表

（单位：万人次）

年份	实际接待的访问港邮轮出入旅游人次	一次移动平均数
2009	39 000	
2010	48 000	
2011	55 000	
2012	44 000	47 333
2013	38 000	49 000
2014		45 666

用一次移动平均法预测，选择移动期数等于3，进行预测。

$$X2014=(X2013+X2012+X2011)/3=45\ 666(人次)$$

2.指数平滑法

指数平滑法是根据过去和目前的原始数据，解释时间序列的波动并作出预测的方法，这种方法比较适合近期预测。指数平滑法通过计算本期和所有前期的指数加权平均数，从中确定一时间序列的修正值，其基本公式为：

$$St=a×Yt+(1-a)St-1$$

式中：St 表示时间 t 的平滑值；

　　　Yt 表示时间 t 的实际值；

　　　St-1 表示时间 t-1 的平滑值；

　　　a 表示平滑常数，其取值范围为[0,1]。

指数平滑法的计算中，关键是α的取值大小，但α的取值又容易受主观影响，因此合理确定α的取值方法十分重要，一般来说，如果数据波动较大，α值应取大一些，可以增加近期数据对预测结果的影响。如果数据波动平稳，α值应取小一些。

（二）因果关系法

因果关系法指在分析实际资料的基础上，找出影响市场变化的因素及其相互关系，进而建立数学模型，利用模型预测未来的发展趋势。它主要包括一元回归法、多元回归法和投入产出法等。

回归分析是确定两种或两种以上变量间相互依赖的定量关系的一种统计分析方法，运用十分广泛。回归分析按照涉及的变量的多少,分为一元回归和多元回归分析;在线性回归中,按照因变量的多少,可分为简单回归分析和多重回归分析;按照自变量和因变量之间的关系类型,可分为线性回归分析和非线性回归分析。如果在回归分析中,只包括一个自变量和一个因变量,且二者的关系可用一条直线近似表示,这种回归分析称为一元线性回归分析。如果回归分析中包括两个或两个以上的自变量,且因变量和自变量之间是线性关系,则称为多元线性回归分析。

一般来说,回归分析是通过规定因变量和自变量来确定变量之间的因果关系,建立回归模型,并根据实测数据来求解模型的各个参数,然后评价回归模型是否能够很好地拟合实测数据;如果能够很好地拟合,则可以根据自变量作进一步预测。

例如,如果要研究质量和用户满意度之间的因果关系,从实践意义上讲,产品质量会影响用户的满意情况,因此设用户满意度为因变量,记为 Y;质量为自变量,记为 X,可以建立下面的线性关系:

$$Y = A + BX + §$$

式中:A 和 B 为待定参数,A 为回归直线的截距,B 为回归直线的斜率,表示 X 变化一个单位时,Y 的平均变化情况;§ 为依赖于用户满意度的随机误差项。

经验回归方程:

$$Y = 0.857 + 0.836X$$

回归直线在 y 轴上的截距为 0.857、斜率 0.836,即质量每提高一分,用户满意度平均上升 0.836 分;或者说质量每提高 1 分对用户满意度的贡献是 0.836 分。

上面所示的例子是简单的一个自变量的线性回归问题,在数据分析的时候,也可以将此推广到多个自变量的多元回归,具体的回归过程和意义请参考相关的统计学书籍。此外,在 SPSS 的结果输出里,还可以汇报 R2、F 检验值和 T 检验值。R2 又称为方程的确定性系数(coefficient of determination),表示方程中变量 X 对 Y 的解释程度。R2 取值在 0 到 1 之间,越接近 1,表明方程中 X 对 Y 的解释能力越强。通常将 R2 乘以 100% 来表示回归方程解释 Y 变化的百分比。F 检验是通过方差分析表输出的,通过显著性水平(significant level)检验回归方程的线性关系是否显著。一般来说,显著性水平在 0.05 以上,均有意义。当 F 检验通过时,意味着方程中至少有一个回归系数是显著的,但是并不一定所有的回归系数都是显著的,这样就需要通过 T 检验来验证回归系数的显著性。同样的,T 检验可以通过显著性水平或查表来确定。

本章小结

邮轮市场营销调研是随着营销观念的演进和邮轮市场营销实践的发展而发展的。在现代邮轮市场营销活动中,能否及时、准确地掌握邮轮市场信息是决定邮轮企业能否生存和发展的关键。邮轮市场呈现出的异地性、波动性、季节性、世界性、竞争性等特征,决定了邮轮企业在不同市场环境中进行的市场营销决策管理活动,不是通过凭空想象或主观臆断就可以成功的,而是需要大量及时而有效的信息,这也决定了邮轮市场营销调研工作是邮轮企业应长期开展的一项基础性工作。

本章从邮轮市场营销调研的概念出发，分别对邮轮市场调研内容和程序、邮轮市场调查问卷设计进行了详细介绍，并以此为基础，系统介绍对市场进行定性与定量预测常用的主要方法。

思考题

1. 请举例说明文案调查法与实地调查法各自的作用与互补功能。
2. 试为某家邮轮公司写一份建立营销信息系统的报告。
3. 网上调研法的优缺点是什么？
4. 邮轮企业常用的搜集一手资料的方法有哪些？

案例分析

同程发布邮轮旅游市场调查：女性认知度整体优于男性

中新网 2016 年 5 月 27 日电 近日，同程旅游发布了《中国邮轮旅游市场认知度调查与在线邮轮旅游消费趋势报告 2016》（下称《报告》），以在线问卷调查和同程旅游平台邮轮数据库分析的形式分析了在线旅游用户对邮轮旅游的市场认知情况，同时还分析了邮轮旅游消费的两大发展趋势。

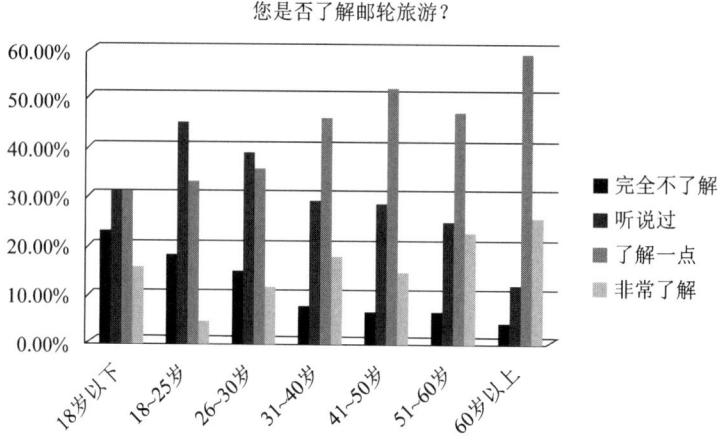

在对邮轮旅游了解程度的调查中，超过八成的受访者对邮轮旅游有不同程度的了解，但非常了解邮轮旅游的比例仅为 12.3%。而在整体的认知方面，仍然有超过近三成的受访者认为邮轮"是一种海上交通工具"，这意味着这部分受访者没有认识到邮轮本身即为度假目的地。

在关于邮轮旅游整体认知度的分性别统计中，女性受访者对邮轮旅游的认知整体上优于男性。男性受访者中对邮轮旅游完全不了解的比例为 16.14%，而女性受访者的这一比例仅为 8.21%；女性受访者中非常了解邮轮旅游的比例为 14.47%，男性受访者的这一比例则为9.88%。

另外,根据受访者年龄层统计的邮轮旅游整体认知度调查显示,40岁以上的受访者对邮轮旅游的整体认知明显优于其他年龄层受访者,其中尤以41~50岁和60岁以上两个年龄层的受访者认知度最高。

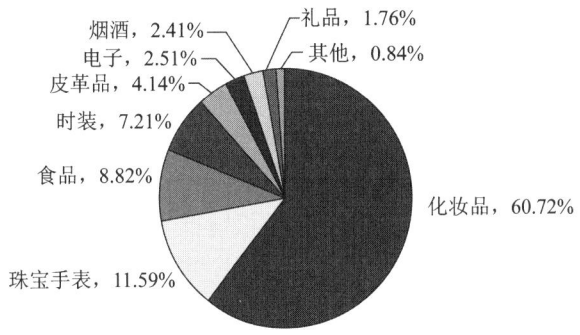

中国邮轮旅游用户岸上购物消费结构

资料来源:乐天免税店。

在有关邮轮旅游适宜消费人群的调查中,受访者中认为邮轮旅游适合情侣或夫妻出游的比例为51.14%,这一发现与同程旅游平台的邮轮旅游用户出游数据基本一致。《报告》中提供的在线邮轮用户出游行为数据显示,有31.62%的用户是2人同游,表明情侣或夫妻同游占比较大。

《报告》调查数据显示,50岁以上受访者中参加过邮轮旅游的比例超过四成,40岁以下各年龄层受访者中参加过邮轮旅游的比例均低于三成。从收入水平的维度看,月收入8000元以上的中高收入群体参加过邮轮旅游的比例相对较高,其中尤以月收入1万~2万元受访者中的比例最高,达到42%。

《报告》针对邮轮旅游核心要素消费倾向的调查中,受访者中最关注邮轮上娱乐活动和美食的比例均超过了八成,分别达89.25%和84.41%,排在第三位的是岸上观光活动。此外,在开放式问答中,也有受访者较为看重邮轮度假的自由、休闲等独特体验。

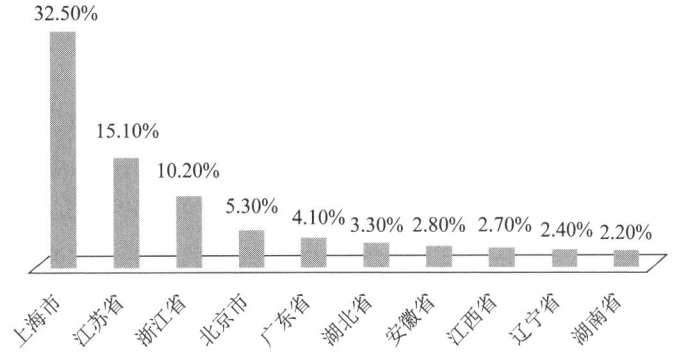

2015年至2016年第一季度在线邮轮旅游十大客源地(按出游人数)

在分年龄层统计中,50岁以上的中老年受访者对于邮轮旅游的几个主要元素均表现出了浓厚兴趣,尤其关注邮轮上的健康讲座等主题活动。相比其他年龄层人群,中老年人似乎更加懂得享受邮轮旅游这一度假方式。

《报告》基于同程旅游平台邮轮预订数据的分析显示,近三成的在线邮轮旅游用户的预订提前量在16~30天,整体上半数以上用户的预订提前量在60天以内。支付行为方面,84.29%的用户会在下单后一周内完成支付。

在预订渠道分布方面,通过PC(个人计算机)端和移动端预订邮轮旅游产品的用户合并占比46.96%,这一比例明显低于景点门票等"标品"。同程旅游日前发布的在线旅游用户景点门票消费行为报告显示,景点门票来自PC端和移动端的订单比例高达93.2%。

在航期选择方面,同程旅游平台2015年至2016年一季度的邮轮旅游预订数据显示,59.67%的用户购买了4晚5天航期的邮轮线路,21.98%的用户购买了5晚6天的邮轮线路,总体上有超过八成的用户选择了6天以内的邮轮线路。出游的航期结构表明,当前我国邮轮旅游消费主要以近海短程线路为主,具体线路主要以日韩方向为主。

《报告》引用韩国乐天免税店的数据对邮轮旅客的岸上购物消费情况做了简要分析。中国邮轮旅客在乐天免税店的购物消费人均达102美元,消费金额占比最大的是化妆品,占比高达60.72%,其次是珠宝手表,占比11.59%。

《报告》数据显示,2015年至2016年第一季度同程旅游平台邮轮旅游用户中有92.02%的是从上海港出发的,从天津港出发的占比6.72%,通过其他港口出发的用户占比不足2%,这与目前我国各邮轮港口的实际情况基本吻合。根据交通部发布的数据,目前我国邮轮旅客几乎全部集中在上海、天津、三亚和厦门四个港口,其中上海港占比超过70%。

数据显示,同程旅游平台2015年至2016年第一季度的邮轮旅游消费用户中有32.5%来自上海,前十名地区的出游人数占比超过了80%。

据中国交通运输协会邮轮游艇分会(CCYIA)统计,2015年乘坐母港邮轮出入境的中国游客达2 224 209人次(111.2104万人),而2015年度同程邮轮的出游人数达16万人,占全年母港出入境中国游客总量的14.39%。因此,《报告》基于同程旅游平台邮轮消费数据的上述分析非常具有代表性。

《报告》基于同程旅游在邮轮营销和产品设计方面的实践分析认为,针对细分市场进行产品再设计的"邮轮+"正在成为我国邮轮消费的一大趋势。"邮轮+"主要是指在邮轮已有元素的基础上针对特定人群推出定制化活动或其他特别安排。

从2014年至今,同程旅游已先后推出了针对足球球迷群体的"海上世界杯",针对中老年群体及其子女的"花样爸妈"和健康讲座等专题邮轮线路。2016年度,同程旅游继续发力"邮轮+",推出了融合东西方文化的"量全旗美"旗袍展示等文化主题邮轮产品。"邮轮+"的基本思路在于瞄准细分人群进行针对性的产品创新,将邮轮固有元素与特定群体的需求相结合,将不同文化元素相融合,让用户获得更加丰富的邮轮度假体验。

《报告》根据各级政府部门近年来颁发的有关邮轮港口建设及邮轮经济发展规划分析得出,多港口布局将是未来邮轮旅游的一大发展趋势,同时也是市场需求的重要趋势。顺应这一趋势,同程旅游在2016年启动了"多港口布局",近海邮轮旅游产品覆盖了天津港、厦门港、广州港、上海港等12个港口,下半年还将新增温州港和台州港,从而实现对全国14个主要邮轮港口的全覆盖。

资料来源:中国新闻网,http://finance.ifeng.com/a/20160527/14432301_0.shtml。

结合上述案例,思考以下问题:

(1)我国现阶段邮轮旅游旅客有哪些特征?

(2)根据案例中的分析结论,制作一份完整的《中国邮轮旅游市场认知度调查与在线邮轮旅游消费趋势》调查问卷。

第 5 章

邮轮市场细分与目标市场选择

本章导读

　　阿兰·巴克鲁是全球最大的邮轮公司嘉年华集团的首席运营官,他早在1977年就进入了邮轮业。从Sitmar邮轮的信息管理经理开始,巴克鲁先生在各职级和部门历练并身兼要职,经过近40年的磨炼,在邮轮运营、质量监测、新船建造等众多方面都是行家里手。担任嘉年华集团首席运营官后,巴克鲁先生选择常驻上海。他熟悉邮轮,又了解中国,请他为中国邮轮产业发展提些建议,再恰当不过。

　　巴克鲁对中国邮轮旅游市场的发展充满信心。他说,两年内中国邮轮旅游的游客每年能够达到200万人,而这只是尚在起步阶段的数字,未来,中国会是全球最大的邮轮市场。2014年9月,巴克鲁已经来到中国常驻。他说,中国市场对嘉年华的长远发展至关重要,他们将通过引入人才和资源,持续投资这一市场。嘉年华集团也已经在上海、北京、天津、广州和成都开设五个办事处,以更加贴近中国乘客需求。

　　自2014年起嘉年华集团旗下的"蓝宝石公主"号已经开始以上海为母港开展运营,"歌诗达·维多利亚"号和"歌诗达·大西洋"号也有中国航线。"歌诗达·赛琳娜"号也于2015年4月在上海起航,加入服务中国市场的阵营。在2015年,嘉年华集团在中国的运力将提升140%。现在嘉年华集团在中国邮轮市场占据的份额超过50%。巴克鲁相信,未来一定会比这还乐观。巴克鲁的自信,不仅来源于嘉年华集团拥有101艘邮轮以及长达数十年的运营经验,更源自他对中国市场的充分调研。

　　"邮轮旅游产品应该丰富多样,而且所有的产品的开发都必须建立在客户需求的基础上,详细了解市场需求,把市场充分细分是非常必要的。"巴克鲁说,年龄在25~45岁的乘客,与年龄在45~70岁的乘客对邮轮旅游的要求会有很大差别,针对这种差别,不仅要有4~5天的短期产品,也要有像86天这样长期的环球产品。

　　无疑,邮轮度假市场在中国尚在起步阶段,具有巨大的增长潜力。然而即便是相对于我国当前邮轮旅游市场来说,我国的本土邮轮发展仍是远远落在后面。在运营方面,目前除了渤海轮渡公司在香港注册公司,运营我国首条自主经营的邮轮"泰山"号之外,我国虽然不少企业也有进入邮轮业的热情,但仍处于可行性调研阶段;在邮轮建造领域,2014年,中船集团与嘉年华集团签署协议,双方表示将有意于一起合作建造中国首艘邮轮,而当被问及何时才能建造出我国的邮轮时,中船集团董事长胡问鸣说,预计最少还要等4~5年。对于很多中国企业来说,邮轮产业看起来很美,但真要进入市场,与国际老牌公司较量,需要的不仅是勇气,还有更多的专业技能。

"中国虽然是邮轮产业的新兴市场,但人们对邮轮旅游的要求并不低,同时对邮轮旅游的需求开始呈现多元化发展。无论是嘉年华,或者是其他的邮轮公司,还是中国企业,都不能忽视这一趋势。应该深入做市场分析,再设计邮轮产品,做到差异化竞争。"巴克鲁说,嘉年华旗下拥有的10个邮轮品牌也正竭力为中国市场提供更多的选择。

合作是巴克鲁给出的另一条建议。他认为,在合作中,很多经验都会不知不觉地顺利拥有。他说,在邮轮用品供应以及人员聘用等多个方面,嘉年华都希望能在中国找到合作伙伴。

资料来源:访嘉年华集团首席运营官阿兰·巴克鲁.中国交通报,2015-01-06(7)。

第一节 邮轮市场细分概述

一、邮轮市场细分的概念

通俗地讲,市场细分就是将一个大市场划分为若干小市场的过程,也就是将在某一方面具有相同或相近的需求、价值观念、购买心态、购买方式的消费者分到一起。

邮轮旅游市场细分是指企业根据邮轮旅游者特点及其需求的差异性,将一个整体市场划分为两个或两个以上具有相类似需求特点的邮轮旅游者群体的活动过程。经过市场细分后,每一个具有相类似需求特点的邮轮旅游者群体就是一个细分市场。

市场细分的原理和概念是温德尔·R.史密斯(Wendell R. Smith)于1956年最先提出来的。市场细分这一原理的主要根据:邮轮旅游者的欲望、购买实力、地理环境、文化、社会、购买习惯和购买心理特征的不同,决定了邮轮旅游者之间的需求存在着广泛的差异。因此,企业可以根据邮轮旅游者的特点及其需求的差异性,把一个整体市场加以细分,即可以划分为具有不同需求、不同购买行为的购买者群体。属于一个细分市场的邮轮旅游群体是假设他们有相同的需要和欲望,但他们并非等同于一个人。某些细分市场成员希望增加基础产品和服务以外的附加功能和利益;而另一些却希望放弃他们不想要的那一部分内容。比如,一个酒店的目标群体是比较"富有"的人,因此在房间里提供许多方便、舒适的物品,以提高顾客的满意度。但这就在这些目标群体中,有些顾客并不需要某些多余的东西,如传真机;而另一些顾客却希望减少一些奢侈品以降低房价。因此,对市场的细分不可能精确到每个人,但比大众化营销要精细得多。

二、邮轮市场细分的作用

（一）有助于企业深入贴近消费者需求

邮轮企业面对着成千上万的消费者，他们的需求和欲望千差万别并且分散于不同的地区，随着环境因素的变化而变化。比如，某个邮轮旅游者在年轻的时候，偏爱蹦极、漂流或深海潜水等刺激性邮轮旅游活动，因其收入一般，对邮轮旅游产品的价格比较敏感，对邮轮旅游基础设施并不讲究；当他步入中年后偏好转移，更倾向于休闲度假，此时，因其收入丰厚，对邮轮旅游产品价格不敏感，对邮轮旅游的综合环境比较在意，等等。对于这种差异性大、特征多的需求，只有深入分析才能认清市场。邮轮市场的细分为邮轮企业提供了非常有效的分析工具。通过市场细分，邮轮企业可以更清晰地认识不同于市场的特点以及各子市场之间的区别和联系，从而有助于企业的产品或服务更加贴近消费者需求，实现以消费者为中心的理念，规避目标迷失的威胁。

（二）有助于企业识别新的营销机会

邮轮市场营销机会是指出现在邮轮市场之中但尚未得到满足的或未充分得到满足的邮轮旅游需求。这种邮轮旅游需求是潜在的、不易察觉的。通过市场细分，企业可以对每一个细分市场的购买潜力、满足程度、竞争情况等进行分析对比，发现那些未被满足的需要，探索出有利于本企业的市场机会，使企业及时做出投产、销售决策或根据本企业的生产技术条件编制新产品开拓计划，进行必要的产品技术储备，掌握产品更新换代的主动权，开拓新市场，以更好地适应市场的需要，"见缝插针"地在竞争中占据自己的一块阵地。

（三）有助于企业选择目标市场和制定市场营销策略

市场细分后的子市场比较具体，邮轮旅游消费者的需求比较容易被了解。企业可以根据自己的经营思想、方针及生产技术和营销力量，确定服务对象，即目标市场。同时，在细分的市场上，信息容易被了解和反馈，一旦消费者的需求发生变化，企业便可以迅速改变营销策略，制定相应的对策，以适应市场需求的变化，提高企业的应变能力和竞争力。

（四）有助于企业提高经济效益

任何一个企业的资源都是有限的。通过细分市场，企业可以整合全部资源，包括人、财、物等有形资源和服务、士气、企业文化等无形资源。以此为基础来对某一细分市场或某几个细分市场进行销售，可以更好地满足目标市场消费者的需求。邮轮市场细分的这一作用对于中小型邮轮企业尤其重要。中小型邮轮企业无法同大型邮轮企业展开全面竞争。但是，如果中小型邮轮企业集中在某一细分市场经营，特别是大型企业不屑全力以赴经营的细分市场，那么，中小型企业就可能在该市场取得比较优势，占据一定的市场份额，提高经济效益。

三、邮轮市场细分的原则

为了使细分市场具有真正的实用价值，保证细分市场能为邮轮企业制定有效的营销战略和策略服务，能从市场细分中获得最大的收益，现代邮轮企业进行市场细分时必须符合某些原则,即一个有效的细分市场必须具备可衡量性、可进入性和可持续发展性。

(一)可衡量性

可衡量性是指各细分市场的需求特征、购买行为等要能被明显地区分开来,市场范围明确,各细分市场的规模和购买力大小等能被具体测量。要做到这一点,就要保证所选择的细分标准清楚明确,能被定量地测定。此外,所选择的标准要与邮轮旅游者的某种或某些邮轮旅游产品购买行为有必然的联系,这样才能使各细分市场的特征明显,且范围比较清晰。如果不同细分市场对邮轮旅游产品的需求差异不大,行为上的同质性远大于其异质性,邮轮企业便没有必要对市场进行细分了。

(二)可进入性

可进入性是指经过细分后所确定的目标市场要使邮轮企业有条件进入并能占有一定的市场份额。邮轮企业必须从实际出发,以保证细分出的市场是企业的人力、物力、财力等资源所能达到的,是企业经营力所能及的,否则不能贸然去开拓。要实现可进入性,企业需要具有与客源市场进行有效信息沟通的可能,能够通过媒体顺利传达给该细分市场的大多数消费者并影响他们的心理活动,并且具有畅通的销售渠道,这对于具有消费异地性特征的邮轮市场尤其重要。

(三)可持续发展性

要实现邮轮企业的可持续发展,必须关注以下几个方面:首先,细分出来的邮轮市场的容量或规模要大到足以使企业获利。进行市场细分时,企业必须考虑细分市场上顾客的数量,以及他们的购买能力和购买频率。如果细分的市场规模过小,市场开发的投入与产出不成比例,该市场就不值得开发。其次,细分出来的邮轮市场应具有相对的稳定性,该市场在今后相当长一段时期内会存在。最后,细分出来的邮轮市场应当符合道德和法律的规定,尽管有些邮轮市场需求能够为企业带来巨额利润,但是如果这种需求不在道德和法律的范畴以内,邮轮企业就不应当去迎合此类需求。一是存在触犯法律的风险性,二是此类利润获取力也很难长久。

第二节 邮轮市场细分依据与方法

一、邮轮市场细分的依据

要进行有效的市场细分,必须找到科学的细分依据。每个邮轮旅游者都具有许多特点,如年龄、职业、文化程度、购买习惯等,这些特点正是导致顾客需求出现差异的因素,每一个这样的因素都可以作为对市场实施细分的依据。不同类型的市场,细分的因素也有所不同,而且这些因素又处于动态之中,因此被称为"细分变量"或"市场细分标准"。尽管这些标准比较复杂,但仍然可以将它们概括成四大类型,即地理细分标准、人口统计细分标准、心理细分标准和行为细分标准(见表5-1)。

表 5-1 邮轮市场细分标准及细分因素

细分标准	细分变量	细分内容
地理因素	地理位置	可以按照行政区划来进行细分,如在我国,可以划分为东北、华北、西北、西南、华东和华南几个地区;也可以按照地理区域来进行细分,如划分为省、自治区、市、县等,或内地、沿海、城市、农村等。在不同地区,消费者的需求显然存在较大差异
地理因素	城镇大小	可划分为大城市、中等城市、小城市和乡镇。处在不同规模城镇的消费者,在消费结构方面存在较大差异
地理因素	地形和气候	按地形可划分为平原、丘陵、山区、沙漠地带等;按气候可分为热带、亚热带、温带、寒带等
人口统计因素	年龄	不同年龄段的消费者,由于生理、性格、爱好、经济状况的不同,对消费品的需求往往存在很大的差异。因此,可按年龄将市场划分为许多各具特色的消费者群,如儿童市场、青年市场、中年市场、老年市场等
人口统计因素	性别	按性别可将市场划分为男性市场和女性市场
人口统计因素	职业	不同职业的消费者,由于知识水平、工作条件和生活方式等不同,其消费需求存在很大的差异,如教师比较注重书籍、报刊方面的需求,文艺工作者则比较注重美容、服装等方面的需求
人口统计因素	收入	收入的变化将直接影响消费者的需求欲望和支出模式。根据平均收入水平的高低,可将消费者划分为高收入、次高收入、中等收入、次低收入、低收入五个群体
人口统计因素	教育	受教育程度不同的消费者,在志趣、生活方式、文化素养、价值观念等方面都会有所不同,因而会影响他们的购买种类、购买行为、购买习惯
人口统计因素	家庭人口	据此可分为单身家庭(1人)、单亲家庭(2人)、小家庭(2~3人)、大家庭(4~6人或6人以上)
心理因素	生活方式	生活方式是人们对工作、消费、娱乐的特定习惯和模式,不同的生活方式会产生不同的需求偏好,如"传统型""新潮型""节俭型""奢侈型"等
心理因素	性格	性格可以用外向与内向、乐观与悲观、自信、顺从、保守、激进、热情、老成等词句来描述。性格外向、容易感情冲动的消费者往往好表现自己,因而他们喜欢购买能表现自己个性的产品;性格内向的消费者则喜欢大众化,往往购买比较普通的产品;富于创造性和冒险心理的消费者,则对新奇、刺激性强的商品特别感兴趣
心理因素	购买动机态度等	即按消费者追求的利益来进行细分。消费者对所购产品追求的利益主要有求实、求廉、求新、求美、求名、求安等,这些都可作为细分的变量

续表

细分标准	细分变量	细分内容
行为因素	购买时间	许多产品的消费具有时间性,烟花爆竹的消费主要在春节期间,月饼的消费主要在中秋节以前,邮轮旅游在邮轮旅游旺季生意最兴隆。因此,企业可以根据消费者产生需要、购买或使用产品的时间进行市场细分,如航空公司、旅行社在寒暑假期间大做广告,实行优惠票价,以吸引师生外出旅游
	购买数量	据此可分为大量用户、中量用户和少量用户。大量用户人数不一定多,但消费量大,许多企业以此为目标,反其道而行之也可取得成功
	购买频率	据此可分为经常购买、一般购买、不常购买(潜在购买者)
	购买习惯(品牌忠诚度),对服务、价格、渠道、广告的敏感程度等	据此可将消费者划分为坚定品牌忠诚者、多品牌忠诚者、转移的忠诚者、无品牌忠诚者等。例如,有的消费者忠诚于某些产品,如柯达胶卷、海尔电器、中华牙膏等;有的消费者忠诚于某些服务,如东方航空公司、某某酒店或饭店等,或忠诚于某一个机构、某一项事业,等等。为此,企业必须辨别他的忠诚顾客及特征,以便更好地满足他们的需求,必要时给忠诚顾客以某种形式的回报或鼓励,如给予一定的折扣

二、邮轮市场细分的方法

邮轮市场细分变量是多维的,也是多层次的,单用一种变量来细分市场有时不能将市场描述清楚,必须根据具体邮轮旅游产品特征和市场情况采用多种方式、多个变量因素来进行市场细分。主要的市场细分方法如下:

(一)单一变量细分法

这一方法也叫一元细分法。即根据影响邮轮旅游消费者需求的某一个重要因素进行市场细分。如老年邮轮旅游市场、学生邮轮旅游市场、香港邮轮旅游市场、日本邮轮旅游市场等。

(二)多个变量细分法

这一方法也叫二元或多元细分法,又叫交叉细分法。即根据影响消费者需求的两种或两种以上的因素进行市场细分。如中国的老年邮轮旅游市场是按照地域和年龄两个变量来细分的。

(三)系列变量细分法

这是根据企业经营的特点并按照影响消费者需求的诸因素,由粗到细地进行市场细分。这种方法可使目标市场更加明确而具体,有利于企业更好地制定相应的市场营销策略。如美国的亚裔老年回国观光休闲邮轮旅游市场,是按地理位置(国内、国外)、年龄(儿童、青年、中年、老年)、购买动机(观光、学习、休闲度假、健身、探险)等系列变量来细分邮轮旅游市场的。

邮轮企业在运用细分标准进行市场细分时必须注意以下问题：

第一，邮轮市场细分的标准是动态的。市场细分的各项标准不是一成不变的，而是随着社会生产力及市场状况的变化而不断变化。如年龄、收入、城镇规模、购买动机等都是可变的。

第二，不同的邮轮企业在市场细分时应采用不同标准。因为各邮轮企业的基础设施、资源、财力和营销的产品不同，所采用的标准也应有所区别。

第三，邮轮企业在进行市场细分时，可以采用一项标准，即可采用单一变量因素细分，也可采用多个变量因素或系列变量因素进行市场细分。

三、邮轮市场细分的步骤

根据美国营销专家麦克阿瑟的观点，市场细分一般由以下七个相互关联的步骤组成：

（一）选定市场范围，确定经营方向

邮轮旅游经营者在确定了总体经营方向和经营目标之后，就必须确定其经营的市场范围，这项工作是企业市场细分的基础。市场范围是以邮轮旅游者需求为着眼点确定的，因此通过调查工作分析市场需求动态是必要的。同时，企业应充分结合自己的经营目标和资源，从广泛的市场需求中选择自己有能力服务的市场范围，不宜过窄或过宽。

（二）了解客源市场，确定潜在市场需求

在确定适当的市场范围后，根据市场细分的标准和方法，了解市场范围内所有现实的和潜在的邮轮旅游者的需求，并尽可能地详细归类，以便针对邮轮旅游者需求的差异性，决定采用何种市场细分变量，为市场细分提供依据。

（三）分析可能存在的细分市场

通过分析不同邮轮旅游者的需求，同时找出邮轮旅游者需求类型的地区分布特征、购买行为等方面的情况，分析和判断可能存在的细分市场。

（四）确定主要的市场细分标准

企业应分析哪些需求因素是重要的，通过将企业实际情况和各个细分市场的特征进行比较，寻找主要的细分因素，筛选出最能发挥本企业优势和特点的标准细分市场。

（五）为可能存在的细分市场命名

邮轮旅游经营者可以根据各个细分市场的主要特征，用形象化的语言或其他方式，为各个可能存在的细分市场确定名称。

（六）评价初步细分的结果

评价初步细分的结果，进一步了解各细分市场的消费需求和购买行为。通过深入分析各细分市场的需求，了解邮轮市场上消费者的购买心理、购买行为等，对各细分市场进行必要的分解或合并，这项工作将帮助邮轮旅游经营者寻找并发现最终的目标市场。

（七）分析各细分市场的规模和潜力

在前面六个步骤分完成后，各细分市场的类型已基本确定，此时企业应估算各细分市

场的潜在销售量、竞争状况、赢利能力、发展趋势等,并找出市场的主攻方向,进而确定目标市场。市场细分的以上步骤有利于企业在市场细分中正确选择营销目标市场,但无须完全拘泥于某一种模式,可以根据实际情况进行简化、合并或扩展。

知识链接

各邮轮公司的营销策略

随着邮轮旅游市场竞争的加剧,各大型邮轮公司对游客特征的研究也更加细化,各邮轮公司开始采用各种市场细分手段对不同层次的消费者进行划分,并以此设计各种差异化的营销策略。采用社会阶层结构方法,将邮轮市场划分为4个细分市场(见图5-1):大众市场(来自中低收入阶层,日均花费为125~200美元)、中端市场(来自中高收入阶层,日均花费为200~350美元)、豪华市场(多来自社会上层,日均消费在350美元以上)、特殊市场(由具有特殊爱好的邮轮旅游者组成,所乘邮轮一般较小,乘客数一般为50~150个)。这一细分方法之后被很多邮轮公司所认可和使用。

以价格敏感度作为市场细分变量的研究表明:按照价格敏感度可将游客分为三种群体,即低价格敏感者、中价格敏感者和高价格敏感者。低价格敏感者的特点是日均船上花费更多、收入更高、更倾向于购买高价格舱位。而中高价格敏感者的特点是更忠诚,认为价格更合理,满意度更高,对服务质量的评价高,更感觉物有所值,未来购买倾向更强烈。另外,对比重游者和初游者两个细分市场在邮轮旅游重购倾向、口碑宣传、价格敏感度、花费和风险认知度等方面的差异,结果表明:重游者有更高的购买倾向、更可能传播好的口碑、风险感知度较低;而初游者则有更低的价格敏感度、花费更多。用决策类型变量将邮轮游客细分为两类,一类是购买前要经过复杂决策过程的游客,另一类是具有较高品牌忠诚,无须过多考虑即可做出决策的游客。采用利益诉求变量对邮轮游客进行了市场细分研究,结果表明:邮轮游客可分为三类,即狂热型、放松型和求知型。

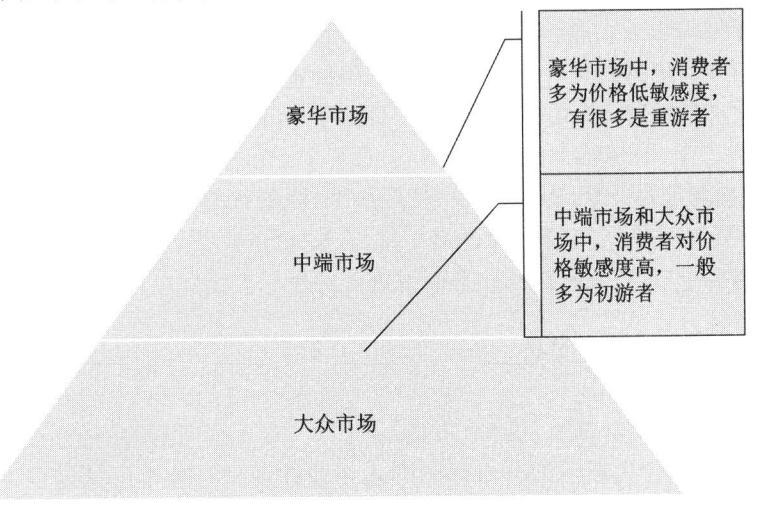

图5-1 邮轮旅游消费者细分

邮轮旅游在中国刚刚起步，邮轮旅游在国内被定为高端邮轮旅游消费，大多数消费者的月收入都是在1万元以上，在中国的大环境下属于收入较高人群，而在邮轮消费行为上，中国邮轮旅游市场中占绝大多数比重的还是大众消费，以及中端消费。

据调查研究中国邮轮消费者有以下的消费特征：中国游客的餐饮喜好和西方游客有着很大的差别。中国游客在用餐时间和餐厅的选择上比较集中，小型的收费餐厅无法满足大量中国游客集体用餐；同时，中国游客一般不愿去收费的餐厅享用西餐，他们更偏于中餐。住宿上一般收入的家庭大多会选择性价比高的内舱房，但对一些家庭月收入在1万元以上的就偏好于阳台房和海景房，由此可知中国出境游客在经济条件允许的基础上还是希望自己可以选择环境更优美、空间更大的舱房。60%的游客每天花费50美元以上购买邮轮上的免税商品，达到游客总消费的96%以上，其购物的侧重点包括化妆品、烟、酒、包、手表等。

所以针对中国邮轮消费者，各大邮轮公司将营销宣传的重点放在饮食、免税商品的介绍之上。而且由于中国邮轮消费者以大众消费为主，这也让各大邮轮公司摒弃了对一些奢侈消费的宣传。

目前各大邮轮公司在中国的营销策略可以总结为，各邮轮公司主打大众消费市场，主要在近乎同质化的航线中寻求在饮食和船上大众化服务的差异化宣传。

资料来源：编者参考多种资料整理而来。

第三节　邮轮目标市场选择

一、邮轮目标市场选择的含义

市场细分是邮轮企业选择目标市场的依据，选择目标市场是市场细分工作的延伸。邮轮旅游经营者需要根据自身的条件，从细分的市场中选择出一个或几个子市场作为自己从事市场营销活动的对象，这一过程就被称为目标市场的选择。

目标市场选择，即邮轮企业在细分出来的若干子市场中，以邮轮旅游者的自身状况为出发点，结合本企业的资源、技术、规模、管理水平、竞争状况等因素，选择对自己最有利的、机会最大的一个或几个子市场。通过市场细分，邮轮企业找到了市场营销的机会，接下来就需要评估各类子市场，并确定哪些是值得进入的目标市场。

二、邮轮细分市场的评估

市场细分揭示了企业面临的细分市场的机会。为了从许多的细分市场中确定邮轮企业的目标市场，需要首先评估细分市场。邮轮企业在评价各种不同的细分市场时，必须考虑三个要素：细分市场的规模与发展、细分市场结构的吸引力、企业的目标和资源。

（一）细分市场的规模与发展

邮轮企业要提出的第一个问题是：潜在的细分市场是否具有适度规模和发展特征。"适度规模"是个相对的概念，相对于邮轮企业自身的规模与实力而言。细分市场发展通常是一个理想的特征，因为邮轮企业一般都想扩大销售额和增加利润。不过，竞争对手会迅速抢占正在发展的细分市场，使本公司利润减少。

（二）细分市场结构的吸引力

细分市场可能具备理想的规模和发展特征，然而从赢利的观点来看，它未必有吸引力。美国管理学家波特认为有五种力量决定整个市场或其中任何一个细分市场长期的内在吸引力。企业应该对下面五个群体对长期赢利的影响做出评估。这五个群体是：同行业竞争者、新参加的竞争者、替代产品、购买者和供应商。它们具有如下五种威胁性：

1.细分市场内激烈竞争的威胁

如果某个细分市场已经有了为数众多的、强大的或者竞争意识强烈的竞争者，那么该细分市场就是不具有较大吸引力的细分市场。细分市场内如果出现下列几种情况就昭示企业面临着激烈的竞争威胁：该细分市场处于稳定或者萎缩的状态，生产能力大幅度扩大，固定成本过高，撤出市场的壁垒过高，竞争者投资很大。想要坚守这个细分市场，那么情况就会更糟。因为这些情况常常会导致价格战、广告争夺战，需要不断推出新产品，因此公司要参与竞争就必须付出高昂的代价。

2.新参加的竞争者的威胁

如果某个细分市场可能吸引新的竞争者，他们会增加新的生产能力和大量资源，并争夺市场占有率，那样这一细分市场便没有吸引力了。问题的关键在于新的竞争者能否轻易进入这个细分市场。如果新的竞争者进入这个细分市场时遇到森严的壁垒，并且遭受到细分市场内原企业的强烈反抗，他们便很难进入。保护细分市场的壁垒越低，原来占领细分市场企业的反抗心理越弱，这个细分市场就越缺乏吸引力。

某个细分市场吸引力的大小因其进退难易的程度不同而有所区别。根据行业利润的观点，最有吸引力的细分市场应该是进入的壁垒高、退出的壁垒低。在这样的细分市场里，新的企业很难进入，但经营不善的企业可以安然撤退。如果细分市场进入和退出的壁垒高，必须坚持到底。如果细分市场进入和退出的壁垒都较低，企业便可以进退自如，获得的报酬虽然稳定，但较少。最坏的情况是进入细分市场的壁垒较低，而退出的壁垒却很高。于是在经济景气时，大家蜂拥而入，但在经济萧条时，却很难退出。其结果是各企业长期生产能力过剩，收入降低。

3.替代产品的威胁

如果某个细分市场现已存在着替代产品或者有潜在替代产品，该细分市场就失去吸引力。替代产品会限制细分市场内价格和利润的增长。

4.购买者议价能力加强构成的威胁

如果某个细分市场中购买者的议价能力正在加强，该细分市场就没有吸引力。购买者会设法压低价格，对产品质量和服务提出更高的要求，并使竞争者互相争斗，所有这些都会使销售商的利润受到损失。在以下情况之下，销售商为了保护自己，可选择议价能力最弱的购买者。

5.供应商议价能力加强构成的威胁

如果企业的供应商提价或者降低产品和服务的质量,或减少供应数量,该企业所在的细分市场就没有吸引力。如果供应商集中或有组织,或者替代产品少,或者供应的产品是重要的投入要素,或转换成本低,或者供应商可以向前实行联合,供应商的议价能力就较强大。企业对此类威胁的最佳防卫方法是与供应商建立良好关系和开拓多种供应渠道。

(三)企业的目标和资源

企业需要将自身的目标和资源与其所在细分市场的情况结合在一起考虑。某些细分市场虽然有较大吸引力,但是它们不能保障企业完成自己的目标,甚至会分散企业的精力,使之无法完成主要目标,因而必须放弃。即使这个细分市场符合企业的目标,企业也必须考虑本企业是否具备在该细分市场取胜所必需的技术和资源。企业在具备必要技术和资源优势,并且能够成功压倒竞争对手,在市场或者细分市场创造某种形式的优势地位时,才可以进入这一细分市场。

三、邮轮目标市场选择的模式

通过对不同的细分市场进行评估,企业可以挑选一个或几个值得进入的细分市场。在决定要进入哪几个细分市场的选择过程中,企业有五种模式可以采用。

(一)密集单一市场

最简单的方式是企业选择一个细分市场集中营销。企业在以下几种情况之下,比较适合使用密集单一市场策略:企业具备在该细分市场获胜必需的条件;企业资金有限,只能在一个细分市场经营;该细分市场中可能没有竞争对手;该细分市场可能会成为促进其他细分市场继续发展的开始。

企业通过密集营销,集中关注某一细分市场,能够对该市场的需求特征有更加准确的认识和了解;同时,通过有针对性营销工作的展开,企业内部将形成专业化的分工,并能够有利于企业树立特别的声誉,为企业长期的赢利奠定比较好的基础。

然而,密集市场营销风险更大。当个别细分市场出现一蹶不振的情况或者某个实力强大的对手决定进入该市场时,企业将面临巨大的压力和挑战。鉴于这一原因,许多企业宁愿在若干个细分市场分散营销。

(二)有选择的专门化

企业采用此法选择若干个细分市场,其中每个细分市场在客观上都有吸引力,并且符合企业的目标和资源。但在各细分市场之间很少有或者根本没有任何联系,然而每个细分市场都有可能赢利。这种多细分市场覆盖优于单细分市场覆盖,因为这样可以分散企业的风险,即使某个细分市场失去吸引力,企业仍可以继续在其他细分市场赢利。

(三)产品专门化

企业用此法集中生产一种产品,并向各类顾客销售这种产品。一些拥有独特邮轮旅游资源的企业往往采用这种模式,这些邮轮企业如果营销得力,可以树立很高的声誉,产品专业化模式在提供专一邮轮旅游产品的同时并不排除在邮轮旅游产品的辅助内容方面有所区别,比如旅行工具、住宿标准等,因为邮轮旅游者毕竟不可能完全一致。

(四) 市场专门化

是指企业专门为满足某个顾客群体的各种需要服务。这种模式在行业开办的旅行社中经常看到,例如商务邮轮旅游公司可为商务人士提供商务会议场所、休闲场所等。企业专门为这个顾客群体服务,从而获得良好的声誉,并成为这个顾客群体所需各种邮轮旅游产品的供给者。

(五) 完全市场覆盖

即邮轮企业将整个邮轮市场作为目标市场,生产和提供各种邮轮旅游产品来满足所有邮轮旅游者群的需求和欲望。这一模式通常是一些大型邮轮旅游集团所为。

四、邮轮目标市场选择的策略

一般来讲,对邮轮目标市场的选择有三种目标市场策略(见图5-2)。

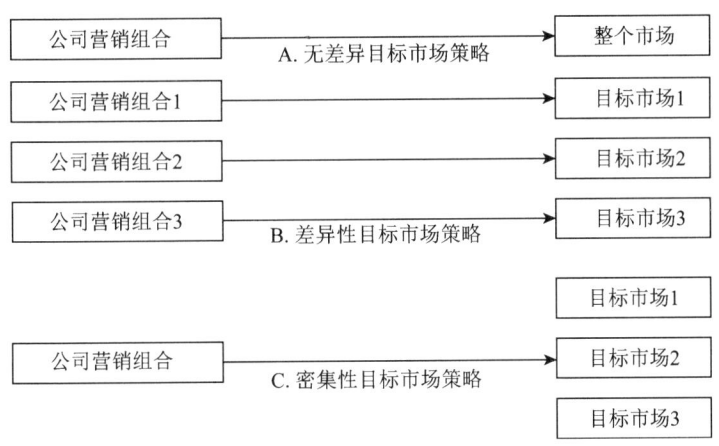

图 5-2 邮轮旅游目标市场选择策略

第四节 邮轮市场定位

一、邮轮市场定位的含义

邮轮市场定位是指邮轮企业根据目标市场上的竞争者和企业自身的状况,从各方面为本邮轮企业的邮轮旅游产品和服务创造一定的条件,进而塑造一定的市场形象,以求在目标顾客心目中形成一种特殊的偏好。简单地说,邮轮市场细分和邮轮目标市场的选择是让邮轮企业如何找准顾客,而邮轮市场定位则是让邮轮企业如何赢得顾客的"芳心"。

对于邮轮旅游产品来讲,市场定位是企业在消费者心目中的地位。也就是说,企业要给邮轮旅游产品在消费者的心目中确定一个适当的位置,有一个明确的说法,如服务上乘、品位高雅、经济实惠、安全便捷、舒适豪华等。邮轮旅游产品市场定位实际上是指邮轮旅游产品特色,是指消费者的心理效应。它产生的结果是让潜在消费者从一个或几个方面认识这种邮轮旅游产品,使之在消费者心目中占有特殊的位置,留下深刻印象,赢得消费者的认同。市场定位通过为自己的产品创造鲜明的个性,从而塑造出独特的、能吸引消费者的市场形象。一项邮轮旅游产品是多个因素的综合反映,包括主题、邮轮旅游项目、线路、档次、价格、品牌等,市场定位就是强化或放大其中的某些因素,以形成与众不同的独特形象。

市场定位的实质就在于取得目标市场的竞争优势,确定产品在消费者心目中的适当位置并留下深刻的印象,以便吸引更多的消费者。因此,市场定位是市场营销战略体系中的重要组成部分,它对于树立企业及产品的鲜明特色、满足顾客的需求偏好、提高企业竞争实力具有重要的意义。

二、邮轮市场定位的步骤

邮轮市场定位的关键是企业设法在自己的产品上找出比竞争者更具有竞争优势的特性,根据竞争者现有产品在细分市场上所处的地位和邮轮旅游者对产品某些特性的重视程度,塑造出本企业产品的市场定位。因此,邮轮企业市场定位的全过程可以通过以下三个步骤来完成。

(一)识别企业的竞争优势

邮轮旅游者一般都会选择那些给自己带来最大价值的产品和服务。因此,赢得和留住顾客的关键是要比竞争对手更好地理解顾客的需要,并向他们提供更多的价值。正如美国学者波特在《竞争优势》一书中所指出的:"竞争优势来自企业能为顾客创造的价值,而这个价值大于企业本身创造这个价值时所花费的成本。""竞争优势有两种类型:成本优势和产品差别化。"据此,可以明确,邮轮企业的竞争优势取决于其邮轮旅游产品开发设计和经营管理方面的成本优势及其邮轮旅游产品的创意设计能力。

要想确定企业的竞争优势,需要具体了解以下问题:竞争对手的产品定位是怎样的?目标市场上邮轮旅游者的需要和欲望的满足程度如何,哪些需要和欲望是尚未得到满足的?针对竞争对手的市场定位和目标市场上邮轮旅游者需要的利益,企业可以做什么?通过回答以上三个问题,邮轮企业就可以从中找出与竞争对手的差异所在,并由此确定自己的竞争优势。

(二)选择有价值的竞争优势

并不是所有的差异都能成为竞争优势,邮轮企业要做的就是区分哪些差异能够成为有价值的竞争优势。通常,企业要通过对以下问题的回答来衡量:

第一,重要性:要能够给相当数量的邮轮旅游者带来实惠。
第二,独特性:既没有其他企业使用,也不能再以更独特的方式被竞争对手使用。
第三,可沟通性:易于被邮轮旅游者见到并理解。
第四,可负担性:邮轮旅游者能够负担得起由于差异带来的费用。
第五,获利性:邮轮企业能够从中获得利益。

大多数邮轮旅游者对各个邮轮企业之间的细微差异并不十分感兴趣,邮轮企业也没有必要费时、费力去深入探求每一处的不同。一般来说,邮轮企业只需要对那些最能体现企业风格、最适合目标市场需要之处进行必要宣传即可。这就要求企业确定需要突出多少种差异和需要突出哪些差异。

(三)沟通及传播企业的市场定位

在确定了市场定位后,邮轮企业就必须要把它准确无误地传递给目标邮轮旅游者,使其独特的竞争优势在邮轮旅游者心目中留下深刻印象。邮轮企业要通过营销活动使目标邮轮旅游者了解、熟悉、认同本企业的市场定位,并在邮轮旅游者心目中建立与其定位相一致的形象。如一家邮轮企业定位于"质量上乘",那么它就必须努力地把这种信息传播出去。优质产品的信息可以通过营销的其他要素表达出来,如高价格,因为在人们的观念中高价格往往意味着高质量;高品质的邮轮旅游产品设计、高质量的广告媒体选择、高素质经销商的合作等,这一切必须与企业"质量上乘"的定位相一致。

此外,邮轮企业还要不断强化其市场形象并保持与目标邮轮旅游者的沟通,以巩固其市场地位。如果目标邮轮旅游者对企业的市场定位理解出现偏差,或者由于企业宣传上的失误而造成目标邮轮旅游者的误会,企业要及时纠正与其市场定位不一致的形象。

三、邮轮市场定位的方法

邮轮市场定位的常用方法有以下几种:

(一)初次定位

初次定位是指新成立的邮轮企业初入市场、邮轮旅游新产品投入市场,或者邮轮旅游产品进入新市场时,企业为满足某一特定邮轮旅游者的需要,采用所有的市场营销组合而使其竞争优势与特色为目标邮轮旅游消费群体接受的过程。

(二)避强定位

这是一种避开强有力的竞争对手进行市场定位的模式。当企业意识到自己无力与强大的竞争者抗衡时,则远离竞争者,根据自己的条件及相对优势,突出宣传自己与众不同的特色,满足市场上尚未被竞争对手发掘的需求,这就是避强定位。这种定位的优点是能够迅速地在市场上站稳脚跟,并在邮轮旅游者心中尽快树立起一定形象。由于这种定位方式市场风险较小,成功率较高,常常为多数邮轮企业所采用。

(三)迎头定位

这是一种以强对强的市场定位方法。即将本企业形象或产品形象定在与竞争者相似的位置上,与竞争者争夺同一目标市场。例如,于1999年10月开通的城际间快速列车,以其快速、舒适、便利、价格合理的优势,吸引了更多的乘客,与航空客运展开了针锋相对的竞争。实行迎头定位的邮轮企业应具备的条件是能比竞争对手设计出质量更好或成本更低的邮轮旅游产品;市场容量大,能容纳两个或两个以上的竞争者;拥有比竞争者更多的资源和能力。这种定位存在一定风险,但能够激励企业以较高的目标要求自己奋发向上。

(四)重新定位

重新定位是指邮轮企业通过改变产品特色等手段,改变目标邮轮旅游者对产品的认识,塑造新的形象。

即使企业产品原有定位很恰当,但当出现下列情况时,也需要考虑重新定位:

第一,竞争者推出的市场定位侵占了本企业品牌的部分市场,使本企业产品市场占有率下降。

第二,邮轮旅游者偏好发生了变化,从喜爱本企业品牌转移到喜爱竞争对手的品牌。

所以,一般来说,重新定位是企业为了摆脱经营困境,寻求重新获得竞争力的手段。当然,重新定位也可作为一种战术手段,并不一定是因为陷入了困境,相反,可能是由于发现了新的产品市场范围引起的。

本章小结

"有所为,有所不为"是很多邮轮企业成功的关键。企业面对的消费者的需求千差万别,在资源有限的情况下,邮轮企业通过将消费者市场分为不同的细分市场,结合自身的相对优势资源,选择其中的一个或者多个细分市场作为自己的目标市场,并着重开发这些市场,以资源的集中和经营专业化的优势更好地满足企业目标市场的需求。

本章主要讲解有关邮轮市场细分和目标市场选择的问题。第一步是市场细分,将市场分割成不同的购买者群体,这些群体可能需要不同的产品或营销组合。公司发掘各种不同的分割市场的方法,并对所形成的各个细分市场的总体特征加以描述。第二步是选择目标市场,先对每个细分市场的吸引力进行评价,然后选择一个或几个细分市场。第三步是市场定位,即为产品进行竞争性定位,并制定适当的营销组合战略。

思考题

1. 为什么要进行邮轮市场细分?
2. 邮轮企业怎样确定自己的目标市场策略?
3. 邮轮企业的目标市场营销策略受哪些因素的影响。

 **案例分析**

三大邮轮集团在中国市场的发展策略

三大邮轮集团	在中国母港	市场细分	邮轮供给	航线供给	产品策略
嘉年华（CCL）	上海、天津、青岛、香港	• 分为家庭邮轮旅游、双人巡游、度假邮轮旅游以及会奖商务邮轮旅游 • 注重商务以及会奖市场，提供完备的商务设施，提供高尔夫球赛、土耳其浴等休闲活动 • 具有丰富的大型会奖经验，中国游客平均满意度为98%	• 爱兰歌娜号、歌诗达经典号、歌诗达浪漫号 • 突出意大利风情 • 餐食口味调整	• 以上海、天津、香港地区为母港，有多条航线，以日韩及台湾地区航线为主 • 航线在5~7天，有15~17天的东南亚航线可供选择 • 价格适中	• 与旅行社结盟 • 平面广告机网络互动广告 • 各种体验营销 • 明星效应 • 价格促销（提供会员折扣） • 其他优惠及特权活动
皇家加勒比（RCCL）	上海、天津、香港、厦门	• 定位中高端，提供中高价位产品 • 市场细分：新婚蜜月市场、老年市场、休闲度假、青年市场以及会奖市场 • 提供梦幻之旅产品，突出主体产品 • 同行业中唯一提供邮轮会议场地协调人员和专业岸上支援团队的邮轮公司	• 梦幻系列"海洋迎风号"、梦幻系列"海洋神话号" • 突出西式风情 • 餐食口味稍有调整	• 以上海为母港的中日韩航线，以香港地区为母港的越南游航线以及各母港的台湾地区航线 • 航线在5~8天，有13~14天的亚洲航线可供选择 • 价格偏高	• 与旅行社结盟 • 邮轮公司直销 • 邮轮代理商销售 • 不采用价格促销手段 • 会员享有优惠 • 无广告宣传及其他促销活动
云顶香港	三亚	• 注重加强中长线的市场 • 发展"邮轮+目的地度假"的邮轮旅游模式 • 在香港地区、新加坡、马来西亚和泰国建立了邮轮中心，并在新加坡、马来西亚等地投资建设娱乐中心，以同时满足游客对于邮轮和目的地休闲度假的需求	• 处女星号、宝瓶星号、天秤星号、双鱼星号以及白羊巨星号 • 突出亚洲特色	• 以香港地区为母港的新马泰航线，以香港地区为母港的台湾地区航线，以三亚为母港的越南航线 • 采用"飞机+邮轮"的旅行方式 • 航线在2~6天，每天起航2天短程 • 挪威邮轮提供了阿拉斯加、加勒比海航线	• 邮轮公司直销 • 邮轮代理商 • 宣传产品及目的地 • 突出亚洲风格 • 重邮轮安全的宣传

资料来源:根据华东师范大学沈懿 2013 年硕士论文《意大利歌诗达邮轮公司中国出发航线营销策略研究》整理。

结合案例思考以下问题:
(1)根据案例内容分析三大邮轮集团在中国市场的发展策略的异同。
(2)根据案例内容,探讨邮轮企业选择细分市场的主要依据。

下 篇
邮轮市场营销组合

第6章 邮轮市场竞争战略

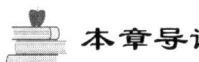
本章导读

国际邮轮公司加码中国市场显而易见,皇家加勒比的"海洋量子"号、"海洋赞礼"号、歌诗达的"赛琳娜"号、公主邮轮的"蓝宝石公主"号以及丽星的"云顶世界"号将陆续投入中国市场,各邮轮公司纷纷增船扩航抢占市场。

皇家加勒比目前在中国共布置4艘邮轮,包括"海洋神话"号、"海洋航行者"号、"海洋水手"号及"海洋量子"号,其中,2015年夏季投入中国的"海洋量子"号达16.78吨,将成为中国市场目前最大吨位的邮轮。另外,"海洋赞礼"号邮轮也将于2016年在天津启航,开启中国市场的全年运营。皇家加勒比邮轮相关负责人表示,2015年皇家加勒比邮轮整个运营量同比上升74%。劲旅网数据显示,目前皇家加勒比占据中国市场约1/3的份额。

而2006年即进入中国市场的歌诗达,目前在中国共有3艘邮轮。其中,"赛琳娜"号于2015年4月24日在上海启航,开始其在中国全年的母港运营。歌诗达邮轮公司上海代表处的工作人员介绍称,2015年,歌诗达邮轮在中国市场的运力增加了140%,其中明显增加了对中国北方市场的投入,下半年以天津为母港出发的航次就从2014年的8个增加到2015年的40个。歌诗达邮轮集团首席执行官汤沐也曾在媒体公开表示,未来将不断扩大歌诗达邮轮在欧洲以及亚洲的领导地位。

相较于皇家加勒比和歌诗达的大手笔,公主邮轮和丽星邮轮布局中国市场的动作较少,但较往年来看,依然在不断加码。日前,公主邮轮在上海举行50周年庆典,并高调公布未来两年在中国的布局,公主邮轮表示,2016年5月公主邮轮旗下的"蓝宝石公主"号将开启以上海为母港的全年航季,共计50航次,总载客量同比提升约90%。而以香港为母港的丽星邮轮,早在1994年便停靠海口,2015年,丽星邮轮将继续加强以香港为母港的航次,投入船只包括"处女星"号、"双鱼星"号及"宝瓶星"号。未来,丽星邮轮将启动新造豪华邮轮"云顶世界"号工程,预计2016年秋季交船,另一艘则在2017年秋季交付。丽星邮轮相关数据显示,"云顶世界"号以亚洲为母港,21层楼高,载客量约4500人,船员2000人。

行业竞争是任何一个邮轮企业都要面对的,本章重点分析邮轮企业的竞争战略,包括邮轮市场竞争对手分析、邮轮市场竞争战略的选择和一般市场竞争者战略等内容。

资料来源:中国交通运输协会邮轮游艇分会,http://www.ccyia.com/news/xingyexinwen/2015/0409/2179.html,2015-04-09。

第一节 邮轮市场竞争对手分析

邮轮企业参与市场竞争,不仅要了解谁是自己的顾客,而且还要弄清谁是自己的竞争对手。从表面上看,识别竞争者是一项非常简单的工作,但是,由于需求的复杂性、层次性、易变性,技术的快速发展和演进、产业的发展使得市场竞争中的企业面临复杂的竞争形势,一个企业可能会被新出现的竞争对手打败,或者由于新技术的出现和需求的变化而被淘汰。邮轮企业必须密切关注竞争环境的变化,了解自己的竞争地位及彼此的优劣势,只有知己知彼,方能百战不殆。

邮轮企业在市场营销中,至少需要了解竞争中四个方面的问题,即谁是竞争者?它们的目标和战略是什么?它们的优势和劣势是什么?它们的反应模式是什么?其步骤如图6-1所示。

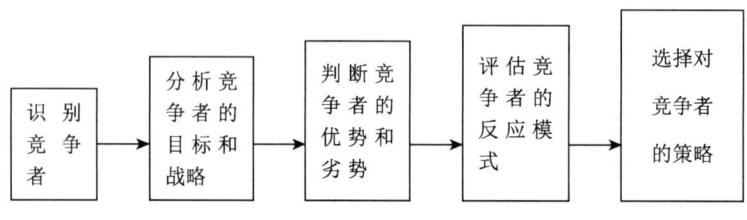

图6-1 分析竞争对手的步骤

一、识别邮轮市场的竞争者

邮轮企业可以从不同角度识别市场竞争者。

(一)从行业角度分析

行业由提供同类产品或可以相互替代产品的企业构成。

1. 现有厂商

在邮轮行业内部,每个邮轮企业的竞争行为都会不同程度地影响到其他邮轮企业。邮轮行业内现有邮轮企业之间竞争的激烈程度,主要取决于竞争者数目、竞争者实力对比、行业销售增长率、产品差异化程度、各企业目标、进出障碍的高低等因素。

2. 潜在加入者

潜在加入者在给邮轮行业带来新生产能力、新资源的同时,将希望在已被现有邮轮企业瓜分完毕的市场中赢得一席之地,这就有可能会与现有邮轮企业发生原材料与市场份额的竞争,最终导致行业中现有企业盈利水平降低,严重的话还有可能危及这些邮轮企业的生存。竞争性进入威胁的严重程度取决于两方面的因素,一是进入新领域的障碍大小,二是预期现有邮轮企业对于进入者的反应情况。

3. 替代品厂商

两个处于同行业或不同行业中的企业,可能会由于所生产的产品是互为替代品,从而在它们之间产生相互竞争行为,这种源自于替代品的竞争会以各种形式影响行业中现有企业的竞争战略。

第一,现有企业产品售价以及获利潜力的提高,将由于存在着能被用户方便接受的替代品而受到限制。

第二,由于替代品生产者的侵入,使得现有企业必须提高产品质量,或者通过降低成本来降低售价,或者使其产品具有特色,否则其销量与利润增长的目标就有可能受挫。

第三,源自替代品生产者的竞争强度,受产品买主转换成本高低的影响。总之,替代品价格越低、质量越好、用户转换成本越低,其所能产生的竞争压力就强;而这种来自替代品生产者的竞争压力的强度,可以具体通过考察替代品销售增长率、替代品厂家生产能力与盈利扩张情况来加以描述。

(二)从竞争地位分析

1. 市场领导者(Leader)

市场领导者是指在某一行业的产品市场上占有最大市场份额的企业。如柯达公司是摄影市场的领导者,宝洁公司是日化用品市场的领导者,可口可乐公司是软饮料市场的领导者等。市场领导者通常在产品开发、价格变动、分销渠道、促销力量等方面处于主宰地位。市场领导者的地位是在竞争中形成的,但不是固定不变的。

比如,截至2014年5月,嘉年华集团在中国共有4艘邮轮:"赛琳娜"号、"蓝宝石公主"号、"维多利亚"号、"大西洋"号。嘉年华集团在亚洲共拥有10个办事处,超过任何其他竞争对手,其中5个位于中国的上海、北京、天津、广州和成都。

2. 市场挑战者(Challenger)

市场挑战者是指在行业中处于次要地位(第二、第三甚至更低地位)的企业。如富士是摄影市场的挑战者,高露洁是日化用品市场的挑战者,百事可乐是软饮料市场的挑战者等。市场挑战者往往试图通过主动竞争扩大市场份额,提高市场地位。

3. 市场追随者(Follower)

市场追随者是指在行业中居于次要地位,并安于次要地位,在战略上追随市场领导者的企业。在现实市场中存在大量的追随者。市场追随者的最主要特点是跟随。在技术方面,它不做新技术的开拓者和率先使用者,而是做学习者和改进者。在营销方面,不做市场培育的开路者,而是搭便车,以减少风险和降低成本。市场追随者通过观察、学习、借鉴、模仿市场领导者的行为,不断提高自身技能,不断发展壮大。

4. 市场利基者(Nichers)

市场利基者多是行业中相对较弱小的一些中、小企业,它们专注于市场上被大企业忽略的某些细小部分,在这些小市场上通过专业化经营来获取最大限度的收益,在大企业的夹缝中求得生存和发展。市场利基者通过生产和提供某种具有特色的产品和服务,赢得发展的空间,甚至可能发展成为"小市场中的巨人"。

综上所述,邮轮企业应从不同的角度,识别自己的竞争对手,关注竞争形势的变化,以更好地适应和赢得竞争。

二、判定竞争者的战略和目标

在邮轮市场中,所有邮轮企业都是利润最大化的追求者,进一步搞清楚每个竞争者的实施目标战略是什么并据此采取行动,能够使邮轮企业做到"知己知彼,百战百胜",从而取得较强的竞争优势。

邮轮企业要了解竞争者的重点目标是什么,才能正确估计他们对不同的竞争行为将如何反应。竞争者目标的差异化会影响到其经营模式。每一个竞争者都有目标组合,其中每一个目标有不同的重要性,邮轮企业应当了解竞争对手目前的获利能力、市场占有率的成长、现金流量、技术领先、服务创新以及其他目标的相对重视程度如何。可以从竞争者在本行业的经营历史、管理背景、现行战略和潜在能力等方面进行分析。

第一,对经营历史的分析。与相对近期情况相比,当前竞争者的财务状况和市场占有率如何?竞争者在市场上的历史情况如何?竞争者在过去有过哪些优良成绩和出众表现?竞争者是如何对某些战略行动和行业事件做出反应的?

第二,对管理背景的分析。可以通过高层领导人的职业背景、高层领导人过去采用和不曾采用的各类战略、高层领导人的文化背景和价值观念、行业所特有的竞赛规则和战略方案进行分析。

第三,对现行战略的分析。着重分析竞争者是采取何种战略,是实施低成本战略还是差异化战略,是实施市场领先者战略还是市场挑战者战略。

三、分析竞争者的优势与劣势

在市场竞争中,邮轮企业需要分析竞争者的优势与劣势,做到知己知彼,才能有针对性地制定正确的市场竞争战略,以避其锋芒、攻其弱点、出其不意,利用竞争者的劣势来争取市场竞争的优势,从而来实行邮轮企业营销目标。

竞争者优劣势分析的内容包括:

第一,产品。竞争企业产品在市场上的地位;产品的适销性;以及产品系列的宽度与深度。

第二,销售渠道。竞争企业销售渠道的广度与深度;销售渠道的效率与实力;销售渠道的服务能力。

第三,市场营销。竞争企业市场营销组合的水平;市场调研与新产品开发的能力;销售队伍的培训与技能。

第四,生产与经营。竞争企业的生产规模与生产成本水平;设施与设备的技术先进性与灵活性;专利与专有技术;生产能力的扩展;质量控制与成本控制;区位优势;员工状况;原材料的来源与成本;纵向整合程度。

第五,研发能力。竞争企业内部在产品、工艺、基础研究、仿制等方面所具有的研究与开发能力;研究与开发人员的创造性、可靠性、简化能力等方面的素质与技能。

第六,资金实力。竞争企业的资金结构、筹资能力、现金流量、资信度、财务比率、财务管理能力。

第七，组织。竞争企业组织成员价值观的一致性与目标的明确性；组织结构与企业策略的一致性；组织结构与信息传递的有效性；组织对环境因素变化的适应性与反应程度；组织成员的素质。

第八，管理能力。竞争企业管理者的领导素质与激励能力、协调能力；管理者的专业知识；管理决策的灵活性、适应性、前瞻性。

四、评估竞争者的反应模式

竞争者的战略、目标、优势和劣势决定了他对降价、促销、推出新产品等市场竞争战略的反应，由此得出竞争者反应模式。竞争者反应模式是指某一竞争者对一竞争行动的反应类型。分析竞争者反应模式能使邮轮企业能集中优势进攻，加强防守，主动退让，拟定较适合邮轮企业的市场竞争战略，争取处于较为有利的竞争地位。大多数竞争者反应类型包括以下几种类型：

（一）从容型竞争者

某些竞争企业对市场竞争措施的反应不强烈，行动迟缓。这可能是因为竞争者受到自身在资金、规模、技术等方面的能力的限制，无法作出适当的反应；也可能是因为竞争者对自己的竞争力过于自信，不屑于采取反应行为；还可能是因为竞争者对市场竞争措施重视不够，未能及时捕捉到市场竞争变化的信息。

（二）选择型竞争者

某些竞争企业对不同的市场竞争措施的反应是有区别的。例如，大多数邮轮企业对降价这样的价格竞争措施总是反应敏锐，倾向于作出强烈的反应，力求在第一时间采取报复措施进行反击，而对改善服务、增加广告、改进产品、强化促销等非价格竞争措施则不大在意，认为不构成对自己的直接威胁。

（三）凶狠型竞争者

竞争企业对市场竞争因素的变化十分敏感，一旦面临竞争挑战就会迅速地作出强烈的市场反应，进行激烈的报复和反击，势必将挑战自己的竞争者置于死地而后快。这种报复措施往往是全面的、致命的，甚至是不计后果的，不达目的决不罢休。这些强烈反应型竞争者通常都是市场上的领先者，具有某些竞争优势。一般邮轮企业轻易不敢或不愿挑战其在市场上的权威，尽量避免与其作直接的正面交锋。

（四）随机型竞争者

这类竞争企业对市场竞争所作出的反应通常是随机的，往往不按规则出牌，使人感到不可捉摸。例如，不规则型竞争者在某些时候可能会对市场竞争的变化作出反应，也可能不作出反应；他们既可能迅速作出反应，也可能反应迟缓；其反应既可能是剧烈的，也可能是柔和的。

五、选择进攻或回避竞争者

决定邮轮企业选择进攻或回避策略的因素有以下三个：

（一）竞争者的强弱

多数邮轮企业认为，应以较弱的竞争者为进攻的目标，因为这样可以节省时间和资源，事半功倍，但是获利较小。反之，有些邮轮企业认为应以较强的竞争者为进攻目标，因为这样可以提高自己的竞争能力并且获利较大，而且强者也总会有弱点。

（二）与本企业的相似程度

多数邮轮企业主张与相近似的竞争者展开竞争，但同时又认为自己应避免摧毁相近似的竞争者，因为，其结果很可能对自己反而不利。

（三）竞争者表现的好坏

有时，竞争者的存在对邮轮企业是必要和有益的，具有战略意义。竞争者可能有助于增强市场总需求，可分担市场开发和产品开发成本，有助于使新技术合法化，竞争者能够为吸引力较小的细分市场提供产品，可导致产品差异性的增加，还可加强企业同政府管理者或职工谈判的力量。

每个行业的竞争者都有好坏之分，那些表现好的试图组成一个只有好的竞争者的行业。他们通过发放许可证，选择相互关系（攻击或结盟）及其他手段，试图使本行业的竞争者的营销活动限于协调合理的范围之内，遵守行业规则，凭自己的努力扩大市场占有率，彼此在营销因素组合上保持一定的差异性，从而减少直接冲突。

第二节 邮轮市场竞争战略选择

一、低成本市场战略

低成本战略是指通过有效途径，使企业的全部成本低于竞争者的成本，以获得同行业平均水平以上的利润。实现低成本战略需要有一整套具体政策，需要高效率的设备、积极降低经验成本、紧缩成本和控制间接费用，以及降低研究开发、服务、销售、广告等方面的成本。

（一）低成本战略的优点

只要成本低，邮轮企业尽管面临着强大的竞争力量，仍然可以在本行业中获得竞争优势。

第一，在与竞争对手的斗争中，由于邮轮企业处于低成本地位上，具有进行价格战的良好条件。

第二，由于邮轮企业的低成本，相对于竞争对手具有较大的对原材料、零部件价格上涨的承受能力,能够在较大边际利润范围内承受各种不稳定经济因素所带来的影响;同时,低成本邮轮企业对原材料、零部件的需求量大,因而为获得廉价的原材料、零部件提供了可能,同时也便于与供应商建立稳定协作的关系。

第三,面对强有力的购买者要求降低产品价格的压力时,处于低成本地位上的邮轮企业仍可以有较好的收益。

第四,在与潜在的进入者的斗争中,低成本形成的规模经济,提高了进入壁垒,削弱了新进入者的进入威胁。

第五,在与替代品的斗争中,低成本型邮轮企业更具优势。当然,如果邮轮企业要较长时间巩固现有竞争地位,还必须有所创新。

(二)低成本战略的缺点

第一,投资较大。邮轮企业必须具备先进的生产和服务设备,才能高效率地提供服务,以保持较高的劳动生产率,同时,在进攻型定价以及为提高市场占有率而形成的投产亏损等方面也需进行大量的预先投资。

第二,技术变革会导致工艺和技术的突破,使邮轮企业大量的投资和由此产生的高效率一下丧失优势,并给竞争对手造成以更低成本进入的机会。

第三,将过多的注意力集中在生产成本上,可能导致邮轮企业忽视邮轮旅游者需求特性和需求趋势的变化,忽视旅游旅游者对产品差异的兴趣。

第四,由于企业集中大量投资于现有技术及现有设备,提高了退出障碍,因而对新技术的采用及技术创新反应迟钝甚至采取排斥态度。

二、差异化市场战略

所谓差异化市场战略,是指使企业产品与竞争对手产品有明显的区别,形成与众不同的特点而采取的战略。这种战略的重点是创造被全行业和客户都视为独特的产品和服务以及企业形象。实现差异化的途径多种多样,如产品设计、品牌形象、技术特性、销售网络、用户服务等。

比如,歌诗达强调的是它的意大利传承;公主邮轮公司声称其卖点是更加沉静的体验,为客人带来自我提升;而皇家加勒比主打各种酷炫设备,比如攀岩墙和花式跳伞模拟器。

(一)差异化战略的优点

只要条件允许,产品差异是一种可行的战略。邮轮企业奉行这种战略,可以很好地防御多种竞争力量,获得竞争优势。

第一,实行差异化战略是利用了顾客对其特色产品的偏好和忠诚,由此可以降低对产品的价格敏感性,使邮轮企业避开价格竞争,在特定领域形成独家经营的市场,保持领先。

第二,邮轮旅游者对邮轮企业或产品的忠诚性形成了强有力的进入壁垒,有力抵抗新进入者。

第三,产品差异化可以产生较高的边际效益,增强邮轮企业对付供应者和购买者讨价还价的能力。

(二)差异化战略的缺点

第一,保持差异化往往以高成本为代价,因为邮轮企业需要进行广泛的研究开发、产品设计和争取顾客支持等工作。

第二,并非所有顾客都愿意支付差异化所形成的较高价格。同时,顾客对差异化所支付的额外费用是有一定支付极限的,若超过这一极限,低成本低价格的邮轮企业与差异化高价格的邮轮企业相比就显示出竞争力。

第三,邮轮企业要想取得差异化,有时要放弃获得较高市场占有率的目标,因为排他性与高市场占有率是矛盾的。

 知识链接

今夏邮轮会现价格混战吗?

随着2015年第一个小长假清明节的到来,备足邮轮仓位的各大旅游企业开始加码营销,羊年邮轮大战的硝烟已经扬起。不过业内人士表示,邮轮市场已经出现产能过剩的迹象,旅游企业价格混战的势头逐渐显现。

邮轮公司提高供给

各家邮轮公司纷纷加码中国市场。皇家加勒比邮轮今年将会有5艘邮轮分别覆盖中国四大母港运营,其中海洋水手号、海洋神话号、海洋航行者号和海洋量子号是主力,同时延长重点母港运营周期,比如海洋量子号将全年运营上海夏季至冬季航线。预计皇家加勒比邮轮2015年在亚洲的运营量将因此同比上升66%。皇家加勒比邮轮有限公司副总裁(北亚和中国业务)刘淄楠在接受采访时曾表示,今年夏天在中国投入一艘新的邮轮——海洋量子号,其将是中国市场目前最大吨位的邮轮。

歌诗达邮轮也新增一艘邮轮投入中国市场。其相关负责人表示,今年歌诗达邮轮在中国市场的运力将增加140%。丽星邮轮2015年也在中国市场投入了处女星号、双鱼星号及宝瓶星号3艘邮轮。

天津国际邮轮母港有限公司邮轮售票项目部经理苏畅表示,2015年邮轮到港航次比2014年翻倍,为100多艘次。

价格战初露端倪

激烈的竞争使得邮轮产品价格战初露端倪。不少企业通过造概念、造主题等方式吸引游客眼球。例如,芒果网就结合时下热点,推出亲子游、父母游、蜜月游等主题邮轮产品。同程推出邮轮礼品卡,原价11 999元的邮轮家庭卡,只售8399元。途牛最近力推的"途牛网旅游节",设邮轮专场,产品降价100元到9000元。携程的特惠专区也有多款优惠邮轮产品,如原价每人2699元的日韩4天3晚的邮轮产品,若六人同时报名出行则最高减3000元。

携程相关工作人员表示,2015年携程邮轮促销力度比往年大。"欧洲邮轮市场渗透率为2.5%~3%,而中国只有0.05%,所以市场潜力大。而且携程旗下的天海邮轮公司将在2015年5月15日首航,希望借助邮轮产品的促销活动扩大首航声势。"

市场现价格战

对于各大旅游企业即将打响的邮轮价格战,中国交通运输协会邮轮游艇分会(CCYIA)常务副会长郑炜航担忧低价竞争让中高端的邮轮旅游失去本质。"邮轮旅游的核心是休闲度假,大量以观光游览为诉求的游客被低价招揽,不仅让邮轮旅行变质,亦可能产生游客因不满而过度维权的情况。"

另也有多位业内人士透露,中国邮轮市场其实已经出现供过于求的现象。有业内人士坦言,旅行社常通过包船形式与邮轮公司合作,一旦销售不佳,很容易出现尾货。为了凑足人数,不少旅游企业通常低价甩卖邮轮仓位,导致价格体系的混乱。"不过虽然旅游企业出现包船风险的概率很高,但邮轮产品的利润高达5%~10%,远高于普通出境游的2%~5%,因此不少旅游企业都愿意赌一把。"

资料来源:中国邮轮产业发展大全,2015-03-24。

三、集中性市场战略

集中性战略即聚焦战略,是指把经营战略的重点放在一个特定的目标市场上,为特定的地区或特定的购买者集团提供特殊的产品或服务。即指企业集中使用资源,以快于过去的增长速度来增加某种产品的销售额和市场占有率。

(一)集中性战略的优点

集中性营销策略追求的目标不是在较大的市场上占有较小的市场份额,而是在一个或几个市场上有较大的甚至是领先的市场份额。其优点是适应了本企业资源有限这一特点,可以集中力量向某一特定子市场提供最好的服务,而且经营目标集中,管理简单方便。企业经营成本降低,有利于集中使用企业资源,实现生产的专业化,实现规模经济的效益。

(二)集中性战略的缺点

集中性营销对环境的适应能力较差,有较大风险,同时也放弃了其他市场机会。如果目标市场突然变化,如价格猛跌,购买者兴趣转移等,邮轮企业就有可能陷入困境。集中单一产品或服务的增长战略风险较大,因为一旦邮轮企业的产品或服务的市场萎缩,邮轮企业就会面临困境。因此,邮轮企业在使用单一产品或服务的集中增长战略时要谨慎。

邮轮企业通常采取上述竞争战略中的某一个类型。实力雄厚的邮轮企业可能既采用低成本战略,也采取差异化战略,不过企业最关心的是那些处在同一行业采用同一战略群体的企业。他们是最直接的竞争者。

 **知识链接**

国际邮轮巨头在中国增开母港辐射客源地

作为邮轮的依托,母港发展亦成为邮轮公司的重点。据了解,皇家加勒比邮轮目前在中国的母港数量最多,包括天津、上海、厦门、香港四处,辐射华北、华中、华南地区,全面布局中国邮轮市场。2015年3月26日皇家加勒比在新闻发布会上表示,2016年天津将作为"海洋赞礼"号的首个中国母港,而"海洋量子"号将会全年专注于上海母港,"海洋水手"号则携手"海洋量子"号从上海出发,香港母港则会迎来"海洋航行者"号,目前执航东南亚、南美、加勒比海、大洋洲、太平洋列岛等航线的"海洋神话"号将以天津为母港运营一系列航次,随后将会转至厦门,开启其在厦门的母港航季。另据知情人士透露,皇家加勒比正在着手开发新的母港。

歌诗达邮轮在华则有天津和上海两个港口。时任嘉年华集团亚洲总部主席兼首席执行官、歌诗达邮轮集团公司主席的福斯基曾在采访中说:"希望通过依托北京、天津两大国际都市,辐射中国北方邮轮市场,推动天津以及北京地区邮轮经济的发展,同时丰富和拉动该地区的旅游市场。"上海母港则是辐射华中、华南市场,而且便于日韩航线的设计,对应上了中国人的出行喜好。

公主邮轮虽然目前在华只有上海一个母港,但是嘉年华集团曾表示,公主邮轮品牌将拓展其2015及2016年中国航季。作为2015年中国航季的一部分,"蓝宝石公主"号将从2015年10月起转战天津,并以此为母港提供一系列全新航次,这也是公主邮轮首次在中国北方开辟母港航线。相对而言,丽星在华母港建设不如前几个企业大手笔。丽星邮轮的母港是香港海港城,停靠香港、厦门、三亚,主要辐射华南市场,除了母港出发的航线外,丽星2015年4月有两个航次从厦门出发。

资料来源:北京商报,http://www.ccyia.com/news/xingyexinwen/2015/0409/2179.html, 2015-04-09。

第三节 一般市场竞争者战略

一、市场领导者战略

市场领导者定位策略是指邮轮企业选择的目标市场尚未被竞争者发现,企业率先进入市场,抢先占领市场的策略。

邮轮企业采取市场领导者定位策略,需要具备以下条件:一是该市场符合消费发展趋势,具有强大的市场潜力;二是自身具有进入该市场的条件和能力;三是进入的市场具有有利于创造邮轮企业的营销特色。

采取市场领导者定位策略的邮轮企业,在目标市场中始终保持第一的优势,无论在产品质量还是服务上都是先声夺人,以领袖的地位引领这一市场消费需求的发展方向。邮轮企业若要保持这种领先地位,可以扩大这个市场的总需求,寻找新的客源,也可以维护优质市场份额,通过扩大或者缩小经营范围来实现。

（一）保护市场占有率

1. 阵地防御

它是指在现有阵地周围建立防线，这是一种静态的防御。但是对于消费者来说，如单纯采用消极静态防御，只保卫自己目前的市场和产品，则是一种"营销近视症"。例如，当年亨利·福特对他的T型车的近视症就造成了严重的后果，使得年盈利10亿美元的福特公司从顶峰跌到濒临破产的边缘。

2. 侧翼防御

它是指市场主导者除保卫自己的阵地外，还应建立某些辅助性基地作为防御阵地，必要时以此作为反攻基地。例如，20世纪70年代美国的几大汽车公司因为没有注意侧翼防御，在中东石油危机的背景之下遭到了日本小型汽车的无情攻击，失去了大片阵地。

3. 先发防御

它是指在竞争者尚未进攻之前，先主动攻击，即先发制人。如日本精工表把它的2000多个款式的手表分销到世界各地，对其他手表品牌造成了全方位的威胁。

4. 反攻防御

当市场主导者遭到对手发动降价或促销的攻势，或改进产品占领市场阵地等攻击时，不能只是被动应战，应主动反攻，即可实行正面反击、侧翼反击，或发动钳形攻势以切断攻击者的后路。例如，当美国西北航空公司最有利的航线之一——明尼阿波利斯至亚特兰大航线受到另一家航空公司的降价进攻时，西北航空公司不在这条航线上采取应变措施，而在明尼阿波利斯至芝加哥的航线上实施降价报复，因为该航线是国际进攻者的主要市场阵地，结果迫使该进攻者不得不恢复原价，停止进攻。

5. 运动防御

不仅防御目前阵地，而且还要扩展到新的市场阵地，作为未来防御和进攻的中心。一种是市场范围扩大化，例如，把石油公司变成能源公司，意味着市场范围扩大了，不限于一种能源——石油，而是覆盖整个能源市场。另一种是多角化经营，例如，美国的烟草公司由于社会对吸烟的限制日益增多，纷纷转向其他产业，如酒类、软饮料和冷冻食品等。

6. 收缩防御

放弃某些疲软的市场阵地，把力量集中用到主要的市场阵地上去。例如，美国西屋电气公司将其电冰箱的品种由40个减少到30个，撤销了10个品种，竞争力反而增强了。

（二）扩大市场需求总量

当一种产品的市场需求总量扩大时，受益者最大的是处于主导地位的企业。扩大市场需求量的途径有以下几种：

1. 发现新的使用者

一个企业可从三个方面找到新的使用者，如香水营销者可以设法说服不用香水的妇女使用香水（市场渗透策略）；说服男士使用香水（新市场战略）；向其他国家推销香水（地理扩张战略）。美国强生公司的婴儿洗发剂的扩大推销就是开发新市场的一个成功实例。当美国出生率开始下降的时候，该公司制作了一部电视广告片向成年人推销婴儿洗发水，取得了良好的效果，使该品牌成为市场主导者。

2.开辟产品新用途

例如,碳酸氢钠($NaHCO_3$)的销售在 100 多年间没有起色,它有多种用途,但没有一种是大量的。后来一家厂商发现有些消费者将该产品用作电冰箱除臭剂,于是大力宣传这一新用途,使该产品销量大增。

3.刺激使用者增加用量

例如,法国一家轮胎公司宣传法国南部的旅馆如何优良,诱导巴黎人开车去南部度周末,并出版了有详细地图的旅游指南,引导人们更多的开车旅游,以增加轮胎的消耗量。又如,日本某公司曾将其生产的味精的小瓶盖开了更多小孔,既方便了消费者,又使之在不知不觉中增加了消费量。提高购买频率是扩大消费量的另一种常用的方法。如时装制造商每年每季都不断推出新的流行款式,消费者就不断购买,新装流行款式变化越快,消费者购买新时装的频率也越高。

(三)提高市场占有率

市场主导者设法提高市场占有率也是增加收益、保持主导地位的一个重要途径。美国的一项研究表明,市场占有率是与投资收益率有关的最重要的变量之一,市场占有率越高,投资收益率也就越大。市场占有率高于 40% 的企业,其平均投资收益率是市场占有率低于 10% 的企业的 3 倍。因此,许多企业以提高市场占有率为目标。

二、市场挑战者战略

市场挑战者定位策略是指邮轮企业向最强有力的竞争对手进行挑战的市场定位策略,是将邮轮产品特色直接定位在与这个市场中最强大的竞争对手的产品相似的位置上,与竞争对手争夺同一个细分市场。

邮轮企业采取市场挑战者定位策略,需要具备以下条件:一是要有足够的市场潜力;二是要有与竞争对手不相上下的丰富资源和更强的营销能力;三是要能够向目标市场提供更好的商品和服务。

市场挑战者定位策略对于迅速形成产品或品牌形象非常奏效,这是因为产品或品牌有了被消费者感知、品评和理解的间接渠道。为了与领导者争夺细分市场,经常采取的营销策略包括价格折扣、优质产品策略以及密集广告策略等。

(一)确定挑战对象和目标

1.攻击市场主导者

这种进攻风险很大,然而吸引力也是很大的(高风险高收益),挑战者需要仔细研究主导企业的弱点和失误。找到主导者的弱点和失误,就可作为自己的进攻目标。此外,还可开发出超过主导企业的新产品,以更好的产品来夺取市场的主导地位。

2.攻击与自己实力相当者

挑战者对一些与自己势均力敌的企业,可选择其中经营不善、发生亏损者作为进攻对象,设法夺取他们的阵地。

3.攻击地方性小企业

对一些地方性小企业中经营不善、财务困难者可夺取他们的顾客,甚至这些小企业本身。例如,美国几家主要的啤酒公司能成长到较大的规模,就是靠夺取一些小企业的顾客而达到的。

总之,战略目标决定于进攻对象。如果以主导者为进攻对象,其目标可能是夺取某些市场份额;如果以小企业为对象,目标可能是将他们逐出市场。但无论在何种情况下,如果要发动攻势,进行挑战,就必须遵守一条军事上的原则:每一项军事行动都必须指向一个明确的、肯定的和可能达到的目标。

(二)选择进攻战略

1. 正面进攻

正面进攻就是集中全力向对手的主要市场阵地发动进攻,即进攻对方的强项而不是弱点。在这种情况下,进攻者必须在产品、广告、价格等主要方面大大超过对手,才可能进攻。其中,投入大量研究与开发经费,使产品成本降低,从而以降低价格的手段向对手发动进攻,是持续进行正面进攻的基础。

2. 侧翼进攻

侧翼进攻就是集中优势力量攻击对手的弱点,有时可采取声东击西的策略,佯攻正面,实际攻击侧面或背面。分两种情况:地理性的侧翼进攻(如沃尔玛抢占被忽视的小城镇)和细分性侧翼进攻。这种战略符合现代营销理念——发现需要并设法满足它。

3. 围堵进攻

围堵进攻是一种全方位的、大规模的进攻战略。挑战者在拥有优于对手的资源,并确信围堵计划的完成足以打垮对手时,可采取这种战略。例如,日本精工表(Seiko)在国际市场上就是采取这种战略,它在美国市场上推出了约400个流行款式,占据了几乎每个重要的手表商店,并采取了各种吸引消费者的促销手段,取得了很大的成功。

4. 迂回进攻

这是一种最间接的进攻策略,完全避开对手的现有阵地而迂回进攻。具体办法有三种:一是发展无关的产品,实行产品多角化;二是以现有的产品进入新地区的市场,实行市场多角化;三是发展新技术、新产品,取代现有产品。

5. 游击进攻

这是主要用于规模较小、力量薄弱的企业的一种战略。游击进攻的目的在于以小型的间断性的进攻干扰对手的士气,以占据长久性的立足点。因为小企业无力发动正面进攻或有效的侧面进攻,只有向较大对手市场的某些角落发动游击式的促销或价格攻势,才能逐渐削弱对手的实力。

三、市场追随者战略

市场追随者定位策略是指邮轮企业的目标市场中竞争者已经进入,而该市场需求潜力又很大,于是跟随竞争者进入市场,与竞争者同处在一个位置上的策略。

邮轮公司采取市场追随者定位策略,需要具备以下条件:一是目标市场还有很大的需求潜力;二是目标市场还未被竞争者完全垄断;三是自身具备进入市场与竞争者相抗衡的营销能力。

（一）紧密跟随

紧密追随是指在各个细分市场中，在产品、价格、广告等营销组合战略方面模仿市场领导者，完全不进行任何创新。由于他们是利用市场领导者的投资和营销组合策略去开拓市场，自己跟在后面分一杯羹，故被看作依赖市场领导者而生存的寄生者。有些紧密跟随者甚至发展成为"伪造者"，专门制造赝品。国内外许多著名公司都受到赝品的困扰，应寻找行之有效的打击办法。

（二）有距离跟随

这种追随者是在主要方面，如目标市场、产品创新、价格水平和分销渠道等方面追随领导者，但是在包装、广告等方面与领导者保持一定差异的公司。如果模仿者不对领导者发起挑战，领导者不会介意。

（三）选择跟随

指在某些方面紧跟市场领导者，在某些方面又自行其是的企业。他们先接受领导者的产品、服务和营销战略，然后有选择地改进它们，避免与领导者正面交锋，并选择其他市场销售产品。这种跟随者通过改进并在别的市场壮大实力后有可能成长为挑战者。

市场追随战略不冒风险，但也存在明显缺陷。研究表明，市场份额排第二、第三和以后位次的企业与第一位的企业在投资报酬率方面有较大的差距。

四、市场利基者战略

市场利基者定位策略是指邮轮企业把自己的市场位置定在竞争者没有注意和占领的市场位置上的策略。当发现目标市场还存在一定市场空间未被竞争者占领，而自身又难以与竞争者正面抗衡，邮轮企业可以将自己的位置定在目标市场的空当位置，与竞争者成鼎足之势。

邮轮企业采取市场利基者定位策略，需要具备以下条件：一是该市场具有足够数量的潜在消费者；二是自身具有满足这个市场所需要的资源；三是具有进入该市场的特定条件。采取市场利基者定位策略的邮轮企业往往面对的是"小众客源"。

（一）选择专业化

市场利基者发展的关键是实现专业化，主要途径如下所示：

第一，最终用户专业化。邮轮企业可以专门为某一类型的最终用户提供服务。

第二，垂直专业化。邮轮企业可以专门为处于生产与分销循环周期的某些垂直层次提供服务。

第三，顾客规模专业化。邮轮企业可以专门为某一规模（大、中、小）的顾客群服务。市场利基者专门为大公司不重视的小规模顾客群服务。

第四，特殊顾客专业化。邮轮企业可以专门向一个或几个大客户销售产品。许多公司只向一家大公司提供其全部产品。

第五，地理市场专业化。邮轮企业只在某一地点、地区或范围内经营业务。

第六，产品或产品线专业化。邮轮企业只经营某一种产品或某一类产品线。

第七,产品特色专业化。邮轮企业专门经营某一种类型的产品或者产品特色。

第八,客户订单专业化。邮轮企业专门按客户订单生产特制产品。

第九,质量、价格专业化。公司只在市场的底层或上层经营。

第十,服务专业化。邮轮企业向大众提供一种或数种其他公司所没有的服务。

第十一,销售渠道专业化。邮轮企业只为某类销售渠道提供服务。

(二)保护利基市场

当利基市场开始赚钱时,一定会引起强大的竞争对手的注意,对手会来抢夺利基市场的胜利果实,越来越多的大公司也会相应划小业务经营单位去服务这些利基市场。

第一,树立差异化优势。所谓"差别优势"有两个基本含义:一是"差别",即与竞争者不同的、有差异的地方,这突出强调了企业的个性,要求邮轮企业在产品质量、价格或者服务、促销等一切竞争手段上选择较少的几项,开发具有特色的长期利基,这是邮轮企业寻求竞争优势、构造竞争堡垒的基础。二是"优势",即不仅要与竞争者形成差别,而且还需要使这种差别成为竞争优势。这要求邮轮企业所选择的差别是有竞争价值,且有资源能力可以实现的。差别是体现集中的方法,而优势是集中的目的。

第二,以技术创新构筑竞争壁垒。以市场潜在需求为导向,针对目标市场的利益关注点的变化,将技术创新紧贴市场需求,在邮轮旅游者最重视的方面寻找质量改进的突破口。

第三,勇于向自己挑战。利基市场总是客观存在的,有些是竞争对手曾经涉足但因时机不成熟或培育市场的方法不对头,对手无功而返;有些是因市场出现了新变化引发的新的关注点。正确的做法是用积极的进攻代替消极的防守,主动发现新的利基机会,并竭力去占领它。

以上的四种目标市场竞争战略是以竞争者为导向的。在现代市场中,邮轮企业营销战略的制定既要注意竞争者,也要注意实现顾客导向与竞争者导向之间的平衡。

本章小结

邮轮企业必须密切关注竞争环境的变化,了解自己的竞争地位及彼此的优劣势。邮轮企业在市场营销中,至少需要了解竞争中四个方面的问题,即谁是竞争者?他们的目标和战略是什么?他们的优势和劣势是什么?他们的反应模式是什么?邮轮企业的市场竞争战略包括低成本战略、差异化战略和集中性战略三种,各种竞争战略都有自己的优点和缺点,也有相应的适用条件。而对于邮轮行业中的市场领导者、市场挑战者、市场追随者和市场利基者,都有各自的竞争战略选择。

思考题

1. 如何识别邮轮市场竞争者?
2. 简述竞争者的反应模式。
3. 邮轮市场竞争者分析的步骤有哪些?
4. 简述四种竞争战略的优点和缺点。

5.简述市场领导者的主要战略。
6.简述市场挑战者的主要战略。
7.简述市场追随者的主要战略。
8.简述市场利基者的主要战略。

 案例分析

邮轮市场将出现分级化趋势

1.皇家加勒比:新船定位高端

皇家加勒比自"海洋量子"号开始在中国市场布局新船,从"海洋航行者"号开始均为超大吨级邮轮,承载量和邮轮内的设施也有了很大提高,且早期进入中国市场的"海洋神话"号也被列入计划,将于2018年在中国完成升级改造项目。皇家加勒比在中国的母港也是最多的,自北向南,依次为天津、上海、厦门、香港,全面拢住中国市场客源。就航线上来看,皇家加勒比是目前中国市场中航线布局最广的邮轮公司,除了传统的东南亚、日韩邮轮航线之外,欧洲、大洋洲、北美洲、太平洋的产品也不少,皇家加勒比无疑是定位中国邮轮市场的中高端市场。

2.歌诗达:由中端往中高端市场努力

歌诗达邮轮在中国市场中始终占据"第一个吃螃蟹"的位置,据中国交通运输协会邮轮游艇分会统计,2014年歌诗达邮轮以35.98%的母港航次份额,成为在华运营母港航次最多的邮轮公司。对于歌诗达的定位,业内人士称,歌诗达瞄准的市场更倾向于群体比较大的中端市场。2013年11月,歌诗达邮轮斥资1800万美元进行全面升级,即将进入中国市场的"赛琳娜"号也是大吨位的豪华邮轮,同时歌诗达邮轮市场部工作人员也告诉《北京商报》记者,歌诗达邮轮目前除了主打的中国到日韩短线以及正在执航的环球航行之外,也有一些相对较长的航线丰富自身邮轮旅游产品,不可不说歌诗达正由中端市场往中高端市场努力。

3.公主邮轮:面向小众高端人群

产品方面,公主邮轮正如其名,以贵族礼遇发展邮轮高端市场。到目前为止,公主邮轮在中国共投放一艘邮轮,但在公主邮轮的计划里,未来将不断加大在中国市场的投入。2015年4月2日,公主邮轮在上海举行50周年庆典活动,同时高调揭幕2015年中国母港航季。公主邮轮亚洲区高级运营副总裁安东尼·考夫曼在活动现场表明公主邮轮抢占中国市场的决心,"我们将继续深耕中国邮轮市场,并不断加速公主邮轮在中国的发展"。公主邮轮相关人士对媒体表示,未来"蓝宝石公主"号邮轮上海母港航次总载客量将同比增加近20%。

4.丽星邮轮:主攻亚洲市场

丽星邮轮作为香港的企业,其发展一直以亚洲为主,产品也大量体现亚洲特色。目前,丽星以香港为母港,同时停靠香港、厦门和三亚,辐射华南地区。对此,丽星邮轮市场部经理廖斯杰曾公开表示,"来海南的这几年,我们变换着不同的营销方式,2015年的包船游让我们很有信心"。此前曾有媒体指出,丽星邮轮的主要营收来自博彩业,对此,丽星相关工作人员予以否认。

就这四大邮轮公司在中国的布局来看,不得不说是皇家加勒比一家独大:航线丰富、邮轮品质较好、市场占有率高。歌诗达航线条数与皇家加勒比差不多,尽管其已经在着手开发长线,但是除了新增的环球航线之外仍然集中在东南亚和日韩,就产品的丰富度而言远不及皇家加勒比。尤其是皇家加勒比自2015年开始加码中国市场的都是新船,而歌诗达最新到达中国市场的"赛琳娜"号也是2007年就已经下水。并且双方的市场定位也是略有出入,就投入和邮轮设施而言,皇家加勒比显然定位更偏高端。公主定位高端市场,丽星的定位更偏中低端,但是二者目前在中国的邮轮和相应的航线、母港都相对有限。而公主邮轮与歌诗达邮轮同属嘉年华集团,就邮轮集团整体来看,皇家加勒比在中国市场并不占先机。

资料来源,北京商报,http://www.ccyia.com/news/xingyexinwen/2015/0409/2179.html;2015-04-09。

结合案例思考以下问题:
(1)分析上述四家邮轮企业采取的竞争战略。
(2)根据案例分析我国邮轮市场未来竞争发展的态势。

第7章 邮轮旅游产品策略

本章导读

2015年,邮轮市场发展迅速,且备受关注。歌诗达邮轮旗下的"赛琳娜"号邮轮驶入中国市场,与"大西洋"号、"维多利亚"号分别占据上海、天津、香港三大港口。作为早期进入中国市场的邮轮品牌,歌诗达邮轮致力于打造绝佳的意式度假体验。值得一提的是歌诗达邮轮2015年独具匠心地携手《喜羊羊与灰太狼》打造喜羊羊主题航次,为携子出游的家庭增添了一份主题趣味体验。

皇家加勒比国际邮轮旗下全新的"海洋量子"号的到来可谓邮轮行业的一大焦点,一座16万余吨的"海上移动城堡"无疑成为中国邮轮市场中的最大邮轮。不仅如此,"海洋量子"号娱乐项目"潮范儿"十足,360度摇臂支撑的北极星、机器人调酒师、甲板冲浪、攀岩、碰碰车、270度景观厅和大剧院等,唤起很多邮轮游潜在登船顾客对邮轮的好奇心,尤其受到年轻人的青睐。

与此同时,嘉年华集团旗下的公主邮轮自进入中国市场以来首度推出为期32天以天津为母港的邮轮航季;天海邮轮作为中国本土邮轮公司,依托携程的深度旅游经验,和日韩新港口、新城市建立联系,并精心打造荷尔蒙音乐节、环球小姐、世界小姐总决赛等主题航次;11月6日,丽星邮轮在广州南沙试航。

现今,主要承担我国南方邮轮运营的有上海、海口、三亚、香港等港口。上海港出发的主要目的地为日本、韩国;香港港口出发去往台湾地区;三亚或海口母港出发前往越南岘港、下龙湾的航线居多。而在北方,天津的东疆港承担了北方市场的主要运营任务,游客可乘坐邮轮前往日本、韩国的港口城市。

岸上观光游作为邮轮旅行中的增值服务,观光时间较短,游玩目的地均为港口城市。在北方运营的邮轮挂靠港主要为日本、韩国的特色港口城市:拥有秀丽的自然风光,被誉为"韩国的夏威夷"的济州岛,风景旖旎秀丽的海滨城市韩国釜山,具有浓厚的文化气息、日本古代文化发源地之一的鹿儿岛,拥有欧式气氛的古老街道的日本小樽,或是有着"购物天堂"之称的韩国首尔,被誉为"食之都"的日本福冈,等等。然而,相比于南方的多种选择,北方市场的邮轮产品显得较为单一。

邮轮旅游产品是邮轮企业提供的产品和邮轮旅游者购买的对象。本章主要介绍邮轮旅游产品的概念和类型、邮轮旅游新产品的开发和主要邮轮旅游航线。

资料来源：品橙旅游，http//www.pinchain.com/article/56633,2015-11-18。

第一节　邮轮旅游产品概述

邮轮旅游市场营销活动以满足邮轮旅游者需求为中心，而邮轮旅游者需求的满足只能通过邮轮企业提供的产品和服务来实现。邮轮企业在制定营销组合策略时，首先要回答的问题就是要提供什么样的产品来满足目标市场需要，然后才会涉及价格、渠道和促销等方面的决策。对于市场营销而言，一个重要的成功因素就是拥有能够满足消费者需要的产品。

市场营销学的产品概念是有形实体和无形服务的统一，是一个广义的、整体的概念。它是指向市场提供的，供人们获取、使用和消费，从而满足人们某种欲望和需求的一切东西，包括有形物品、服务、主意、人员、场所、组织或他们的组合。旅游产品属于服务类产品，可以从两个角度理解。从旅游产品供给者的角度来说，就是指旅游经营者借助一定的旅游资源和旅游设施，为旅游者提供满足其在旅游过程中综合需要的服务。从需求者的角度来说，旅游产品就是旅游者通过向旅游产品供应者购买，而在一次旅游活动中所消费的全部产品和服务的总和。

一、邮轮旅游产品的内涵与构成

（一）邮轮旅游产品的内涵

邮轮旅游产品是指邮轮旅游经营者借助邮轮、岸上旅游资源、旅游设施等，为邮轮旅游者提供满足其在邮轮旅游过程中综合需要的服务。邮轮旅游产品不同于其他旅游产品的最根本之处在于，邮轮既是一种交通工具，也是旅游目的地。邮轮旅行将传统旅游产品的交通、住宿、景点、餐饮等一系列服务项目都安排在了船上，让游客在航行中感受变化的风景和邮轮上高品位的餐饮娱乐服务。

因此，邮轮旅游产品可以定义为一种多功能、复合型的海洋休闲旅游产品，是以邮轮为依托来满足人们精神和物质需求的旅游活动，可以组合海上休憩、观光、度假、健身、会议、婚庆、潜水、探险等内容。

（二）邮轮旅游产品的构成

从邮轮旅游者的角度看，邮轮旅游产品是由航线、设施、服务、气氛、形象、价格六大要素组成的旅游产品（见图7-1）。

1. 邮轮的航线

邮轮航线是指邮轮从母港出发到结束行程靠岸过程中所航行的路线。邮轮航线的设计通常会受到水域、景点以及季节条件的影响。邮轮航线是邮轮旅游者选择邮轮产品时考虑的主要因素,对于邮轮吸引客源以及经营会产生很大的影响。

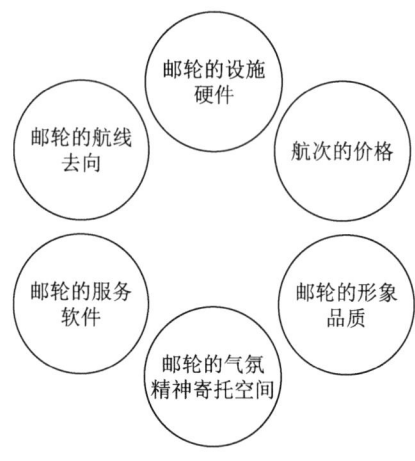

图 7-1 邮轮旅游产品的构成

2.邮轮的设施

邮轮设施是指邮轮的规格大小以及船上的各类客舱、餐厅、娱乐活动设施等。邮轮的设施在不同的邮轮类型中不尽相同,大型邮轮拥有宽敞豪华的客舱、餐厅与剧院等;小型邮轮在内部装潢与艺术设计等方面也颇具特点。邮轮的设施是邮轮旅游产品的重要组成部分。

3.**邮轮的服务**

邮轮服务是指邮轮上的服务内容、方式、态度、速度和效率等。邮轮服务项目的多少、服务内容的深度也是邮轮之间竞争的重要环节。良好的服务是树立邮轮品牌形象、提高邮轮知名度的重要手段。

4.**邮轮的气氛**

邮轮气氛是邮轮旅游者对于邮轮的一种感知,一方面取决于邮轮的空间布局、设施设备以及内外装饰装潢等物质环境氛围,另一方面取决于邮轮上服务人员的仪容仪表、服务态度、服务特点与服务水平等心理感知氛围。

5.**邮轮的形象**

邮轮形象是邮轮旅游者对邮轮的综合看法,涉及邮轮历史、知名度、经营思想、设计风格、品牌定位等诸多因素。邮轮形象是邮轮吸引客源的重要因素。

6.**航次的价格**

邮轮航次的价格在一定程度上反映了邮轮旅游产品的质量,邮轮旅游者常常通过邮轮航次的价格来判断、选择邮轮。

邮轮旅游产品的六大要素相互关联,是邮轮旅游产品不可分割的组成部分。邮轮旅游者在选择邮轮时会同时考虑这些因素,而不只是单方面考虑其中的一个因素,但不同的邮轮旅游者在选择邮轮时,对每个因素的重视程度会有所不同。

(三) 邮轮旅游产品的表现形式

邮轮旅游者购买的邮轮旅游产品是特定的邮轮旅游航次。因此,邮轮旅游航次成为邮轮旅游产品的具体表现形式,由特定的航行时间和航行线路构成。

在一个邮轮旅游航次中,邮轮从始发港出发到抵达目的地港口期间,邮轮旅游者可以尽情享受邮轮上的各种设施与服务,欣赏浩瀚大海上的自然风光与沿途港口的人文景观,体验邮轮旅游所带来的休闲放松的乐趣,获得邮轮旅游全过程在食、住、行、游、娱、购等方面的物质与精神满足。

二、邮轮旅游整体产品观念

对于邮轮旅游产品的认识,还可以从整体产品观念的五个层面进行理解。根据整体产品的概念,一项完整的邮轮旅游产品包括核心产品、形式产品、期望产品、延伸产品和潜在产品五个层面。邮轮旅游产品只有实现这五个层面的最佳的组合,才能形成产品的竞争优势,才能确立产品的市场地位。

(一) 核心产品

核心产品是邮轮旅游者购买邮轮旅游产品时所获得的基本利益。这是整体产品概念中最基本、最主要的部分,也是开展邮轮旅游的先决条件。邮轮旅游者选择邮轮旅游,是为了休闲和放松;选择岸上游,是为了满足其观光的需要。

(二) 形式产品

形式产品是核心产品借以实现的形式,是能够满足邮轮旅游者的食住行游购娱等需求的实实在在的产品和服务。形式产品包括邮轮所提供的客舱住宿、餐厅美食以及各种休闲娱乐活动项目,还包括邮轮旅游过程中所欣赏到的自然风光和人文景观。

(三) 期望产品

期望产品是邮轮旅游者在购买邮轮旅游产品时必然产生的种种期望,诸如舒适度、安全感、受人尊重以及良好的服务等。邮轮旅游者在参加邮轮旅游的过程中,除了消耗有形物质产品外,主要是对邮轮所提供的各种服务的消费。邮轮在满足邮轮旅游者参观、游览、住宿、用餐等基本需要的同时,还应该满足其对气氛、便利和愉悦等期望的主观愿望。

(四) 延伸产品

延伸产品是邮轮形式产品与期望产品的延伸和进一步完善。这些产品往往不属于必须提供的产品项目,但能够使之与其他邮轮产品区别开来,从而在激烈的市场竞争中获得优势。在为邮轮旅游者提供形式产品并使之期望得到满足的同时,可以进行邮轮旅游产品创新,比如邮轮主题航次的开展等。

(五) 潜在产品

潜在产品是指现有邮轮旅游产品可能的演变趋势和前景,通常超越邮轮旅游者的期望和预料,是为满足个别邮轮旅游者的特殊需要而提供的特殊性、临时性的服务。近年来,邮轮旅游在我国发展迅猛,获得不少休闲度假游客的欢迎。国内旅游服务商也纷纷推出各种邮轮产品,携程旅游就提供皇家加勒比国际邮轮、歌诗达邮轮、丽星邮轮、挪威邮轮、地中海邮轮、公主邮轮等邮轮产品,并且根据航线及出发地不同,提供机票、接送、签证服务、领队服务、岸上观光等配套服务产品。

邮轮旅游产品的五个层面相互独立、各具特点又紧密相连。在这五个层面上,确保形式产品和期望产品的质量,是使邮轮旅游者满意的前提条件;延伸产品和潜在产品是邮轮旅游产品灵活性的具体表现,同时也是形式产品在现有价值之外的附加价值。这五个层面的全部意义在于提供一个具有质量保证、具有一定灵活性和竞争优势的邮轮旅游产品。

第二节 邮轮旅游产品类型

为了满足邮轮旅游者不同的喜好和需求,邮轮旅游市场上的产品类型丰富多样:既有大众化的邮轮产品,又有高端奢华的邮轮产品;既有经济实惠的短期航线,又有顶级享受的世界环游航线。具体来说,有以下几种分类方式:

一、按照航行路径分类

按照邮轮在海上航行的路径以及空间布局形态,可以将邮轮旅游产品划分为单程航线产品和往返航线产品两种类型。

(一)单程航线产品

单程航线产品是指邮轮从一个港口出发,经停中途停靠港之后,游客在另外一个港口下船,完成邮轮旅游全过程。在同样的时间内,单程航线产品停靠的港口较多,基本不走"回头路",相对的观光行程也更加丰富,游客可以领略不同的停靠港风光。单程航线产品一般在高端邮轮旅游产品中比较常见,或者是邮轮在转港或转区域航行时会设计此类产品。其不便之处在于航线跨度大,邮轮旅游者需要用航空、铁路等交通方式返程,会带来一定的麻烦。不过邮轮企业会采取包价的方式为邮轮旅游者提供返程交通服务,来增加邮轮旅游者的便利。

(二)往返航线产品

往返航线产品是指邮轮出发和返程都在同一个港口的邮轮旅游产品。往返航线产品在邮轮旅游市场比较多见,既有经停一两个港口的直线式往返航线产品,又有经停多个港口的环状式往返航线产品。往返航线产品增加了邮轮旅游者从家至集散港口的交通便利性,且在很多情况下经济适用。

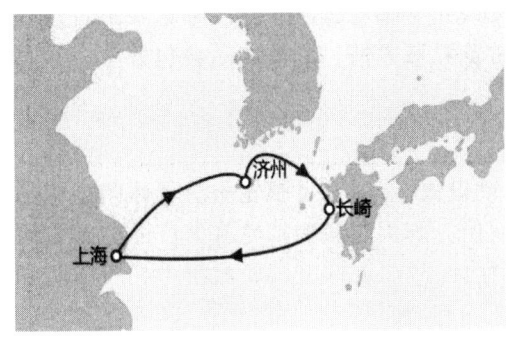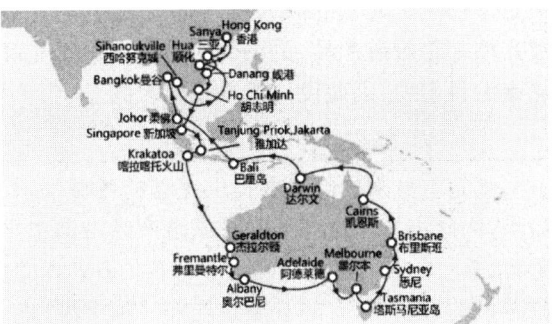

图 7-2 往返邮轮航线产品

二、按照航线长短分类

按照邮轮航行时间以及航行线路的长短,可以将邮轮旅游产品划分为中短线邮轮旅游产品和长线邮轮旅游产品两种类型。

(一)中短线邮轮旅游产品

邮轮旅游者既可以选择航程为 2~5 天的短期航线,也可以选择航程为 6~9 天的中期航线。中短线邮轮旅游产品航程较短,灵活便捷,在邮轮旅游市场上比较常见。

国际邮轮协会(CLIA)发布的一组数据趋势称,2014 年亚洲的航线中 48% 为 4~6 天。由于年假较短,亚洲人偏好短线航程。如果从深层次看,目前中国港口出发的邮轮产品比较单一,虽然有 8 家邮轮公司在中国运行,但产品多集中于前往日本、韩国的港口的短线产品,产品相对单一。

(二)长线邮轮旅游产品

长线邮轮旅游产品的航程一般为 10~15 天。邮轮旅游者选择此类邮轮旅游产品,可以轻松游览多个港口,享受更加惬意的邮轮假期。长达数月的环球或洲际巡游航线产品也在市场上占有重要的一席之地。此外,在邮轮旅游业界,亦将搭乘飞机前往异国港口登船游览的"FLY CRUISE"邮轮旅游产品称为长线产品。

美国的常旅客和退休客人想要参与更长期的行程之前,在美国一次邮轮之旅的时间同样较短暂。在中国,为了适应较短的假期,很多行程只有三四天。未来,长线邮轮产品将有一定的吸引力。

三、按照产品特色分类

按照航行过程中的活动安排以及产品开发特色,可以将邮轮旅游产品划分为观光型邮轮旅游产品、度假型邮轮旅游产品以及主题型邮轮旅游产品等类型。

(一)观光型邮轮旅游产品

作为旅游市场上较为高端的旅游项目,邮轮旅游多以休闲度假为目的。但为了更好地满足市场上多元化的需求,邮轮企业也会竞相开发观光型邮轮旅游产品。邮轮旅游者选择观光型邮轮旅游产品,更主要的目的在于观光和游览异域风情。此类产品会包含更多的邮轮旅游目的地,因此设计成本相对较高。

（二）度假型邮轮旅游产品

邮轮本身乘坐舒适并提供完善的各种娱乐活动设施,能够满足邮轮旅游者休闲度假的需求,因此市场上度假型邮轮旅游产品占据主导地位。购买度假型邮轮旅游产品的邮轮旅游者,其目的在于休息和娱乐,并不在乎景观的多样性,故而度假型邮轮旅游产品所串联的旅游目的地较少,有的甚至只经停一两个港口。

（三）主题型邮轮旅游产品

主题型邮轮旅游产品是以某一主题内容为基本思想打造的邮轮航次,各项活动安排有比较专一的内容和属性,具有较强的文化性、专题性和趣味性,受到不同的邮轮旅游者的欢迎。主题型邮轮旅游产品包括邮轮文化旅游产品、邮轮会议旅游产品、邮轮婚庆旅游产品、邮轮健身旅游产品等,适应了邮轮旅游者个性化、多样化的需求特点。

知识链接

同程邮轮举办"海上嘉年华"主题邮轮游发布会

2016年4月23日,"海上嘉年华"皇家加勒比海洋神话号首航发布会在青岛成功落幕。发布会由山东万达国际旅行社主办,同程国际旅行社承办,青岛邮轮母港客运中心协办,同时得到了旅游卫视等媒体的支持。

此次"海上嘉年华"主题邮轮游分为两部分,即日起至5月25日线上开展"与大海的故事"家庭合影作品分享活动,并在5月26日至6月15日进行全网络投票,得票最高的家庭将在6月16日被公布,并获得山东万达国际旅行社包船航次免费船票。线下则是在邮轮上举办丰富多彩的"嘉年华"活动,比如家庭接力赛、儿童cosplay巡游、儿童西餐礼仪学习、盛装起航派对等。

同程邮轮方面随后公布了以"海上嘉年华"为主题的皇家加勒比"海洋神话号"的三个航次,分别为7月5日青岛—济州岛—长崎—下关—青岛6天5晚游、7月10日青岛—鹿儿岛—佐世保—济州岛—青岛6天5晚游、7月15日青岛—鹿儿岛—佐世保—济州岛—大连6天5晚游。目前,同程旅游网站与APP已开售上述产品,同程旅游门店与山东万达国际旅行社均可接受现场咨询报名。

适逢暑期出游高峰,无论是避暑出游还是家庭亲子出游甚至学生游学都将释放巨大的需求。"海洋神话"号的三个航次在利用舒适的海上环境与优秀的软件、硬件设施充分提供家庭亲子活动的同时也是寓教于乐,希望立足青岛,辐射山东,让大家享用一个与众不同而又别具风味的暑期家庭邮轮"大餐"。

资料来源:中国新闻网,http://www.ccyia.com/news/xingyexinwen/2016/0426/3043.html,2016-04-26。

四、按照旅游等级分类

按照所依托的邮轮品牌定位及邮轮等级,可以将邮轮旅游产品划分为大众型邮轮旅游产品、高端型邮轮旅游产品和奢华型邮轮旅游产品。

(一)大众型邮轮旅游产品

向邮轮旅游者提供大众型邮轮旅游产品的代表性邮轮品牌有嘉年华邮轮、皇家加勒比邮轮、歌诗达邮轮、丽星邮轮等(见表7-1)。但这种划分并不是完全绝对的,很多大众型邮轮品牌也会从提供大众型邮轮旅游产品向提供高端邮轮旅游产品努力。

表7-1 大众型邮轮旅游产品代表性品牌

品牌	特色介绍
嘉年华邮轮 Carnival Cruise Line	嘉年华邮轮的产品诉求为"快乐邮轮(Fun ship)",致力于为游客提供快乐的邮轮体验。吨位在10万吨上下的20多艘邮轮,具有多样化的休闲设施、新颖的装潢、宽敞的客舱,以及丰富多彩的歌舞、魔术、杂技等表演,并且开展各种各样深受游客喜爱的娱乐活动。嘉年华邮轮是大众型邮轮旅游市场的佼佼者,邮轮旅游产品性价比较高。嘉年华邮轮侧重于北美洲加勒比海地区的经营,2017年进入中国市场。红色鲸鱼尾巴形状的烟囱是嘉年华邮轮的形象标志
皇家加勒比邮轮 Royal Caribbean International	皇家加勒比邮轮是引领现代邮轮潮流的品牌,拥有世界上最大、最先进的邮轮。旗下20多艘邮轮按照吨位划分为六个等级,分别是量子系列、绿洲系列、自由系列、航行者系列、灿烂系列以及梦幻系列。每个系列的邮轮都有独特的风格,为邮轮爱好者提供高品质的邮轮体验。邮轮上休闲娱乐花样繁多,有攀岩场、溜冰场、冲浪场等先进的邮轮娱乐活动设施和丰富的表演,适合全家人休闲度假。不足之处是饮食花样繁多但不够精致。2008年,皇家加勒比邮轮进入中国市场
歌诗达邮轮 Costa Cruises	歌诗达邮轮诞生于1854年,有悠久而辉煌的历史。旗下十几艘船只多在10万吨上下,亮黄色的烟囱搭配象征企业识别标志的首英文字母C,以意大利风情作为品牌定位。邮轮充满意式风情,比如船舱中精致的大理石、琉璃装潢,以及不少名贵的油画、古罗马雕塑等艺术品。邮轮上还提供精致的饮食,多为独具特色的意大利餐。歌诗达邮轮船队歌诗达邮轮主要运营地中海航线,2006年进军中国市场,是世界上第一家在中国进行本土化业务的国际邮轮公司,瞄准的市场是群体比较大的中端大众型市场
丽星邮轮 Star Cruise	丽星邮轮成立于1993年,在亚太地区邮轮旅游业的发展中一直担任领导者的角色。丽星邮轮的产品大量体现亚洲特色,不论是娱乐、餐饮还是服务都不是照搬欧美风格,船上的餐饮也很多元化。东南亚和中日韩是丽星邮轮比较擅长的航线

续表

品牌	特色介绍
天海邮轮 SkySea Cruise Line	天海邮轮是中国本土自有的邮轮品牌,目前刚刚发展起步,主要运营中日韩之间的短期航线。天海邮轮的游客定位多以中国人家庭出行为主,餐饮供应和房间装饰更加具有中国特色,在服务水准上也向国际邮轮公司看齐

(二)高端型邮轮旅游产品

向邮轮旅游者提供高端型邮轮旅游产品的代表性邮轮品牌有荷美邮轮、公主邮轮、精致邮轮、迪士尼邮轮、冠达邮轮等(见表7-2)。

表7-2　高端型邮轮旅游产品代表性品牌

品牌	特色介绍
荷美邮轮 Holland America Line	荷美邮轮的前身是荷兰美洲蒸汽轮船公司,1973年荷美公司建造了第一艘专门用于运载乘客的客船,公司自此开辟邮轮旅游度假业务。荷美邮轮的主要顾客群是年长者,船上气氛比较安静,装潢偏重古典式精致豪华,娱乐活动比较注重文化气息。荷美公司的阿拉斯加航线最为完备,还有长达半年的环球航线
公主邮轮 Princess Cruises	公主邮轮成立于1965年,是定位于北美邮轮市场的高端品牌,为游客提供"乐享其程"的海上假期。旗下有十多艘十万吨级以上的大船,船上各种精心烹制的特色美食和高水准的服务让游客有宾至如归的体验,丰富的玩乐方式也让海上生活充满新鲜与乐趣。2014年公主邮轮进入中国,面向小众高端人群,以贵族礼遇发展邮轮高端市场
精致邮轮 Celebrity Cruises	精致邮轮成立于1989年,品牌定位高端,拥有较高的员工乘客比率。旗下船只由油画和鲜花装饰,颇具艺术性,餐厅为欧式服务风格。精致邮轮在地中海、阿拉斯加和北欧都有比较擅长的航次

续表

品牌	特色介绍
迪士尼邮轮 Disney Cruise Line	迪士尼邮轮依靠迪士尼的品牌优势和对主题公园管理的经验,于1998年进军邮轮市场,旗下4艘豪华邮轮,主要为带小孩的家庭旅行者提供短期海上度假体验
冠达邮轮 Cunard Line	冠达邮轮成立于1840年,是一家以英伦风格提供王公贵族般服务的邮轮公司。冠达邮轮最早将健身房和医疗中心设置于客船之上。目前,冠达邮轮有"玛丽皇后2"号、"维多利亚女王"号以及"伊丽莎白女王"号3艘邮轮投入运营

（三）奢华型邮轮旅游产品

向邮轮旅游者提供奢华型邮轮旅游产品的代表性邮轮品牌有世鹏邮轮、银海邮轮、水晶邮轮、丽晶七海邮轮等（见表7-3）。

表7-3 奢华型邮轮旅游产品代表性品牌

品牌	特色介绍
世鹏邮轮 Seabourn Cruise	世鹏邮轮作为奢华的邮轮品牌,为游客打造私密度假空间以及顶级尊贵享受,船上服务人员与游客比例高达1∶1,提供自由选择用餐时间等多项贴心服务
银海邮轮 Silversea Cruise	银海邮轮是源自意大利的奢华品牌,为游客提供私人定制化的环球航海旅行。银海邮轮旗下船只雅致、宽敞,迎合每一个游客独一无二的需求
水晶邮轮 Crystal Cruise	水晶邮轮创建于1988年,精致的外观设计体现了水晶邮轮最高品质的设计理念。遍及全球的目的地航行线路,为游客提供奢华的六星级度假体验
丽晶七海邮轮 Regent Seven Seas	丽晶七海邮轮定位于奢华市场,主要面向北美游客,提供高雅无忧的全包度假体验,在奢华邮轮旅游市场具有一定的品牌号召力

奢华型邮轮一般中小型邮轮比较多,这样既能在世界上绝大多数港口停靠,保证航线的多样性,又能保证船上的邮轮旅游者享受宽大生活空间。奢华型邮轮旅游产品价格相对较高,服务、餐饮水准也更好,船上的气氛更高雅舒适。但是如果邮轮旅游者更喜欢热闹的氛围,大众型、高端型邮轮旅游产品更加合适。

目前,中国旅游市场上销售的大部分是"大众型"邮轮的航线产品,这种邮轮的载客量一般为2000~6000人,设施齐全,提供丰富多样的大众化娱乐活动和服务。随着中国邮轮市场的发展,运营高端邮轮航线产品的公司开始逐步开拓中国市场。高端邮轮不但能为乘客提供完善的设施和高品质的服务,更因其能满足更高消费层次的客户需要,例如提供灵活的定制路线、私密的空间等而受到追捧。在我国,高端邮轮旅游刚刚起步,但市场十分广阔。

第三节　邮轮旅游新产品的开发

在当今的邮轮旅游市场上,邮轮旅游者的需求复杂多变,市场竞争也日趋激烈。邮轮企业要想保持旺盛的活力,就必须不断开发新产品以适应市场需求。营销工作最主要的挑战之一就是发展新产品的各种观念和成功地将产品开发付诸实施。

一、产品生命周期理论

在熟悉邮轮旅游新产品开发之前,有必要对产品生命周期理论做一些了解。研究邮轮旅游产品的生命周期,对于正确制定产品决策、及时改进老产品、发展新产品、指导邮轮企业的经营管理具有重要意义。

(一)产品生命周期的概念

一种产品在市场上的销售情况和获利能力并不是固定不变的,而是随时间推移而经历诞生、成长、成熟和衰亡过程,这叫产品的生命周期。产品生命周期是指产品从进入市场开始,直到被市场淘汰为止所经历的全部时间。对于邮轮旅游产品而言,其生命周期亦可以界定为从进入市场到最后被淘汰退出市场的过程,这一过程包括投入期、成长期、成熟期和衰退期四个阶段。

产品生命周期的各个阶段通常是以产品的销售额和企业所获得的利润额的变化来衡量(见图7-3)。一般情况下,产品由投入阶段开始,销售量慢慢在上升;进入成长阶段,销售量和利润迅速增长;在成熟阶段,销售量仍在增长,但增长缓慢;最后进入衰退阶段,销售量和利润开始急剧下降。

研究邮轮旅游产品的生命周期,可以使产品尽快、尽早被市场接受,缩短产品在市场中的投入期;可以尽可能保持和延长产品的成熟期,使产品的生命周期延长,推迟衰退期的到来,争取更大的销售量和利润;可以针对市场需求及时更新换代,做到人无我有、人有我新、

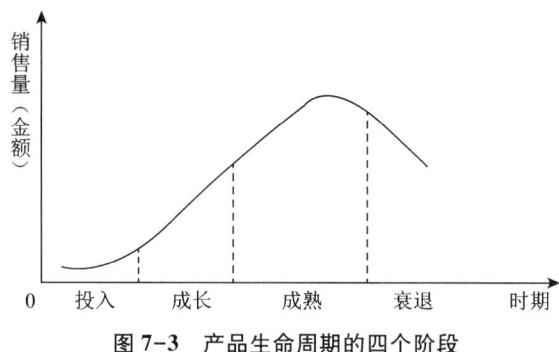

图7-3 产品生命周期的四个阶段

人新我奇,在市场竞争中处于有利位置。

(二)产品生命周期的营销策略

营销人员要根据市场情况和产品市场生命周期各阶段的特点,分阶段采取不同的营销策略,使产品顺利进入投入期,较快进入成长期,延长成熟期,推迟衰退期。

1.投入期的营销策略

投入期是指邮轮旅游产品刚刚进入市场的过程。这一时期,邮轮旅游产品的设计和生产都有待进一步完善。旅游者对邮轮旅游产品还不甚了解,旅游者的购买行为还不够踊跃,只有少量追求新奇的旅游者可能做尝试性购买,旅游产品的销售量很低并且增长速度缓慢。而且,由于邮轮旅游产品在这一阶段的开发成本以及对外广告与宣传的销售费用较大,邮轮企业的利润较低,甚至存在一定程度上的亏损。

邮轮旅游产品在投入期的营销策略重点有以下几个方面:

第一,加强广告宣传。邮轮旅游产品在投入期阶段,应该以实现产品知晓、创造产品知名度为营销重点。邮轮企业应该注意凭借社会重大活动和造成广泛影响的事件,适时进行邮轮旅游产品宣传,以引起社会关注度,从而吸引旅游者对邮轮旅游产品的注意,激发邮轮旅游者的购买热情。

第二,拓展产品市场。邮轮旅游产品的市场开发是一项独立的创造活动,不仅限于一般性的宣传,而且包括全方位扩展邮轮旅游产品的销售渠道,通过价格策略占领市场份额或者获取理想利润等。

第三,进行质量控制。邮轮旅游产品初入市场,旅游者对其产品质量的印象和口碑宣传,将影响到该邮轮旅游产品今后的发展。因此,邮轮企业需要持续改进邮轮旅游产品的开发设计,完善各项服务,进行邮轮旅游产品质量控制。

2.成长期的营销策略

成长期是指邮轮旅游产品逐渐被旅游者接受、销售量迅速增长的时期。这一时期的邮轮旅游产品设计与生产都已经趋近完善,服务质量大大提高,邮轮旅游企业的利润大幅度提高,同时广告费用也随着产品的畅销而降低。在这一阶段,由于邮轮旅游产品的销售状态良好,可能会出现其他竞争者。

邮轮旅游产品在成长期的营销策略重点有以下几个方面:

第一,继续扩大广告宣传。

邮轮企业在这一阶段仍然应该重视广告宣传,但是广告宣传的重点应该从建立产品的知名度转移到说服邮轮旅游者购买邮轮旅游产品上来。同时,邮轮企业要在广告宣传中提醒邮轮旅游者本邮轮品牌和产品的特点。此阶段,邮轮企业还需要进行各种公关活动,努力塑造自身在社会上的良好形象,增加旅游者对邮轮企业及其产品的信任度。

第二,提高市场占有率。

邮轮旅游产品在成长期的市场机会是最大的,但是市场变化也很快,机会往往稍纵即逝。因此,邮轮企业在这一阶段应该以挖掘旅游产品的市场深度为主,即不断提高邮轮旅游产品的质量,发展邮轮旅游产品的品种和规模,以不同产品满足不同目标市场的需要。要通过开拓新的销售渠道和加强销售渠道的管理,在巩固原有渠道的基础上开拓新市场。还可以选择适当的时机调整价格,以争取更多的旅游者。

第三,致力于创造品牌产品。

成长期是邮轮企业创造品牌的最佳时期。邮轮旅游产品要在旅游者心目中留下深刻的印象,必须突出产品的特色,形成自身的优势,因此,邮轮企业要进一步改进邮轮旅游产品的开发设计,完善配套服务。

3.成熟期的营销策略

成熟期是指邮轮旅游产品在市场上普遍销售的饱和阶段。这一阶段,邮轮旅游产品在市场上享有较高的知名度,旅游产品的销售量逐渐达到顶峰并趋于饱和状态,邮轮旅游产品的成本降至最低点,邮轮企业的利润也达到最高点。在这一阶段,竞争者大量涌现,邮轮企业之间的竞争日趋激烈。

邮轮旅游产品在成熟期的营销策略重点有以下几个方面:

第一,尽量收回资金。邮轮旅游产品在这一阶段销售增长率达到一个相对高点,然后便趋于下降,利润也开始缓慢下降,但是邮轮旅游产品在这一阶段的销售量仍然处于较高的水平,而且成本能控制在较低的水平。此时,邮轮企业应该保证尽量回收资金,不能凭邮轮旅游产品此时又好销又赚钱的感觉,进行重复性投入。因为此时该项邮轮旅游产品的市场已经趋于饱和,重复性投入难以吸引客源,反而使邮轮企业出现资金浪费。

第二,改进产品设计。邮轮旅游产品的改进可以表现在旅游质量与服务的改进方面,即根据邮轮旅游者的反馈信息来完善旅游产品,并以稳定、优质的服务吸引旅游者。还可以表现在对原有的营销组合要素进行调整,比如进行新的市场开发、开辟多种销售渠道、采取灵活的定价策略等,来增强邮轮旅游产品的市场竞争力。

第三,开发新产品。邮轮企业此时应该准备实行邮轮旅游产品的更新换代,以适应邮轮旅游者日益变化的旅游需求。邮轮旅游新产品与原有产品之间要保持良好的衔接关系,这样邮轮企业才会保持旺盛的生命力。

4.衰退期的营销策略

衰退期是指邮轮旅游产品逐渐退出旅游市场的阶段。这一时期某一邮轮旅游产品的内容与形式都显得陈旧,其他更加先进的邮轮旅游产品层出不穷,邮轮旅游者对原有邮轮旅游产品的兴趣已经逐渐下降,转而倾向购买其他类型的邮轮旅游产品。因此,邮轮旅游产品此时的销售大幅度下降,邮轮企业在该项邮轮旅游产品上的利润甚微。

邮轮旅游产品在衰退期的营销策略重点有以下几个方面:

第一,继留策略。继留策略是指邮轮企业继续沿用过去的营销组合策略,将自身资源集中在最有利的细分市场,维持邮轮旅游产品的集中营销,从最有利的市场和渠道中获取利润,大幅度削减营销费用,让邮轮旅游产品继续衰落下去,甚至完全退出市场。

第二,立即放弃策略。立即放弃策略是指邮轮企业一旦察觉到某项邮轮旅游产品已经进入衰退期,就毫不犹豫地撤离市场。在这个阶段,邮轮旅游产品的销售量逐渐下降,勉强维持下去会使企业处于极其被动的局面。因此,决策者应该果断做出去留决定。

二、邮轮旅游的新产品

(一)邮轮旅游新产品的概念

1.邮轮旅游新产品的定义

邮轮旅游新产品是指与市场上已有产品有一定区别或者完全不同的产品。从邮轮企业的角度来讲,邮轮旅游新产品是指本邮轮企业以前从未设计和销售过的邮轮旅游产品。从邮轮旅游者的角度来讲,只要邮轮旅游者认为该项邮轮旅游产品与现有的产品不同,那么这样的产品便属于新产品之列。邮轮旅游新产品是一个广泛的、动态的、相对的概念。

2.邮轮旅游新产品的类型

邮轮旅游新产品按照其自身所具有的新质程度大致可以分为以下类型:

第一,全新型新产品。全新型新产品是指在市场上从未出现过,是为了满足顾客需要,开拓全新市场而推出的邮轮旅游产品。全新型邮轮旅游产品在创意策划上难度较大,同时受到邮轮企业技术水平、资金等诸多因素的限制,开发设计时间一般较长。

第二,换代型新产品。换代型新产品是指对现有产品进行较大改进后产生的邮轮旅游产品。比如,从一般性度假邮轮旅游产品到主题型度假邮轮旅游产品的升级换代过程。换代型新产品意味着邮轮旅游产品的结构正在向高级阶段发展。

第三,改进型新产品。改进型新产品是指在原有邮轮旅游产品的基础上进行局部的改进,而不是进行重大改革的邮轮旅游产品。这种邮轮旅游产品可能是在其配套设施或服务方面的改进,也可能是邮轮旅游项目的增减或服务的增减,但是邮轮旅游产品的实质在整体上没有较大改变。

第四,仿制型新产品。仿制型新产品是指邮轮企业仿制市场上已经存在的邮轮旅游产品而推出的邮轮旅游产品。邮轮企业在仿制的过程中又可能有局部的改进和创新,但其基本结构是一致的。仿制是一种重要的竞争策略,这种邮轮旅游产品在市场上极为普遍。

(二)邮轮旅游新产品的开发

1.邮轮旅游新产品开发的定义

邮轮旅游新产品开发是指邮轮企业对邮轮旅游资源、船上活动以及航线等进行研究、构思、设计、开发、组合和推广的活动,其目的在于扩大邮轮旅游产品类型,进一步诱导和满足邮轮旅游市场消费者的需要。任何邮轮旅游产品都有生命周期客观存在,只有进行新产品开发,才能保证邮轮企业的生存与可持续发展。

2.邮轮旅游新产品开发的意义

邮轮企业开发邮轮旅游新产品,对于其生存和发展具有重要意义,主要表现在以下几个方面:

第一,新产品开发帮助邮轮企业适应市场变化。新产品的开发,是邮轮企业适应市场变化,更好地满足邮轮旅游者需求的重要途径。产品因需求而异,需求因环境变化而异,用不断创新的产品去应对发生改变的需求,是在现代市场营销观念指导下,邮轮企业经营行为的必然选择。

第二,新产品开发提高邮轮企业市场竞争能力。新产品的开发,是提供邮轮企业竞争力的重要手段。面对激烈的市场竞争,产品创新是邮轮企业形成、保持竞争优势和提高经济效益最有成效的战略之一。邮轮企业可以通过不断地向市场提供新产品,扩大邮轮企业的知名度,提高邮轮企业在邮轮旅游者心目中的声誉,保持与竞争对手在产品上的差异,增强竞争能力。

第三,新产品开发保证邮轮企业利润稳定增长。新产品的开发,可以增强邮轮企业的市场开拓能力,扩大销售范围,提高市场占有率,使邮轮企业的利润稳定增长。任何一种产品都有生命周期,邮轮企业如果不及时开发新产品,在原有产品退出市场之时,就不能利用新产品占领市场。产品的更新改造,可以帮助邮轮企业增加市场份额,保持长期的利润稳定。

(三)邮轮旅游新产品的设计

邮轮旅游产品作为一项综合性的旅游产品,以邮轮旅游航次作为销售的实际形式。在邮轮旅游航次中,包括了邮轮旅游航线、船上活动安排、岸上观光安排、服务接待以及辅助项目等多项内容。邮轮企业进行常规邮轮旅游产品设计,可以首先确定产品名称,比如"太平洋绝美海岛之旅",对航次性质、大致内容和设计思路等内容进行高度概括,突出主题并具有吸引力,然后重点关注航线设计、邮轮旅游活动设计两方面的内容。

1.邮轮旅游航线设计

邮轮旅游航线是将始发港、挂靠港以及目的地港等节点连接起来的邮轮海上航行路径,是构成邮轮旅游产品的基本条件和前提。设计好的邮轮航线是非常重要的环节。

第一,航线设计内容。

邮轮旅游航线设计的内容包括以下几个方面:一是航线的起点和终点设计,一般都是以旅游客源地或者旅游者开始旅游活动的出发地为基础,将邮轮母港城市确定为航线的始发港和返程目的地港;二是航线节点上的挂靠港设计,主要是综合挂靠港的旅游价值以及邮轮旅游活动的整体安排来考虑;三是航线整体行程的安排,考虑费用、时间和距离等。

第二,航线设计注意事项。

邮轮旅游航线设计的关键在于适应市场需求。具体而言,就是航线设计必须最大限度地满足邮轮旅游者的需要,这些需要大致包括几个方面:去未曾到过的地方增长见闻并拥有多姿的旅程;从日常紧张生活中短暂解脱,舒畅身心;尽量有效利用时间而又不太劳累;尽量有效利用预算等。因此,在进行航线设计时,还应该关注以下注意事项:

一是沿途景点的区位性与可及性。邮轮航线设计要考虑沿途各景点目的地的区位性、可及性以及永续发展性等课题。一些地区在发展邮轮旅游方面客观存在有利条件或优越地位。邮轮母港的交通和配套设施是否便利,是吸引游客的重要因素之一。港口的自然条件、港口对游客的服务、所在地机场或火车站的可达性等都是在进行邮轮旅游航线设计时需要考虑的因素。

二是沿途景点的观赏性与吸引力。人们开展旅游活动最基础的形式就是观光,邮轮旅游活动也是从观光起步。邮轮游览景点的停靠选择和邮轮时间、节奏的安排,应该根据邮轮活动主题和不同需求来决定。一般来讲,具有丰富旅游资源的景点城市是邮轮航行的首选访问目的地。

三是不同季节水域的适航性与安全性。航线设计时要考虑邮轮在各种不同海洋情况下的安全情况以及航行能力。邮轮企业既要充分了解航行水域的水文气象、地形地貌,还要认真做好邮轮安全营运中的每个环节,设计出一条既安全又经济的航行路线。

2.邮轮旅游活动设计

邮轮旅游产品的核心是旅游者的旅游活动,所有旅游服务都是围绕着旅游活动而展开,因此,邮轮旅游产品的设计需要考虑对旅游活动的设计,即对食、住、行、游、购、娱等要素进行合理的配置。乘坐邮轮往返于航线的各目的地之间,沿途欣赏风光、上岸参观游览、船上品尝美食、参与甲板活动等,都是邮轮旅游活动设计的重要内容。

第一,船上活动设计。

一是客舱住宿。客舱住宿是邮轮旅游产品中标准化程度最高的要素。邮轮客舱住宿的设计应该根据游客的需求和支付能力来安排,既有价位相对便宜、能满足安全和卫生基本前提的适合于大众消费的客舱,也有适合于消费能力强、满足游客个性化需求的豪华套房。

二是餐饮安排。餐饮是邮轮旅游产品的基本组成要素之一。邮轮餐饮产品的设计首先应考虑到游客的需求特征,如饮食习俗、口味习惯、生理和心理需求、饮食禁忌等,再结合航行区域的地域特征,在餐饮产品设计中融入美食文化,并与邮轮活动主题文化有机结合,提升邮轮旅游产品的吸引力。公主邮轮在进入中国市场之前,对中国市场进行了充分调研,发现中国客人不只希望在旅行中放松身心,更希望体验新鲜事物,因而本土化的创新体验至为重要。比如在美食方面,公主邮轮在中国市场首创了"世界领导人晚宴",其中包括2011年1月9日美国总统奥巴马及夫人在白宫宴请胡锦涛主席时的国宴菜单。除此之外,公主邮轮还提供了海景火锅等特色美食,以适应中国宾客的需求。

三是娱乐活动。邮轮旅游作为一种较高层次的消费形态,对游客构成吸引力的除了丰富的邮轮旅游航线外,还有在旅游过程中愉悦的感官享受和综合体验。邮轮企业对邮轮旅游产品的关注,不仅仅局限在航线的设计,还包括船上娱乐活动安排以及氛围营造等。邮轮娱乐活动的设计是邮轮旅游产品总体设计中的重要环节。在娱乐活动设计时,注意应考虑邮轮的市场定位、游客类型与他们特定的娱乐消费需求,注意娱乐活动的多样性、参与性、体验性等,使娱乐活动真正成为邮轮旅游的亮点。

由于文化背景的不同,中国游客的消费偏好和欧美客人有很大差异,比如欧美航线上盈利较好的酒吧在中国航线上却门庭冷落,邮轮企业对船上经营项目的调整很有必要。再者,休闲旅游见山见景,邮轮旅游则是见人见生活,在对邮轮上的传统娱乐设施和娱乐项目进行改良的基础上,还应该在国际化氛围中融入更多的中国元素,增加中国游客喜爱的参与性活动,丰富邮轮产品的体验内涵,更好地激发游客的兴趣,更好地满足游客求新、求奇、求乐的需求,使之获得美好的休闲体验。

第二,岸上观光设计。

岸上观光是邮轮旅游过程中非常重要的一项内容,根据其活动内容、规模与形式的不同,大致可以有以下几种类型:

一是观光类活动。游客可以在码头乘坐大巴到达岸上各风景名胜点,游览当地的自然景观、历史文化遗迹等;可以乘坐水上交通工具去海岛观光;可以乘坐水上飞机从空中游览;也可以步行游览城市市容以及历史保护区等。

二是购物类活动。可以游览港口城市的商业街、逛夜店或者品尝异地风味佳肴。欧洲的很多港口城市常常是游客的购物天堂。

三是体育类活动。游客可以享受一场热带海滨高尔夫球的身心愉悦;也可以体验骑越野自行车、四轮驱动车的乐趣,还可以将有兴趣的游客组成两支队伍进行沙滩足球比赛。

四是亲水类活动。参加潜水游,欣赏充满奇趣的美丽海底世界。

五是文化类活动。走访博物馆或者欣赏乐队的精彩演出。

六是探险类活动。体验旷野与野生历险,感受神秘丛林以及星空帐篷的鲜活之旅。

为了让岸上观光活动别出心裁,一些邮轮企业还专门购买私人岛屿供游客嬉戏游玩。

在岸上观光活动设计中,要充分考虑旅游者的心理与精力,将旅游者的心理、兴致与景观特色分布结合起来,注意岸上观光景点在线路上的布局和安排。岸上观光活动不能安排得太紧凑,应该有张有弛,留有一定的回旋余地,而非走马观花,疲于奔命。旅游线路的结构顺序与节奏不同,产生的效果也不同。在岸上交通选择上,也要以迅速、舒适、安全、方便为基本标准。

 **知识链接**

邮轮线路设计需贴近国人习惯

南湖国旅策划推广中心副总监苏峰认为,大型邮轮公司瞄准中国市场,说明他们对中国市场的潜力很重视,这也是今后邮轮业发展的一个必然趋势。目前邮轮的市场营业额在整个出境游市场中只占不到5%的份额。

不过,他同时认为,中国游客对邮轮旅游的了解不多,这让邮轮业在中国的发展比较有限。如果邮轮公司想扩大它们在中国市场的份额,最好能够设计适合中国游客的产品。苏峰说:"现在一些邮轮公司有在海上航线超过一个月的产品,显然对于大多数中国游客来说,这款产品并没有什么吸引力,因为大多数人不太可能有如此长的假期,身体素质也不允许他们在海上停留那么长的时间。只有极少数非常狂热的邮轮爱好者才会选择登船。"

第7章 邮轮旅游产品策略

苏峰以台湾游作为案例,他表示,游客第三次去台湾地区,和第一次去的目的显然不同,第三次去肯定更希望是深度游,如果邮轮仅仅是在一个港口作不到12小时的停靠,显然不能满足第三次去台湾的游客的要求,"蜻蜓点水"式的玩法会限制邮轮的发展,邮轮旅游如果想在内容上有突破,其终极目标应该是在岸上游方面进一步做文章。

资料来源:中国旅游新闻网,http://www.ccyia.com/news/xingyexinwen/2015/0714/2388.html,2015-07-14。

第三,主题活动设计。

在船上活动设计中,主题和特色也是不容忽视的产品元素。个性鲜明、定位明确的主题产品能够很好地吸引邮轮旅游者的目光,成为培育新兴客源市场的突破点。在欧美市场中,主题邮轮游是比较常见的一种产品策略。邮轮上齐全的设施和轻松的氛围为主题活动的开展提供了平台,蜜月主题、节日主题、会奖旅游、亲子游、夕阳红家庭游等都可以在邮轮上很好地展现。

知识链接

看好邮轮市场商机 业者推出定制化与个性化行程

奢华个性定制化的邮轮产品在中国相当具有潜力和商业机会,2012年多家邮轮公司除针对中国市场打造以上海、天津、三亚为母港的航线之外,一些旅行社也推出独家邮轮产品。

丽星邮轮(香港)公司市场策略部助理副总裁麻文静表示,邮轮旅游也是一个季节性产品,2012年夏季是日韩航线主场,但进入冬天之后,东南亚、海岛型旅游目的地就会成为热门首选。丽星邮轮将于2013年初引进"双子星"号进行亚洲首航巡游,包括从槟城出发游览喀比和普吉岛的航次,以及途经新加坡、胡志明市、芽庄和香港的特别航次等。此外,2012年冬季,丽星邮轮"宝瓶星"号将第二次进驻海南,在2012年11月到2013年3月底期间以三亚为母港,分别提供越南下龙湾、岘港航次,而"宝瓶星"号亦将开办往返三亚、香港之间的航次。

意大利歌诗达邮轮中国区副总裁莫兴萃(Buhdy Bok)表示,歌诗达在开辟中国母港运作之前,在中国已有一定的"飞机+邮轮"的商业模式,2012年歌诗达邮轮还在新加坡建立分支机构,全面发展中国客源市场,前往新加坡母港、马来西亚、泰国、越南等东南亚国家;除此之外,东地中海、西地中海、爱琴海等经典线路也受到中国大陆中高端消费者的青睐。

除了一般的休闲旅游之外,皇家加勒比邮轮也瞄准中国会展市场,推出海上会议新风尚,倡导全新的会奖旅游模式。2009年,安利中国与皇家加勒比国际邮轮合作,开创了中国海上会奖旅游的成功先例。当时,安利中国为奖励其销售精英,包下皇家加勒比国际邮轮海洋神话号6个船次,先后承载了1万多名安利中国的销售代表,从上海出发,历时7天,游遍了台湾地区的基隆、花莲、南投和台中。皇家加勒比国际邮轮亚洲及中国区总经理刘淄楠说,随着深度游、个性游在高端旅游市场中需求的扩大,邮轮会奖旅游会朝着主题化和定制化方向发展,从而也向邮轮旅游行业提出了更高、更严格的要求。

此外,旅行社业者看好中国邮轮市场商机,也增加与邮轮公司的合作,丰富邮轮产品,增加许多特殊线路,比如众信旅游 2012 年 11 月 18 日启航的南极探险之旅,行程 15 天,途经布宜诺斯艾利斯、火地岛、德雷克海峡、南极半岛。这是挪威海达路德公司首次面向中国市场的包船,并有来自德国、加拿大、挪威、法国、智利等国的探险队员协助完成南极登陆。南极之旅是高端产品,价位在 10 万多元,众信旅游的相关负责人表示,南极之旅这样的产品有特殊的受众人群,例如探险、摄影爱好者,目前市场规模虽小,但仍有爱好者尝鲜。

资料来源:http://www.ccyia.com/news/xingyexinwen/2013/0207/919.html,2012-10-10。

第四节　世界邮轮旅游航线

邮轮航线是邮轮企业为了使乘坐邮轮旅游的游客能够在一定时间内获得最大的效益,利用邮轮作为旅游过程中住宿、餐饮、娱乐休闲的场所,从而形成的具有一定特色与合理走向的邮轮航行路径。邮轮航线包括邮轮始发港、挂靠港、目的地港以及将这些节点连接起来的海上航程。邮轮企业将旗下邮轮进行整合调配,在世界主要邮轮旅游区域开展航线经营。

豪华邮轮搭载着游客,航行在世界上最美丽的海域。不同区域具有不同的地理环境和资源条件,这些资源是开发邮轮旅游产品的基础和凭借。从世界范围来看,北美洲邮轮航线产品以及欧洲邮轮航线产品较为成熟。亚太地区邮轮航线产品日渐丰富,邮轮旅游市场普遍活跃。

世界主要邮轮旅游航线分布如下:

一、北美地区邮轮航线产品

北美洲邮轮旅游航线产品主要涉及四个主要区域,分别是阿拉斯加、美加东部、墨西哥太平洋海岸以及加勒比海海域。

(一)阿拉斯加航线产品

阿拉斯加位于北美洲的西北端,东与加拿大接壤,另外三面环绕着北冰洋、白令海和北太平洋,总面积大约 151.88 万平方千米,约占美国本土面积的 1/5。阿拉斯加在西南隔着白令海峡与俄罗斯相望,两地距离最近处仅 3 英里(约 4.8 千米)。

阿拉斯加的邮轮航线产品的行程通常在 7 天左右,除了在海上的航行时间外,主要的游览内容包括海上看冰川和邮轮停泊入港后的上岸观光,游客可以乘坐直升机看冰川、出海观看鲸鱼、看野生动物、乘坐小火车等。

常规的邮轮旅游线路分为北行、南行和环行三种。北行线是从加拿大的温哥华或者美国的西雅图出发,向北穿过狭长的海岸,在西华德下船。南行航线与北行航线正好相反。

环形航线是从温哥华或西雅图出发,全程游览阿拉斯加著名港口后返回到出发地下船。一些邮轮企业还会提供更多的邮轮旅游选择,比如,让游客通过火车深入阿拉斯加腹地住宿观光,更为全面地了解阿拉斯加。在阿拉斯加,凯奇坎(Ketchikan)、朱诺(Juneau)、斯卡圭(Skagway)、安克雷奇(Anchorage)等是邮轮造访较多的港口。

(二)美加东部航线产品

在美国和加拿大的东部海岸(Eastern Coast),邮轮游客可以尽情领略历史悠久、独具风格的城市风光。无论是新英格兰地区,还是加拿大的魁北克市(Quebec)、蒙特利尔(Montreal),欧洲殖民者的足迹比比皆是。在东海岸航行的邮轮种类繁多,既有可以搭载大约50名游客的微型邮轮,又有堪称海上巨无霸的豪华邮轮。邮轮旅游季节从每年的5月开始,到10月份"枫叶之旅"之后开始进入淡季,游客可以在冬季从邮轮企业获得比较优惠的邮轮船票价格。

沿着北美东部海岸或者美国和加拿大政府于1959年联合开凿的圣劳伦斯水道(St. Lawrence Seaway),邮轮企业通常为游客提供短则2~3天、长则半个月的旅游航线。常见的登船港口有蒙特利尔(Montreal)、纽约(New York)、巴尔的摩(Baltimore)、波士顿(Boston)、费城(Philadelphia)、查尔斯顿(Charleston)等。

(三)美国西海岸和墨西哥太平洋海岸航线产品

美国西海岸、夏威夷以及墨西哥太平洋海岸是重要的邮轮旅游目的地。豪华邮轮从美国西海岸的旧金山、洛杉矶等地出发,向南驶向墨西哥太平洋海岸港口。这一区域的邮轮旅游航线以短线为主,比较常见的是3天至1周的行程,很多是初次参加邮轮旅游的游客。

一些邮轮企业将夏威夷群岛作为永久的邮轮旅游基地,全年提供夏威夷环岛邮轮旅游;或者通过美国西海岸到夏威夷的邮轮航线,从洛杉矶乘坐邮轮抵达夏威夷需要3~4天时间。常见的邮轮停靠港包括美国西海岸的西雅图、旧金山、洛杉矶、圣地亚哥,夏威夷州的考艾岛、瓦胡岛、毛伊岛,以及墨西哥太平洋海岸的马萨特兰、巴亚尔塔港等。

(四)加勒比海航线产品

邮轮倾向于在温暖和煦的气候条件下、在平静的大海上航行。加勒比海(Caribbean)地区依托气候优势,大力发展邮轮旅游,其邮轮旅游航线的多样性在全球首屈一指,而且大部分是全年运营。短途航线有1~2天的航线,长途航线可以从纽约港一直航行至中美洲。最为普遍的航线通常为期一周,途中停靠4~5个不同的港口。

绝大多数邮轮企业会将旗舰船只放在加勒比海地区,以争夺这个最大的市场。一些邮轮企业还在此拥有私家岛屿,比如皇家加勒比邮轮公司的可可礁、荷美邮轮公司的半月礁等。拥有这些私家岛屿不仅可以让邮轮企业从游客的岸上活动中获得更多收益,还可以降低港口停泊的相关费用。

按照惯例,加勒比海邮轮旅游区又可以划分为以下三个区域:

1. 东加勒比海航线(Eastern Caribbean/The Bahamas)

东加勒比海邮轮旅游航线是加勒比海地区邮轮旅游航线中最为经典的线路,也是邮轮游客最常选择的线路。邮轮从美国佛罗里达州的罗德岱堡起航,造访巴哈马群岛、圣马丁、圣汤马斯等几个大的岛屿目的地。这些岛上风光以巴哈马殖民地风貌为主,中世纪时期,这里曾经海盗横行,因此,留下了许多传奇故事和历史遗迹。和平岁月中,纯净的海水和洁白的沙滩,使该地区成为潜水爱好者的天堂和邮轮游客的度假胜地。

2. 西加勒比海航线(Western Caribbean)

与东加勒比海地区风景优美的岛屿、海滩景色相比,西加勒比海地区展现给邮轮游客的是更多文化层面的景观,比如大开曼群岛的南美原始人文风情和墨西哥著名的玛雅文化遗址等。常见的邮轮旅游目的地包括基韦斯特(Key West)、牙买加(Jamaica)以及大开曼岛(Grand Cayman)等地。

3. 南加勒比海航线(Southern Caribbean)

邮轮是穿梭南加勒比海地区最为便捷的交通工具。尽管南加勒比海的邮轮旅游线路与东、西加勒比海地区的线路相隔不远,但给游客带来的感受却不尽相同。从地貌上讲,西加勒比海地区地势平坦,没有海拔很高的岛屿;南加勒比海邮轮线路所经之处的地貌复杂多样,既有绝美的海滩,又有地势险峻的火山与瀑布。在一些岛屿上,游客还可以看到土著居民的生活轨迹。众多邮轮旅游线路中比较经典的是从波多黎各的圣胡安港口出发,途径多米尼加岛(Dominica)、巴巴多斯(Barbados)等地。

二、南美地区邮轮航线产品

(一)中美洲航线产品

中美洲(Central America)是世界最主要的生态旅游目的地之一,有着郁郁葱葱的热带雨林和丰富多彩的野生动物,以及世界上历史悠久的工程奇迹之一——巴拿马运河(The Panama Canal)。尽管如今类似于"玛丽王后2"号这样的巨型邮轮无法通过巴拿马运河,但是一些邮轮企业仍会利用吨位较小的邮轮提供穿越这一伟大工程的邮轮航线,沿途停靠中美洲和加勒比海地区的一些港口城市。该地区邮轮旅游航线常年向游客开放,但旅游旺季通常是在每年的4月至9月,经典的邮轮航线行程通常在10天至25天,甚至更长时间。

(二)南美洲航线产品

南美洲(South America)的气候与北美洲的气候正好相反,邮轮旅游季节大约从每年的10月份开始,到次年的4月份接近尾声,其中12月、1月和2月航线最为密集。常见的邮轮出发港有巴西的里约热内卢(Rio de Janeiro)、智利的瓦尔帕莱索(Valparaiso)以及阿根廷首府布宜诺斯艾利斯(Buenos Aires),还有一些线路从北美的圣地亚哥(San Diego)、纽约(New York)或者劳德代尔堡(Fort Lauderdale)出发,并向南一路延伸。

(三)南极航线产品

南极洲(Antarctica)被称为是人类最难接近的大陆,95%以上的陆地全年被极厚的冰雪覆盖,放眼望去尽是层层累积的冰山。看似宁静的南极蕴藏着丰富的生态物种,船只航行时经常可以看到鲸鱼在海面翻滚,另外还有数量庞大的海狮、海豹、信天翁和海燕等。游客前往南极旅游,可以体验海上温泉以及蒸汽海滩,可以欣赏冰河中的倒影,还可以观看摇头晃脑的企鹅以及大批的海狮、海豹。每年的12月到次年的2月光照时间较长,邮轮可以抵达南极。这些邮轮多半小于 2 万吨,搭载的乘客数量不多于 200 人,被设计成破冰船或者坚硬的船体。

南极邮轮旅游并非适合所有旅游爱好者,而是适合热爱冒险、处变不惊的邮轮游客。这一区域的邮轮航线,一般从阿根廷首都布宜诺斯艾利斯出发,经乌斯怀亚、合恩角,最后返回布宜诺斯艾利斯。南极航线给予游客的心灵震撼与旅游体验,是其他旅游目的地难以企及的。

三、欧洲地区邮轮航线产品

欧洲在邮轮旅游发展史上扮演了举足轻重的角色,现今仍是全球最为发达的邮轮旅游目的地之一。北欧、地中海以及经典的横跨大西洋航线吸引着大批邮轮游客纷至沓来,富含文化底蕴的内河也是该地区邮轮旅游的上佳之选。游客乘坐邮轮,可以自由地探寻欧洲古老而悠久的历史、精湛绝伦的艺术、著名的葡萄酒庄园以及中世纪的城堡等。

(一)地中海航线产品

地中海(The Mediterranean)是世界上最大的陆间海之一,位于亚洲、非洲、欧洲三大洲之间,东西长约 4000 千米,南北最宽处约 1800 千米,面积约为 250 多万平方千米。地中海地区是世界上邮轮旅游业最为发达的地区之一,拥有很多值得一看的港口和目的地。该区的自然风光和历史文化魅力对很多邮轮游客产生了巨大的吸引力,客源市场十分广阔。

地中海海域宽广,很多邮轮企业以意大利半岛为中心,将该地区的邮轮旅游航线分为东地中海/爱琴海行程和西地中海行程。

1. 东地中海/爱琴海航线(Eastern Mediterranean/Aegean Sea)

在地理区划上,东地中海地区包含亚得里亚海(Adriatic Sea)、爱奥尼亚海(Ionian Sea)、爱琴海(Aegean Sea)三个海域;在文化上,完美呈现了古埃及、古希腊、古罗马的文明精华;在景观上,亚得里亚海、爱琴海的破碎地形则造就了千百座迷人岛屿。邮轮在诸岛之间穿梭航行,阳光、碧海、蓝天、岛屿、神话和古文明串联出这段航程的独特魅力。

东地中海地区的邮轮行程通常在一周左右,意大利威尼斯(Venice)、希腊奥林匹亚(Olympia)、希腊雅典(Athens)、土耳其伊斯坦布尔(Istanbul)、以色列的耶路撒冷(Jerusalem)都是邮轮航线上的重要停靠点。

2. 西地中海航线(Western Mediterranean)

西地中海地区以优雅入时的专卖店、展品丰富的美术馆、上好的葡萄酒、美味的菜肴等精致的生活方式闻名于世,主要的邮轮旅游航线可以从亚得里亚海(Adriatic Sea)航行至直布罗陀海峡(Straits of Gibraltar),停靠意大利那不勒斯(Naples)、热那亚(Genoa)、法国戛纳(Cannes)、西班牙的巴塞罗那(Barcelona)等著名港口城市。

(二)大西洋沿岸航线产品

欧洲大西洋(Atlantic Europe)沿岸是一片繁荣而又成熟的地区,伦敦、巴黎这样的国际大都会点缀其中,无论是艺术、音乐和文学,还是赛车、马术和足球,都使该地区对邮轮游客有足够的吸引力。大西洋沿岸港口的邮轮旅游航线通常途经葡萄牙、西班牙、法国、爱尔兰和英国。虽然一些邮轮线路全年都有,但夏季才是真正的邮轮旅游旺季。

该航线最重要的旅游资源国——英国,国土并不辽阔,但对全球文化有着巨大的持续影响力。南安普敦、多佛、爱丁堡等历史名城及英国南部有"英格兰花园"之称的丘陵地带,历史悠久的朴次茅斯船坞,令人振奋的古都伦敦等都能给游客留下深刻的印象。

(三)北欧航线产品

乘坐豪华邮轮在北欧航游,不仅可以走访北欧(Northern Europe)各国的深度旅游景点,还有机会踏访北极冰川,与电影中的野生动物做零距离接触。每年的6月至9月是北欧邮轮旅游的最佳季节,航线可以到达爱尔兰、挪威、丹麦、冰岛、格陵兰等地。虽然适航时间较短,但这里的港口却很受游客欢迎。

北欧邮轮航线,所到之处,风景如画、朴实、自然,宛若进入了童话王国的仙境一般。处处是充满北欧风情的田园风光,还有机会踏访北极,壮观的峡湾公园、憨态可掬的野生动物、风车和郁金香之国荷兰、童话王国丹麦、北欧世界纯净的冰川和绚丽的极光构成了美轮美奂的神奇世界,清新的空气、冰封的瀑布、美丽的峡湾、巍峨的雪山、神秘的极光,在这片超乎想象的世外桃源中另有一番浪漫风情。

四、非洲地区邮轮航线产品

非洲(Africa)除了拥有异域野生动物、连绵起伏的草原以及浩瀚无边的沙漠外,还拥有灿烂的文化和美丽的海滩。很多邮轮游客不仅希望在港口城市参观,更希望能够深入非洲腹地游览,因此,大部分邮轮企业都会在非洲推出包价邮轮旅游产品,并且为游客安排游览野生动物园项目。非洲地区邮轮航线沿途停靠地包括蒙巴萨岛(Mombasa)、塞舌尔群岛(Seychelles)、开普敦(Cape Town)、肯尼亚(Kenya)以及埃及(Egypt)等地。

五、亚太地区邮轮航线产品

(一)亚洲航线产品

对于很多欧美客人来说,遥远的亚洲(Asia)绝对是充满异域风情的邮轮旅游目的地。非凡绝妙的自然景观和丰富的历史文化遗产,使得亚洲的邮轮旅游正展现出勃勃生机。目前,亚洲邮轮航线普遍以短程为主,绝大多数航程历时24小时到一周。亚洲邮轮旅游航线中较为成熟的是东南亚航线、中日韩航线以及阿拉伯湾航线。

1.东南亚航线

东南亚旅游资源丰富,越南的金兰湾、马来西亚的槟榔屿、新加坡的圣淘沙、印度尼西亚的巴厘岛,都是著名的旅游胜地。东南亚发展邮轮旅游具有得天独厚的自然条件,豪华邮轮在印度尼西亚、马来西亚、菲律宾和新加坡的众多岛屿中往来穿梭,带领游客领略独特的东南亚风情。

2.东北亚航线

东北亚地区航线主要由中国、日本、韩国三国构成。中日韩航线邮轮旅游有多种航线选择,邮轮穿梭于中国、日本、韩国的多个港口之间,旅游的旺季是每年的3月至10月,非常适合初次选择邮轮旅游的游客,航线行程短、价格适中。

3.中东航线

随着国际邮轮企业的全球扩张,豪华邮轮开始驶入阿拉伯,拓展新兴邮轮旅游市场。无论是未来之城迪拜(Dubai)卓尔不凡的国际化气息、阿布扎比(Abu Dhabi)海天一色的绚丽风景,还是富查伊拉(Fujairah)的阿联酋多元文化,都吸引着越来越多的游客乘坐邮轮,去领略像阿拉伯传说一样无穷无尽的中东魅力和海湾传奇。邮轮航线一般为期一周左右,从阿联酋迪拜出发,沿途停靠阿曼首都马斯喀特(Muscat)、阿联酋首都阿布扎比以及岛国巴林(Bahrain)等地。

(二)澳新航线产品

澳大利亚和新西兰旅游业发达,各大邮轮企业纷纷在澳新地区开辟邮轮旅游航线。澳新航线是太平洋航线中航行天数较长的一种。每年北半球秋冬季节来临的时候,澳新邮轮旅游开始升温。在澳新航线中,游客可以选择多样的行程,既可以环绕澳大利亚航行,前往很多常规旅游难以到达的港口和城市,又可以在澳大利亚和新西兰之间做短途的精品旅行。这一地区,主要的邮轮港口有澳大利亚的悉尼(Sydney)、布里斯班(Brisbane)、凯恩斯(Cairns)、珀斯(Perth)、阿德莱德(Adelaide)、墨尔本(Melbourne)、霍巴特(Hobart)等,以及新西兰的惠灵顿(Wellington)、奥克兰(AuckLand)、陶朗阿(Tauranga)、克赖斯特彻奇(Christchurch)、达尼丁(Dunedin)等。

(三)波利尼西亚航线产品

波利尼西亚(Polynesia)的英文Polynesia由希腊文poly以及nesia共同组成,意思为"众多的岛屿"。作为太平洋三大岛群之一,波利尼西亚群岛分布于中东部太平洋海面上的一个巨大的三角形地带,夏威夷群岛、新西兰以及复活岛分别在三角形的尖端。波利尼西亚地区气候温暖、风景优美,近年来吸引了各大邮轮企业开辟邮轮航线,带领游客领略各岛之美。

在行政区划上,波利尼西亚地区包括汤加群岛、纽埃、法属波利尼西亚群岛、萨摩亚群岛、托克劳群岛、图瓦卢、库克群岛等,其中很多分属于美、英、法等国。新西兰的原住民毛利人也是波利尼西亚人。斐济群岛由于有很大比例的人口是波利尼西亚人,有时也被列入波利尼西亚的范围内。邮轮造访波利尼西亚地区,首选停靠目的地有塔希提岛(Tahiti)、波拉波拉岛(Bora Bora)、拉罗汤加岛(Rarotonaga)、苏瓦(Suva)等。

六、我国主要邮轮航线产品

在世界邮轮旅游市场快速发展的整体市场格局中,形成了美国嘉年华邮轮集团、美国皇家加勒比邮轮企业、云顶香港有限公司"三足鼎立"的寡头垄断竞争格局,它们占有全球邮轮市场总量的80%左右。在传统北美、欧洲邮轮旅游市场日渐饱和之后,全球邮轮旅游发展重心开始向亚太地区转移,各大邮轮企业不断增加在中国市场的运力投入。目前国内外共有近500条邮轮航线,大部分为出境航线,上海、天津、舟山、青岛等城市为国内主要的出港口。国内航线如重庆—宜昌最美三峡3晚4日游等也非常受欢迎。

(一)日韩航线产品

以中国为母港的日韩航线产品是从中国上海或者天津等港口始发,环绕日本及韩国的部分观光港口后,返回始发港口的航线,是目前中国邮轮旅游市场上发展现状及发展前景都非常好的邮轮旅游产品,出行时间一般在4~7天。

日韩航线产品主要到达的港口包括日本的福冈、鹿儿岛、冲绳、别府、京都、名古屋、横滨、小樽、长崎、熊本、青森以及韩国的釜山、仁川、济州岛等。

日本和韩国的气候与中国的东部沿海地区相似。因考虑海浪及台风频繁,基本上每年的3月至10月,是日韩邮轮旅游的最佳时间。

（二）东南亚航线产品

以中国为母港的东南亚航线产品是从中国香港、三亚或厦门等港口出发,前往新加坡（新加坡）、马来西亚（槟城、马六甲、吉隆坡、兰卡威）、泰国（普吉岛、苏梅岛）、越南（岘港、下龙湾）的邮轮旅游航线。

东南亚地区一年四季阳光明媚,邮轮航线大多沿着海岸线航行,相对比较平稳,不用担心大风大浪干扰。每年9月至11月是雨季,其他季节都很适合邮轮旅游。前往东南亚地区的邮轮航次多,航程短,费用相对来说比较经济实惠,性价比高。

（三）台湾航线产品

在邮轮旅游业相关利好政策的引领下,从中国邮轮港口前往中国台湾地区的邮轮航次也越来越多,并受到很多邮轮旅游者的青睐。游客乘坐邮轮前往台湾地区,可以游览台北、台中、高雄、花莲等地的精华景点。2015年4月,舟山群岛国际邮轮港"中华泰山号"邮轮首航台湾地区,开启台湾自由行模式,游客可以享受更加便捷的台湾之旅。

（四）环球航线产品

随着中国邮轮旅游市场日渐繁盛和成熟,环球航线产品也开始呈现在邮轮旅游者面前,为邮轮旅游者带来全新的探索体验。2015年3月1日,歌诗达的"大西洋"号从上海出发,开始首个从中国出发的环球邮轮旅程。"大西洋"号载着600余名参加环球旅行的中国游客,到访全球28个目的地,历时86天,于5月26日回到上海。2016年11月,歌诗达还将推出46天环南太平洋航线。环球航线产品为阅历丰富的旅行者打造至尊豪华行程,为很多中国游客圆了"环球旅行"的极致梦想,为中国邮轮旅游市场增添亮丽的景象。

中国邮轮玩家年轻化与航线和价格定位有很大的关系。一般来说,价格较为便宜的多为日韩航线及东南亚航线、两岸航线等短程航线,适合上班族的假期、经济能力及消费习惯。

世界邮轮网董事局主席董泓预计,目前日韩航线占中国邮轮市场的85%以上,预计5年后,这一比例将降到70%,将有越来越多的游客选择"飞机+邮轮"的旅行模式,飞到更远的地方乘坐当地邮轮航线,体验更多不同的海外游目的地。

本章小结

邮轮旅游产品是指邮轮旅游经营者借助邮轮、岸上旅游资源、旅游设施等,为邮轮旅游者提供满足其在邮轮旅游过程中综合需要的服务。从邮轮旅游者的角度看,邮轮旅游产品是由航线、设施、服务、气氛、形象、价格六大要素组成的旅游产品。一项完整的邮轮旅游产品包括核心产品、形式产品、期望产品、延伸产品和潜在产品五个层面。邮轮旅游产品可以按照航线路径、航线长短、产品特色、旅游等级等进行分类。邮轮旅游产品生命周期是指其从进入市场到最后被淘汰退出市场的过程,包括投入期、成长期、成熟期和衰退期四个阶段,邮轮企业也需要不断开发和设计新产品。不同区域具有不同的地理环境和资源条件,这些资源是开发邮轮旅游产品的基础和凭借。从世界范围来看,北美洲邮轮航线产品以及欧洲邮轮航线产品较为成熟。亚太地区邮轮航线产品日渐丰富,邮轮旅游市场普遍活跃。

思考题

1. 邮轮旅游产品的内涵是什么?其构成的六大要素是什么?
2. 简述邮轮旅游整体产品的概念。
3. 简述邮轮旅游产品的类型。
4. 邮轮旅游产品生命周期四个阶段的营销策略分别是什么?
5. 如何开发邮轮旅游新产品?
6. 简述世界上主要的邮轮旅游航线。

案例分析

2015年邮轮产品各显神通

旅行社包船航次开放自选房号

● 杨蕾,携程邮轮事业部首席执行官

"免签日本邮轮游"新政实施以来,网上咨询邮轮出行的人数及订单量上涨30%以上。今年母港邮轮尤其是包船软硬件都有提升,包船航次开放了自选房号,还提供岸上游的免费Wi-Fi。此外,我们还准备了多条日韩深度游航线,如"天海新世纪"的7月11日8天7晚鹿儿岛+神户(过夜)+细岛/宫崎等产品。

公主邮轮天津母港首个合作伙伴

● 凯撒旅游相关负责人

2015年,我们全新启动天津、上海、香港三大母港口岸联动的包船规模,推出贯穿全年不同时段、不同假期的邮轮产品。包船涉及6大邮轮品牌,同时成为公主邮轮进驻天津母港的首个合作伙伴。我们与邮轮公司之间并非简单的分销合作,双方还进行了航线创新等多角度合作,例如我们联合皇家加勒比推出的首个全日本环游航线,联合公主邮轮推出的濑户内海航线,携手歌诗达邮轮推出的北海道航线。

为亲子老人打造"团缘"品牌

● 中青旅邮轮部总经理吕丹

暑期以及10月的邮轮包船将针对亲子和老人两大人群,打造"团缘"邮轮品牌。特邀王牌养生专家在歌诗达邮轮举办专场养生讲座,并为老年人准备中式养生特色餐;7月8日、7月30日以及8月17日三艘暑期邮轮为大家准备适合家长与孩子亲密互动的"海上奇幻变装秀"、专为小朋友打造的"13种宝宝大脑优势智能测评智慧启蒙"活动等。

"邮轮超市"的全新概念

● 胡欣昕,众信旅游邮轮部产品经理

2015年众信旅游转变以往的"包船"运营模式,推出"邮轮超市"的全新概念,在专精化的基础上进行产品广度的拓展。往年,众信旅游集中针对某几艘邮轮的某几个航次进行专精打造,以"银婚庆典""小小航海家""海上密室逃脱"等活动为游客带来与众不同的邮轮体验。

邮轮公司将组成中国邮轮品牌最大船队

● 刘淄楠博士,皇家加勒比邮轮有限公司副总裁(北亚及中国业务)

"海洋赞礼"号将于2016年4月完工,并成为皇家加勒比在亚洲市场的第五艘邮轮,部署于中国海域。这五艘邮轮将组成中国所有邮轮品牌中的最大船队,覆盖上海、天津、香港和厦门四大母港,提供3~12晚长度不等经停日本、韩国、中国台湾、越南的航线。

"海洋赞礼"号的首航将是从英国南安普敦到天津的52晚的奥德赛之旅,该产品在2015年3月26日开启了预订售卖。2016年,天津将作为"海洋赞礼"号的首个中国母港,而"海洋量子"号将会全年专注于上海母港。

首个中国出发的环球邮轮航线

● 莫兴苹,歌诗达邮轮亚太及中国区歌诗达亚洲总裁

歌诗达邮轮赢得中国近40%的市场占有率。2015年3月1日,"歌诗达·大西洋"号开启了首个中国出发的环球邮轮航线,为近千名中国游客圆了"环球旅行"的极致梦想。4月24日,歌诗达旗下另一艘旗舰邮轮"歌诗达·赛琳娜"号将开启在中国市场的全年运营。歌诗达邮轮将在中国同时布局三艘豪华邮轮运营母港航线,其在中国地区的整体运力将大增74%。

首个为期10天的环日本航次

● 安东尼·考夫曼,公主邮轮亚洲区高级运营副总裁

2015年及2016年航季,蓝宝石公主号将以上海为母港,提供3~5晚往返日韩的航次。其中,2015年上海母港航季航次数将增至28个,包括首个为期10天的环日本航次,包括函馆、横滨(东京)、清水、神户和济州等五个日韩重要港口城市。从10月起将转战天津,首次在中国北方开辟母港航线。2016年5月起,公主邮轮开启以上海为母港的全年航季,共计50个航次,同比增加近一倍,总载客量将同比提升90%。

资料来源:新京报,http://www.ccyia.com/news/xingyexinwen/2015/0409/2180.html,2015-04-09。

结合案例思考以下问题:

(1)结合案例分析邮轮公司推出新产品的主要特点。

(2)皇家加勒比公司如何开发邮轮新产品?

第8章 邮轮旅游价格策略

 本章导读

携程总裁、天海邮轮公司董事长兼CEO范敏认为,从中国经济发展阶段看,邮轮经济已经到了临界点:2010年起步,2013—2014年爆发,2015年会是非常重要的成长年、普及年。这似乎是业界共识。2014年各大邮轮公司纷纷加大对华投入、高密度推出产品,而之后的供大于求也引发了连锁反应:产品同质化、价格战以及大量邮轮尾单的出现。这样的故事,在2015年会重演吗?

数据显示,2014年中国大陆邮轮运营466航次,增长14.78%。其中出入境邮轮旅客172.34万人次,增长43.36%;以中国游客为主的母港航次出入境147.92万人次,增长44.3%。

国际邮轮协会预测,2020年全球邮轮乘客将达到3000万人次的规模,而目前亚太区邮轮市场渗透率不到0.05%。

这样的市场规模与较低的渗透率,也引起了资本的兴趣。华威国际投资副总裁朱峰告诉《中国企业报》,经过长期观察,他认为2015年中国的邮轮市场将会"很血腥"。

如果将血腥味更细节化,则体现于邮轮的数量。"2015年6月份,会有这些船停靠上海的码头:赛琳娜、海娜、水手、大西洋、公主、维多利亚、新世纪、量子。而去年的话就只有大西洋、水手、海娜、维多。"供职于某OTA邮轮产品部门的丁宇(化名)告诉记者。

丁宇在研究了多家公司的船次之后发现,在邮轮市场的传统旺季——暑期时段,2015年6月基本上是全年航次最多的月份。"事实上,从4月开始各个港口里的邮轮就已经开始拥挤了。"丁宇觉得今年旺季"航次都太靠近了"。"不过可以看出,邮轮公司对于大陆市场的重视度提上去了,像量子这样的豪华邮轮都先放到中国来了。"

然而能消化这些库存的区域却很有限。"邮轮的销售半径是以母港为中心的。"票管家CEO黄荣告诉《中国企业报》。从地理位置来看,中国大部分的邮轮集中在上海港,其次是天津、青岛、厦门、连云港、三亚等几个港口。"如果大家都把目光聚集在长三角地区,或者说一线城市的目标人群,那么自然争抢将非常激烈。"朱峰说道。在这样的情况下,除却旺季邮轮全年的销售压力都很大。

不仅如此,邮轮在这个狭窄的销售半径中,还面临着其他旅游产品的竞争。

"比如自由行产品,客单价低、行程时间自由,这些都是邮轮产品不具备的。"黄荣表示,"两者的主要消费群体还都是年轻人,而现在就普及程度而言,邮轮远远不如自由行。"只能说邮轮市场还需要一段时间的培育——但归根结底,这依然是个好市场。

"邮轮的供给和需求,是逐次相互开始放量的。"朱峰表示,所以他认为今年很血腥,以后一定会很好。黄荣对此持相同观点:"今年供过于求是肯定的,但这是一种适度的压力。我相信邮轮未来必火。"

与 2014 年相似的是,2015 年邮轮产品供过于求的压力,依然转嫁到了分销商的身上。"还是旅行社或者 OTA 包船。包完船,一部分自己卖,一部分切出去给下游的旅行社。"丁宇告诉记者,"这样的压力最后往往会导致,一艘邮轮最后只上了一半人。"丁宇将今年包船的大玩家简单分析了一遍,发现线上线下的巨头都对邮轮兴致盎然。"几个库存比较多的是上海春秋、上海航空、携程、众信、浙江光大、茶恬园、凯撒、中旅、中青旅。其中最多的是上海春秋、中青旅、中旅、凯撒、同程等。"

自然,消化库存的手段成了这些旅游公司比拼的重点——基本是八仙过海、各显神通。

"其中有几个关键点。"丁宇说道,"一个是自身的市场推广投入资本,涉及广告市场投入、产品卖价、分销后返等;一个是库存的供应,如果包船后者切舱数量少,那压力还小一点,但是如果本身手里的库存就很充足,就敞开来卖了;还有就是下游供应商的支持力度。"在这一阶段,线上线下的公司似乎有着各自不同的优势——身在 OTA 中的丁宇对此感触颇深。

"旅行社的线下推进强度要比 OTA 强得多,就是线下门店跟客人的沟通程度。我的理解是,邮轮属于客单价最高的产品,面对面的沟通对于订单的成单率有很大影响。"

据丁宇介绍,在他们公司只有预订中心和分公司门店的同事会跟客人直接沟通;另外就是大客户部直接跟大型团队或者公司对接。"这点上,旅行社大社肯定比我们强。"

而回到 OTA 最擅长的那一面——价格战,丁宇觉得今年肯定要愈演愈烈,而且是包船方全面参与。"看谁放价放得狠呗,2015 年的趋势就是'不亏就是赚'。先把市场占住了,那剩下的事儿就简单了。"

这是不是"黎明前的乱象"的一种呢?也许对于处在市场培育期的邮轮来讲,这也是一条高效率之路。"价格战出现不是行业出现了问题,而是对整个行业渗透率提升的一大助力。除了打车、高端用车外,外卖、商贸零售、互联网金融,无一不靠贴钱来推动整个市场的渗透率,之后所有的业态都在被重塑。"华泰证券社会服务业首席分析师薛蓓蓓表示。

无论怎样,这将会促成一定程度的洗牌。"大包船商有压力,小包船商也有压力;大的在于把手里的库存卖掉,小的在于避免被市场淘汰。今年一过,会有很多中小型的旅行社退出邮轮市场,因为到最后,库存都在几个大的包船商手里,定价权也在他们手里。"丁宇说道。

他认为自己所在的公司,肯定是留下来的其中一个。

资料来源:旅游商业观察,http://m.jiemian.com/article/251444.html。

第一节　邮轮旅游产品价格概述

一、邮轮旅游产品价格的形式

(一) 一般价格

邮轮旅游价格是邮轮旅游者为满足邮轮旅游活动的需求而购买单位邮轮旅游产品所支付的货币量,它是邮轮旅游产品价值、邮轮旅游市场的供求关系和货币币值三者的综合反映结果。在市场经济中,一方面是邮轮旅游活动的商品化,邮轮旅游者食、住、行、游、购、娱等需求必须通过交换活动,通过支付一定的货币量才能获得满足。另一方面,邮轮旅游经营者在向邮轮旅游者提供邮轮旅游产品时,必然要求得到相应的价值补偿,于是在邮轮旅游者与邮轮旅游经营者之间围绕着邮轮旅游产品的交换而产生了一定货币量的收支,这就是邮轮旅游价格。从邮轮旅游经营者的角度看,邮轮旅游价格又表现为向邮轮旅游者提供各种服务的收费标准。

每一个航游宣传册都详细列出每次航游的明确价格,并说明什么包括在内,什么不包括。价格取决于所预订客房"类别"在船上的位置。一般来说,客房所在的甲板层次越高,价格就越高;外侧客房(带窗户)一般比内侧客房(不带窗户)更贵些;在特定的邮轮上大客房通常比小客房贵些;外侧客房的视线如果被遮挡,价格往往会便宜一些。其他因素如提早预订、促销、季节性等,都会影响邮轮旅游的价格。

旅行社销售的邮轮产品价格通常包括船票、船上食宿费、娱乐健身费等费用,可能包括飞机票和机场费,一般不包括岸上服务费用、酒吧等个性化服务费用。

 知识链接

12月10日"歌诗达邮轮·赛琳娜"号韩国济州/日本福冈5日游价格

费用包含:
1."歌诗达·赛琳娜"号4晚住宿(2人限定双人间,如订家庭间,订单无效)。
2.邮轮上提供的一日三餐、非收费的餐饮(下午茶、消夜)。
3.邮轮上的晚会、游戏、表演、娱乐活动等(注明收费的除外)。
4.日本团队登陆证、领队费。
5.赠送:济州、福冈的岸上观光线路A线(行程仅供参考,具体行程以出团通知书为准)。
特别提示:此项为赠送项目,无论是放弃或者无法参加或者无法安排,本社不退费用。
6.赠送:邮轮保险。
特别提示:此项为赠送项目,无论是放弃或者无法参加或者无法安排,本社不退费用。
费用不包含:
1.单房差:报价是按照相应人数入住相应房型计算的价格,如您的订单产生单房,请来电咨询客服。
2.邮轮服务费:12周岁以上成人48美元;4~12周岁24美元;低于4周岁免收服务费。(以上费用到船上现付)
3.个人消费及未提及的费用。
建议游客购买邮轮旅游意外保险。
资料来源:驴妈妈旅游网,http://www.Lvmama.com/youLun/cruise-779841.html。

(二)邮轮旅游差价

邮轮旅游差价是同种邮轮旅游产品由于时间、地点或其他原因引起的有一定差额的不同价格。邮轮旅游差价主要包括地区差价、季节差价、质量差价、批零差价四种。

邮轮旅游差价存在的前提包括两方面的内容:首先,存在着消费者剩余,邮轮旅游产品价格是市场中的交易价格,由市场供求总量决定。在交易价格背后,部分消费者愿意并有能力为产品支付更高的价格,这一价格与实际交易价格之间的差值就是消费者剩余。其次,邮轮旅游产品具有提供差价的可能,不同的价格必然对应不同的价值。在邮轮旅游业的经营过程中,邮轮旅游产品的供给者在不同的时间、设施、环境条件之下,提供产品的价值是存在差异的。邮轮企业可以通过有效的产品策略,提供不同价值的产品。

有效使用邮轮旅游差价必须首先善于发现愿意支付邮轮旅游差价的人群,其次必须通过有效的手段将价格差异背后的价值差别为消费者所认同。

(三)邮轮旅游优惠价

邮轮旅游优惠价是指在正常邮轮旅游价格的基础之上,给予邮轮旅游产品购买者一定比例的折扣或者其他优惠条件。一般而言,邮轮旅游优惠价主要包括同业优惠、数量优惠、支付优惠、常客优惠、特殊人群优惠几种。

邮轮旅游优惠价格在争取市场、抵御竞争方面有着积极意义,它还有利于邮轮企业同邮轮旅游者以及企业客户保持长期的良好关系。运用邮轮旅游优惠价格将有利于邮轮旅游企业的经营保持相对稳定的状态。

二、邮轮旅游价格的特点

邮轮旅游产品不同于一般产品,其特殊性决定了邮轮旅游价格具有不同于一般产品价格的特点,主要表现在以下几方面:

(一)综合性与协调性

邮轮旅游产品要满足邮轮旅游者食、住、行、游、购、娱等多方面需求,邮轮旅游价格必然是邮轮旅游活动中食、住、行、游、购、娱价格的综合表现,或者是这些单个要素价格的总体显示。同时,由于邮轮旅游产品的供给方分属于不同行业与部门,因而必须经过科学的协调,使之相互补充、有机搭配,因此邮轮旅游价格又具有协调性,以协调各有关部门的产品综合地提供给邮轮旅游者。

(二)垄断性与市场性

邮轮旅游产品的基础是邮轮旅游资源,而独特个性是邮轮旅游资源开发建设的核心,这就决定了邮轮旅游价格具有一定的垄断性,它表现为一方面在特定时间和特定空间范围内邮轮旅游产品的价格远远高于其价值,高于凝结于其中的社会必要劳动时间。另一方面,邮轮旅游产品又必须接受邮轮旅游者的检验,随着邮轮旅游者的需求程度及其满足邮轮旅游者需求条件的改变,邮轮旅游产品的垄断价格又必须做相应的调整,从而使邮轮旅游价格具有市场性,即随着市场供求变化而变化。

(三)高弹性与高附加值性

由于邮轮旅游需求受到诸多不可预测因素的影响,邮轮旅游者的邮轮旅游需求及邮轮旅游动机也是千变万化的。相反地,邮轮旅游供给却又相对稳定,于是这种供求之间的矛盾所造成的相同邮轮旅游产品在不同的时间里的较大价格差异,使邮轮旅游价格具有较高的弹性。从某种程度上讲,邮轮旅游活动就是邮轮旅游者获得一次独特心理感受的过程,在不同档次的邮轮旅游环境中,相同的邮轮旅游产品给邮轮旅游者的感受差异会很大。邮轮旅游产品的档次愈高,服务愈好,邮轮旅游者愿意支付的邮轮旅游价格也会愈高,其中便蕴含了较高的附加值。

三、邮轮旅游价格的作用

在市场营销的四个策略要素中,价格是唯一能够带来收入的营销要素,其余的要素都是成本支出。邮轮旅游价格在邮轮旅游业的市场营销活动中有其独特的作用。邮轮旅游价格的作用集中表现在以下几个方面:

通过邮轮旅游产品的定价,为邮轮企业收回成本和投资,并实现邮轮企业的利润目标。价格是市场营销因素中唯一的收入要素,而产品、销售渠道、促销都是成本要素,其他三要素所支付的成本,都要通过合理的价格策略进行回收,并获取预期的利润。因此,对邮轮企业来说,价格具有至关重要的作用。其他营销策略使用得再好,价格策略失当,整个营销的效益也无法体现,它对营销策略是一票否决权。

调整邮轮旅游产品的供求关系。邮轮旅游产品和其他有形产品制造业不同,制造业可以提前制造产品，储存待售，以此来调节市场供求关系，而邮轮旅游产品的特殊性，注定了它只能和市场销售、消费同步进行。邮轮旅游产品的供给量取决于邮轮企业某个时点的接待能力，它无法满足超过接待能力的邮轮旅游需求。因此只能利用价格机制，提高邮轮旅游产品的价格来抑制游客的需求，达到供求平衡的目的。

利用价格来进行市场区隔。邮轮企业要针对不同的细分市场，推出不同档次的邮轮旅游产品来满足不同目标游客的特殊需求。由于邮轮旅游产品的无形性，不同档次的邮轮旅游产品质量很难被游客辨识清楚，邮轮企业可以通过对不同档次的邮轮旅游产品的价格差异来表现邮轮旅游产品的档次，这样就可以把不同的细分市场进行有效区隔。比如豪华游、标准游、经济游之间就有较大的价格差异，游客就可以根据价格差异，进行对号入座。

对付市场竞争。在企业市场营销的四个要素中，价格是其中最具灵活性、艺术性和策略性的竞争要素，价格具有可以微调和快速反应的特点，最能被企业得心应手地利用于瞬息万变的市场竞争当中，企业可以随时针对邮轮市场上供求关系的变化状况，以及竞争对手的市场策略及时调整做出调整，服务于企业的营销目标，使企业保持市场竞争中的主动地位。而其他营销要素的利用都有较长的时间滞后才能反映出来，如改变销售渠道、调整产品结构都需要一个较长的时间周期，才能见到成效。

第二节 邮轮旅游产品定价目标与步骤

一、邮轮旅游产品定价的影响因素

影响邮轮旅游企业价格制定的因素非常多，总体而言可以分为内部因素和外部因素两大类。

（一）影响邮轮旅游产品价格制定的内部因素

1. 邮轮企业发展战略

邮轮企业在发展过程中，会根据自身所处的竞争环境、自身实力的大小、对市场走向的判断制定各自应采取的发展战略。战略选择一般有三种：密集性发展战略、一体化发展战略和多元化发展战略。邮轮旅游产品的价格策略是实施企业战略的一种手段，因而产品价格的制定首先必须考虑企业的发展战略。

如果邮轮企业采取密集性发展战略，企业可能通过降低价格来扩大市场占有率，或通过增加原有产品的价值，相应地提高邮轮旅游产品的价格，增加在现有市场以及新市场的销量；若邮轮企业采取一体化发展战略，那么企业应采取优惠价形式，加强与供应商、销售渠道的联系；若邮轮企业采取多元化发展战略，企业往往在实施战略的初期，尽可能保持邮轮旅游产品价格的相对稳定，在实施成功之后，可根据市场状况对原有邮轮旅游产品实施降价等政策调整。

2. 邮轮企业营销目标

邮轮企业在进行了市场细分、选择和定位之后，会根据既定的营销目标来确定产品价格政策。邮轮企业常见的营销目标有生存、当前利润最大化、市场份额最大化三种。

第一,生存。在竞争激烈、消费者需求变化日新月异的市场环境之下,许多邮轮企业选择将生存作为自己的首要目标,邮轮企业通过削价来谋求现有条件之下最大的现金收益,以便平安渡过难关。

第二,当前利润最大化。一些邮轮企业以追求当前利润最大化来确定产品的价格水平。企业对不同价格水平之下的需求和成本进行估计,选择能产生当前利润、现金流和投资收益的价格水平。这种方法追求的是企业当前最大的经济产出。

第三,市场份额最大化。一些邮轮企业通过压低价格的形式,希望以价格优势争取市场份额的最大化。

3. 企业产品成本

成本是影响价格制定的最为基本和直接的因素,是产品价格的底线。邮轮旅游产品的总成本包括固定成本与变动成本两种形式。固定成本主要是企业的一般管理费用、设备的折旧费用、房租、利息以及员工的工资等,邮轮旅游产品的固定成本不直接与产品生产相关。变动成本是随着生产水平的变化而直接变化的成本。

产品的价格在短期内配合一定的营销战略可以低于产品的成本,但从长期看,邮轮企业的价格水平必须足以补偿其最低总成本。成本需要与其他因素相结合来形成最终价格,否则会造成一定的弊端,当新产品刚刚推向市场时,可能由于成本较高而形成高价,难以打开销路或者销量小于预期目标,同理,已经处于成熟期的产品,基于成本的定价可能会过低,使企业损失一些应得的收入。

4. 企业产品所处的生命周期阶段

邮轮企业所处的生命周期阶段不同,采取的营销组合策略也不一样。对不同生命周期阶段的不同邮轮旅游产品,企业应做出相应的不同定价决策。

第一,导入期的投入成本高,邮轮旅游产品的价格也应该相对较高,但也要注意价格不能高得影响了销路。邮轮企业可以考虑补偿成本,特别是变动成本费用,以期扩大产品的销量。

第二,成长期,邮轮旅游产品的成本下降而销量快速增长,价格应该下调。邮轮企业可以参照预期的利润目标,有计划地推出价格的调整。

第三,成熟期,市场竞争加剧,邮轮企业可以考虑用降低价格的策略保持市场份额,延长成熟期。

第四,衰退期,产品趋于淘汰,销售条件恶化,邮轮企业应该尽快用降低价格的策略收回资金。

(二)影响邮轮旅游产品价格制定的外在因素

1. 市场需求

邮轮旅游者的需求特征影响着企业的产品价格制定。邮轮旅游者对不同的价格有着不同的理解:当邮轮旅游产品的价格过低时,邮轮旅游者可能对产品的质量产生怀疑;当邮轮旅游产品的价格过高时,邮轮旅游者会由于无法支付而放弃购买。

根据需求规律:邮轮旅游产品的价格与邮轮旅游市场的需求量是成反比例关系的,价格越高,市场需求量越少;价格越低,市场需求量越大。当然,也有一些例外,例如对于某些具有垄断价值的邮轮旅游产品,在一定限度内,价格的上升反而会激发市场需求量的增多。主要是消费者会认为高质高价。邮轮旅游产品的需求弹性也是企业在制定邮轮旅游产品价格过程中需要考虑的一个因素,需求弹性小,价格变动对邮轮旅游者需求量影响不大,可以通过提高价格来获取更大的利润;需求弹性大,价格变动对邮轮旅游者需求量影响较大,在定价过程中要充分考虑需求弹性的大小,可以考虑通过降价来获取更多的利润。

2. 竞争者状况

不同的市场竞争状况下,企业的价格制定空间是不同的。在完全竞争的市场中,企业没有定价的主动权,只能被动地接受市场竞争中形成的价格;在不完全竞争的市场中,由于邮轮企业提供的产品存在着差异,企业根据其"差异"的特色优势,可通过部分变动价格的方法来寻求较高的利润;在寡头竞争的市场中,只有少数几家邮轮企业控制着产品的价格,其他邮轮企业要进入这一市场会受到种种障碍,而少数邮轮企业相互制约和垄断,市场中产品的价格不容易被随意改变;在纯粹垄断的市场中,邮轮旅游产品或服务只是独家经营的,没有竞争对手,垄断企业控制了进入市场的种种障碍,所以完全控制了市场价格。

3. 政府与法律法规

政府在进行经济宏观管理的过程中,为保护消费者的权益,通过行政手段、法律手段限制企业的不正当竞争行为。当全行业有可能出现削价竞争乃至损害企业的正常利润和行业利益时,政府会制定最低保护价,约束市场上的不良行为。在市场机制比较成熟的国家中,最高限价和最低保护价多是由行业协会制定的。随着我国行政管理体制改革的日益深化以及邮轮旅游行业管理制度的建立和逐步完善,对邮轮市场中邮轮旅游产品的最高限价和最低保护价将由政府直接规定转变为行业协会制定。

政府还通过行政、法律以及货币供给和物价政策等手段和方式对邮轮旅游产品价格进行调控。

4. 宏观经济状况

邮轮企业是市场经济的一个组成单位,其产品价格的制定会受到经济的景气状况、物价因素以及汇率因素的影响。

第一,经济景气状况。经济发展速度、宏观经济景气状况、消费者的经济预期等,均会影响到邮轮旅游产品的价格与销量。当经济发展速度快、宏观经济处于景气状况、邮轮旅游产品销售旺盛时,价格会上扬;反之,价格将会下跌。

第二,物价因素。物价对于邮轮旅游产品的价格也会产生很大的影响。当出现通货膨胀、货币贬值时,邮轮旅游产品的价格有上升的趋势,这是由于通货膨胀的原因;当通货紧缩时,邮轮旅游产品的价格又有下调趋势。

第三,汇率因素。汇率常常因各种因素而发生变动,汇率变动对邮轮旅游产品价格将产生一定程度的影响。在通常情况之下,本币升值,邮轮企业要考虑提高外币定价;本币贬值,邮轮企业要考虑适当降低外币定价。

二、邮轮旅游产品定价的目标

大多数邮轮企业在制定定价目标时会像生产有形产品的企业一样将利润最大化作为

价格策略的目标指向,然而邮轮旅游产品的特殊性使得其定价要比有形产品制造业更为复杂,其价格目标和定价哲学会偏离利润最大化而更趋多样化。

(一)以当期利润最大化为定价目标

有些邮轮企业希望制定一个较高的价格,来获取最大限度的销售利润和投资收益,使当期利润最大化。一般来讲,采取这种定价目标的企业,其产品和服务都处于市场上的绝对优势地位,它可以借助需求函数和成本函数制定并实施确保当期利润最大化的价格。即邮轮企业期望通过制定较高价格,获取最大总体利润为定价目标。采取这种定价目标的邮轮企业,其邮轮旅游产品多处于绝对有利的地位。在这种目标下往往采取高价策略,但如此就可能失去开拓广大市场的机会,为竞争对手提供有利的时机。因此,尽管以获取最大总体利润为定价目标,邮轮旅游产品价格的高低也应是适当的,不应盲目追求高价格。企业应该着眼于长期利润目标,兼顾短期利润目标。因为从长期观点看,邮轮企业追求最大利润就会使其不断提高生产技术和服务水平,改善经营管理,以求在长期的竞争中取胜,这对企业、对社会、对消费者都是有利的。而企业如果只顾眼前利益,甚至不择手段地追求最大利润使企业信誉受损,最终可能连短期利润也难以实现,即使侥幸能够实现,也会因为企业不牢固的基础而使整个经营失利。以最大总体利润为定价目标,必须要找到一个"最优价格点"——从这个点出发的任何价格变动都将导致总利润的减少。但是,实际上,要找到这样的"最优价格点"并不容易。因此,企业经常使用凭经验判断的办法。例如,企业可以确定一个比通常情况下高得多的目标利润率,并在此基础上计算邮轮旅游产品的价格。当然,也可以直接为邮轮旅游产品制定一个较高的价格。

(二)以市场占有率为定价目标

市场占有率是一个企业的产品销售量占该行业总销售量的百分比。销售量可以以销售额或销售数量来衡量。很多企业认为能否保持或提高市场占有率,是衡量营销组合有效性的一个指标。较大的市场占有率可以产生更大的规模经济、市场力量和优质管理的补偿能力。因此,它也意味着更高的利润。在邮轮旅游行业中由于邮轮企业服务产品的个性化强、需求分散、需求波动大,规模效益较有形产品的生产更难实现,所以,为达到规模生产的目的,不少邮轮企业在相当长的时期内会将市场占有率目标作为定价的首要指导原则,运用定价手段来取得控制市场的地位。基于邮轮旅游产品高固定成本、低边际成本的特点,在市场目标引导下,采取以低于成本的定价进入市场,然后随着市场占有率的不断提升,使固定成本不断摊薄,最终实现产品增值。

市场占有率的高低,对邮轮旅游产品价格的高低有很大影响,一般来说,在市场占有率既定的情况下,为了维持或提高市场占有率,要运用低价格策略。采用这种定价目标,有时比采用投资利润率的定价目标更重要,因为一个企业的投资报酬率并不能反映该企业的市场地位,更不能反映与其他竞争企业的关系。而企业市场占有率的高低,则反映出该企业的经营状况的竞争能力,反映出企业的产品在市场上的地位和兴衰,反映出企业长期经营效果的趋向,但在采用这种定价目标时必须量力而行,尤其当运用低价策略扩大市场占有率时,有可能会导致邮轮旅游者的需求量急剧增加,企业必须有充足的产品或服务供应,否则,供不应求的市场态势必将招致潜在竞争者乘虚而入,反而损害企业自身利益。例如,有时在投资利润率较大时,市场占有率却开始下降,从长远看,这种经营效果并不太好。因为市场占有率高说明企业产品在市场上处于举足轻重的地位,市场占有率上升就是增加市场份额,市场占有率下降就是减少市场份额。所以,以保持和扩大市场占有率为定价目标是非常重要的。

为了扩大市场占有率,就要让邮轮旅游产品价格灵活多样,这样才能满足不同邮轮旅游者的需要。根据按质论价的原则,安排不同档次、不同内容的邮轮旅游产品,可以满足不同层次顾客的需要,使他们按愿意接受的价格去购买。

(三)以争取产品质量领先为定价目标

企业可以把在市场上树立产品质量领先地位作为定价目标。如果企业经营实力雄厚,拥有特殊优势,产品质量高或获得名优产品称号,而且能为顾客提供较多的服务,顾客也愿意支付较高价格购买的话,企业就可以对这些高质量的产品实行高价策略,以补偿高质量所耗费的成本,并且获得令人满意的利润,树立良好的高质量企业形象。

(四)以维持企业生存为定价目标

以维持企业生存为目标,是企业在营销环境发生重大变化,难以按正常价格出售产品的情况下,为了避免受到更大冲击造成企业倒闭等严重后果而采取的一种过渡性策略。当企业受到经济环境、社会环境等宏观环境制约,以及供应过剩、有效需求不足、新产品冲击等方面的猛烈冲击时,产品往往很难以正常价格出售。在企业以维持企业生存为目标时,可以以折扣价格、保本价格甚至亏损价格来出售自己的产品,以求促进销售、收回资金、维持营业,为扭转不利状况创造条件、争取必要的时间。这种定价目标只能作为特定时期内的过渡性目标,一旦出现转机,将很快被其他目标所代替。

(五)以消费者满意度为定价目标

邮轮企业的长远发展依赖于消费者忠诚度的不断提高,而消费者的忠诚度又来自于消费者对产品的满意程度。所以,不少邮轮企业以消费者满意度作为定价目标。一方面通过市场调研与评估,设计质价比最受市场认可的产品来满足消费者需求;另一方面,针对需求弹性差异,对各种价格影响下的需求和利润边际加以评估,实行差别定价。正是在满意度目标指引下,市场上才出现了大众服务、高档服务并存的市场态势。

三、邮轮旅游产品定价的步骤

邮轮企业在制定邮轮旅游产品价格时,需要考虑的因素很多,既有企业内部可控因素,又有市场环境和供求状况等企业外部不可控因素,涉及的利益又是多方面的,因而邮轮旅游产品的定价工作是一项极其复杂的事情。正确合理的定价需要以科学的理论为指导并采取科学的程序。一般来讲,邮轮旅游产品的定价程序可分为下列步骤。

(一)明确定价目标

定价目标是指企业通过特定水平的价格的制定或调整,希望达到的预期目标。定价目标是企业市场营销目标体系中的具体目标之一,它的确定必须服从企业营销总目标,也要与其他营销目标(比如促销目标)相协调。在产品生命周期的不同阶段,企业整体战略不同,营销总目标也不尽相同,从而有不同的定价目标。企业在定价前首先要选择一个有利于实现企业特定时期营销目标的定价目标,才能确保企业定价的方向正确和目标明确。

(二)估算市场需求

企业估算市场需求时,首先要明确目标市场。在此基础上,进一步了解该市场中消费者的基本特征、需求强度、需求结构、需求潜力、购买力水平以及消费者对价格的敏感程度等情况,从而预测产品在该市场的预计销售量和需求弹性,为企业确定其产品在该市场上的价格水平和调整价格提供市场依据。

(三)估计成本与利润

成本是企业定价的基础,也是确定邮轮旅游产品营销价格的最低界限。任何邮轮旅游产品的销售价格都必须高于成本。在邮轮旅游产品成本构成中,固定成本一般不随产量的变化而变化,而变动成本则随产量的变动而变动,流通费用一般由企业自身的销售实力、资金状况及其选择的销售渠道策略而定。利润是企业的经营目标,定价时的利润目标,往往取决于产品的质量、特色及市场供求状况等。在估算出成本和利润的基础上,企业就能确定一个产品的最初价格,形成价格雏形。

(四)分析竞争者反应

企业在价格雏形的基础上,为了进一步确保价格的科学合理性,要既保证该价格有利于实现企业的最大目标,又保证该价格尽可能地提高企业的市场占有率,还需要考虑影响企业定价的其他因素,从而对价格加以调整和完善。其中主要是竞争对手的反应。生产经营相同或类似邮轮旅游产品的邮轮企业之间的竞争,渗透在邮轮旅游产品开发、设计、生产直至市场营销全过程的每一个环节,涉及邮轮旅游产品、价格、分销、促销等多个方面。对定价来说,市场竞争的影响,主要表现在竞争对手的产品状况与价格高低对本企业产品价格水平的约束上。这种约束产生的根本原因,是购买者总是希望在购买活动中实现顾客让渡价值的最大化。所以,即使同样的邮轮旅游产品,邮轮旅游者也会因价格水平不同而做出不同的评价和购买选择。鉴于这些情况,企业的营销部门需要采取适当的办法了解竞争对手的产品状况、价格水平、市场声誉等方面的情况,以便同竞争对手比质量、比价格,适当地确定本企业产品的价格水平。为使企业的产品具有市场竞争力,企业定价人员要善于掌握市场竞争形势,认清主要竞争对手,摸清竞争者的产品特征和价格水平如何等情况。在此基础上,选择有利的价格竞争策略,如本企业产品以高于竞争对手同类产品的价格出售,可以树立威望;或低于竞争对手同类产品的价格出售,以便在市场占有率和销售量方面压倒对方;或以与竞争对手同类产品相同的价格出售,从而避免竞争等。而产品一旦上市,竞争者必将对该产品进行分析,采取相应的价格策略来打击对手从而保护其自身利益。因此,企业的营销部门还必须密切注视竞争对手针对本企业的价格而采取的调价措施以及做出的其他反应,并制定适当的对策。

(五)选择定价方法

企业在特定的定价目标指导下,应依据对产品成本、需求、竞争等因素的研究结果,选择适当的定价方法。定价方法一般分为以成本为中心、以需求为中心、以竞争为中心等三种定价方法。定价方法的选择是否恰当,直接关系到企业的定价目标能否实现,以及定价决策的最终成败。

(六)确定最终定价

定价方法解决了定价中企业以什么因素为基础的问题,而定价策略则要解决企业如何运用定价基本方法,并综合考虑影响定价的其他因素,最终决定市场成交价的问题。因而,企业确定了定价方法后,还必须配合巧妙的定价策略,包括注重分析消费者心理、产品的新老程度、购买对象等因素,从而确定最终价格。

第三节 邮轮旅游产品定价方法

定价方法是企业在特定的定价目标指导下,依据对成本、需求及竞争等状况的研究,运用价格决策理论,对产品价格进行计算的具体方法。邮轮旅游产品的定价方法可以归纳为成本导向、需求导向和竞争导向三类。

一、成本导向定价法

以营销产品的成本为主要依据制定价格的方法统称为成本导向定价法,这是最简单、应用相当广泛的一种定价方法。成本导向定价法包括成本加成定价法、投资回收定价法、目标收益定价法等。

(一)成本加成定价法

1. 总成本加成定价法

单位邮轮旅游产品价格
=(总成本+预期总利润)/预期产品销售量
=(固定成本+单位变动成本×预期产品销售量)×(1+预期成本利润率)/预期产品销售量
=单位产品成本+单位产品预期利润

其中,总成本是邮轮企业在一定时期生产经营邮轮旅游产品时的全部费用支出,总成本可以分为固定成本和变动成本两部分。

2. 变动成本加成定价法

单位邮轮旅游产品价格
=(变动总成本+预期边际贡献)/预期产品销售量
=单位产品变动成本+单位成本边际贡献

在定价计算成本的过程中,仅计算变动成本,不计算固定成本,然后在变动成本的基础上加上预期的边际贡献。边际贡献是指销售收入减去补偿固定成本之后的收益。企业的赢利是预期边际贡献,即补偿固定成本之后企业的剩余利润。

成本加成法由于没有有效考量价格对于销售的影响,在一般情况下较少被独立应用。

然而在出现通货膨胀的情况下,或者在邮轮餐饮行业,人们经常会使用成本加成定价法。

(二) 投资回收定价法

单位邮轮旅游产品价格
=(固定成本+投资收益)/产品销售数量+单位产品的变动成本

邮轮企业为了确保投资按期回收,获取预期利润,根据邮轮旅游产品的成本费用以及预期销售的产品数量,确定一个目标收益率。一般以投资额为基础计算加成利润(即投资收益),然后计算出邮轮旅游产品的价格。投资收益率是一个综合性概念,既包括向国家缴纳的各种税金,又包括企业自身的盈利,新建企业还包括还本付息,其数值的高低由邮轮企业根据自己的实际情况裁定,不低于同期银行的存款利率。

这种定价方法的优点是有预期利润目标,属于政策定价,但确定时必须首先假设一个销售量,然后由销售量导出销售价格。这种方法忽略了销售量,同时也受到价格本身影响。

(三) 目标收益定价法

单位邮轮旅游产品价格
=(固定成本总额+变动成本总额+目标利润)/产品数量

根据邮轮企业的总成本和估计的总销售量,确定一个目标收益率,作为制定价格的标准。目标收益定价法在邮轮企业中,尤其是饭店业中被广泛应用,制定客房产品价格使用的千分之一法和赫伯特公式法,实质上就是目标收益定价法的特殊形式和具体应用。

二、需求导向定价法

邮轮旅游产品定价的起点是邮轮旅游消费者而不是邮轮企业,消费者在做出购买决策的时候,关注的不是产品的成本,更多的是定价是否合理,是否能满足他们自身的需要。需求导向定价法就是在消费者需求的基础上制定产品的价格。只有当产品的价格与消费者的价格心理、价格意识和承受能力相一致时,价格才能成为促进交易顺利进行的有效手段。需求导向定价法包括理解价值定价法、区分需求定价法等。

(一) 理解价值定价法

理解价值定价法,是邮轮企业根据购买者对邮轮旅游产品的价值理解来制定价格的一种方法。实质是邮轮企业利用市场营销组合中的非价格变数和产品的质量、广告宣传、额外利益等来影响、诱导邮轮旅游消费者,使他们对于产品的功能、质量、档次有一个正确的理解和认知。

运用理解价值法制定邮轮旅游产品的价格,要求邮轮企业充分了解邮轮旅游消费者的价值观,科学分析和预测通过本方法制定的价格能产生的销售数量,据此估算需要的成本,核算该价格是否可以产生理想的利润,如果可行,就按消费者的理解进行定价。

使用理解价值定价法,不仅要了解消费者对于价格的认知,同时要善于引导消费者对价格的认知,使消费者意识到产品的价值。

(二) 区分需求定价法

邮轮企业在基本价格的基础之上,根据不同的邮轮旅游消费者、不同的产品式样、不同的销售时间和地点进行价格的确定。这种定价方法并不是基于成本的变化,而是基于不同邮轮旅游消费者对不同时间和地点以及式样制定不同的价值。

实行区分需求定价法,首要条件是市场可以按照消费者的需求强度、偏好和价格敏感性进行细分,并且邮轮旅游企业可以了解目标市场的购买动机和心态;其次不同的价位可以增加消费者的满意程度,而不是降低邮轮旅游消费者的满意度。

区分需求定价法的关键是找到具有不同要求和支付意愿的客人,同时采用有效的手段相对应地制定合理价格。

三、竞争导向定价法

邮轮企业的经营处于竞争激烈的环境之中,定价必须充分有效考虑竞争对手的状况。企业结合自身的实力、发展战略等因素的要求来确定价格的方法称为竞争导向定价法。竞争导向定价法包括率先定价法、随行就市法、企业协议定价法、追随核心企业定价法、变动成本定价法等。

(一)率先定价法

一些实力雄厚或具有独特产品的邮轮企业,在制定价格时采取以下步骤:首先,将市场上的竞争产品价格与企业估算价格进行比较,分为高于、低于、一致三个层次;其次,对应价格,将产品的性能、质量、成本等与竞争对手进行比较,分析差异形成的原因;再次,根据各项综合指标,本企业产品的特色、优势,结合企业的目标,最终确定邮轮旅游产品的价格。

(二)随行就市法

在完全竞争型市场,行业存在着众多的企业,它们经营相同的产品,各自在市场中占有的份额都不太大,每个企业的加入和退出,对市场价格都没有太大的影响。在竞争激烈的市场情况下,产品的价格是由市场的整个供给量与需求量来共同决定的。企业只能选择随行就市,以本行业的平均价格水平或者习惯价格水平作为自己的定价标准。对于成本难以精确估测、竞争对手价格变动难以预测的邮轮企业,这样的定价方法可以在保证适当收益的情况下应付竞争。

(三)企业协议定价法

当整个市场由几家大型邮轮企业所控制时,它们的供给量占据了整个市场的很大比重,这样的市场便是寡头垄断竞争市场。它们之间的经济行为相互牵制、相互影响,因而多采用企业间协议定价的方法。为避免企业之间的恶性价格战,企业之间签订相应的协议,相互信任、相互制约,共同控制和操纵价格,这样可以达成相对稳定的市场价格。

(四)追随核心企业定价法

在市场竞争中,往往自然形成一个或者几个实力雄厚、能够基本控制市场的核心企业,它们大多在一定意义上主宰着市场的发展。一些中小邮轮企业的市场竞争能力有限,无力也不愿意与生产经营同类邮轮旅游产品的大企业进行正面竞争,从而采取跟随核心企业同类产品的价格,制定相仿的价格求得生存。采取这种方法定价的企业风险不大,同时也得不到足够的利润。

（五）变动成本定价法

由于市场竞争激烈，邮轮企业为维持生存，以略大于或等于变动成本的价格进行定价，不计固定成本以及折旧，以此来维持企业的经营和生存，力求渡过难关。

四、邮轮旅游产品价格制定的策略

（一）新产品定价策略

在新的邮轮旅游产品推向市场时，定价策略可以有以下几种选择：

1. 撇脂定价策略

撇脂定价也称为"相对高价定价法"，是指制定超出商品成本较多的价格，以期获取较高的利润。实行撇脂策略的邮轮旅游商品面对的销售对象一般是收入水平较高的"消费革新者"或猎奇者。这种定价策略实施的前提是在较高的价值上，依然有消费者群；同时行业竞争者的竞争策略不会挑战到本企业高利润空间的实现。

使用这种策略，易于吸引部分消费者的注意，激发消费者的购买热情，同时也有利于邮轮企业尽快占领市场，取得高额利润，尽快收回投资。这种定价策略降价的空间很大，可以在竞争环境发生变化时采取降价的手段，限制竞争者的加入。

撇脂定价策略是一项非常有效的短期策略。随着时间的推移，当行业竞争者注意到高价带来的收益之后，会随后进入，撇脂的高价也会逐渐降低。在邮轮旅游行业内，除具有垄断价值的邮轮旅游产品外，大多数邮轮旅游产品的易模仿性较强，会给撇脂定价策略的实施带来相应挑战。

2. 渗透定价策略

渗透定价也称为"相对低价定价法"，是指制定低于消费者对商品价值认知的价格，以期通过实现批量销售来增加利润。它主要是利用消费者求实惠、求价廉的心理，以较低的价格迅速打开销路并有效占领市场。这种策略的成功实施，可以阻止其他企业的进入，减少行业新进入者。但这种定价策略的实施也会导致投资的回收期变长，在遇到强劲竞争对手时，可能会同样遭到重大的损失。

3. 满意价格策略

满意价格策略是一种介于撇脂定价策略与渗透定价策略之间的折中价格策略。它根据邮轮旅游消费者在购买邮轮旅游产品中所期望支付的价格来制定新产品的价格。对于消费者而言，他们将这种满意价格称为"温和价格"或者"君子价格"。对于邮轮企业而言，它也可以实现一定的经济效益，是使生产者和消费者都比较满意的价格。这种定价策略适合大多数邮轮旅游消费者的购买能力和购买心理，比较容易建立稳定的商业信誉。

（二）心理定价策略

心理定价策略是指综合考虑价格的心理作用，不仅只从经济学角度考虑价格的制定。心理定价策略主要是运用心理学原理，迎合邮轮旅游者对邮轮旅游产品的情感反应，根据不同类型邮轮旅游者的心理来进行产品价格的制定，使邮轮旅游者在心理价格参照和诱导之下完成购买，实现邮轮企业的营销目的。心理定价策略主要包括以下几种：

1.尾数定价策略

尾数定价策略是指利用整数与尾数的位数差异,或尾数的心理、文化象征意义来制定邮轮旅游产品价格的策略。对于一些价格低以及需求弹性大的邮轮旅游产品或服务,尾数定价策略可以给人一种便宜感。例如,菜肴价格定为8.80元比9.00元更具有吸引力。

此外,尾数还可以通过文化象征意义来迎合不同消费者的特定心理。在中国大陆以及港澳台地区,以偶数为尾数来定价可以让人产生一种稳定、安适的感觉,而8由于与"发"同音而与"发财""如意"等好的象征意义结合在一起。

尾数定价策略的适用面较广,通常通过满足消费者追求物美价廉和求吉利的心理,使邮轮旅游者乐于接受。但这种价格策略也可能会给客人"玩数字游戏"的感觉,怀疑价格的真实性,也可能遭到消费者"便宜没好货"的质疑;而利用吉利数作为价格尾数也可能让宾客感觉不合实际,并且交易中找零也不便利。

2.整数定价策略

整数定价策略是指邮轮企业将邮轮旅游产品价格取整数,满足邮轮旅游者心理需要的定价策略。对于产品需求弹性适中,邮轮旅游者对价格高低不是很在意的产品很适用。这种策略可以激发消费者"高质高价"的认知,使邮轮旅游者产生"一分钱一分货"的购买心理。

3.声望定价策略

声望定价策略是邮轮企业根据"高质高价"的消费者认知心理进行价格的制定。这种定价策略适合于知名品牌邮轮旅游产品价格的制定;适合于能够满足求名心理和自我价值体现心理的产品定价,也适合于需求弹性较小的邮轮旅游产品价格的制定。

声望定价与整数定价策略是不同的:整数定价是去掉尾数,取较接近的整数来定价;而声望定价是利用品牌效应把邮轮旅游产品价格定在离市场可接受的最高价格的某个点上。声望定价与撇脂定价也是有区别的:声望定价的基础是以品牌、品质为基础,而撇指定价的前提是需求弹性小或者在资源、技术等方面有某种垄断性的邮轮旅游产品或新颖独特的邮轮旅游产品。

声望定价可以满足游客对声望产品的需求,满足其求名心理,有利于树立良好的产品形象,取得超额利润;声望定价只适合少数高档知名产品,会影响销售量,对大众化的邮轮旅游产品并不适用,可能会给邮轮旅游者以"暴利企业"的不良印象。

4.习惯定价策略

习惯定价策略是指经营者在定价的过程中维持消费者已经形成的有关价格的"心理定势",即使市场供求关系发生变化或者成本变动也不改变商品的价格,而是通过调整商品的组成形式进行相对应的调整。

这种定价策略适用于价格长期固化的产品以及在消费者心目中具有独特文化价值的商品。按照习惯价格进行定价,有利于符合邮轮旅游者的习惯与心理承受能力,有利于邮轮旅游产品在市场上进行销售。但在供求关系或者成本发生了变化之后,经营者往往通过降低质量或者减少数量的方式赚取利润,令游客产生反感。

5.招徕定价策略

招徕定价策略是指邮轮企业对某几项邮轮旅游产品制定相对低廉的价格,以绝对的吸引招徕顾客,但招徕并不是最终的目的,企业要通过有效的招徕,让邮轮旅游者顺便购买其他的常规定价商品。

招徕定价策略对于试图想占小便宜的游客和具有较强连带性的邮轮旅游产品具有实践意义。它能够有效带动整体产品的销售,改变冷清的氛围,形成热闹的销售场面,通过先给予、后索取的方式获得较高的整体利润。但如果设置蒙骗局面对邮轮旅游者进行欺骗,例如尽管对待价商品进行了折扣销售,但特价商品的品质与宣传的品质相比差许多;在招徕完成之后故意虚抬其他产品价格,乘机大捞一把,最后会导致具有一定购买经验的邮轮旅游者认为招徕商品的价格不可信,招徕策略最后无法有效。

（三）差别定价策略

如前所述,邮轮旅游产品的特点决定其在成本并无差异时带给消费者的价值感知是有差别的,邮轮企业应该主动根据消费者可感知价值的差异进行价格制定。实现企业利润的最大化,一般包括以下三种基本策略:

1.时间差异定价策略

根据季节、时间的差别制定不同的价格。例如,邮轮企业经营中都会在邮轮旅游旺季、平季和淡季分别制定不同的价格。

2.邮轮旅游者差异定价策略

结合企业的社会责任及热点事件,针对不同的邮轮旅游者,制定不同的价格。例如,对于学生、老人给予相应的价格优惠;部分企业结合学生高考给予高考优秀者价格优惠;结合邮轮旅游者购买频率给予常客优惠等。

3.地点差异定价策略

在邮轮旅游产品的价值确定过程中,许多产品的价格是和产品的地理位置结合在一起的,应该根据不同的地点制定具有差异的价格。

（四）折扣定价策略

折扣定价策略是邮轮企业在确定了产品的基本价格之后,给对方一定的价格折扣,以此来吸引邮轮旅游者购买或者增加消费。折扣策略主要包括数量折扣、功能折扣、现金折扣、促销折扣、实物折扣等。

1.数量折扣策略

邮轮企业根据买方购买邮轮旅游产品的数量给予不同的价格折扣,通过数量折扣拉动邮轮旅游者的购买,推动中间商进一步开拓市场。数量折扣可以吸引潜在邮轮旅游者购买,提高消费者的回头率,在吸引新顾客的同时维系稳定的常客。

数量折扣可以分为累计数量折扣和非累计数量折扣两种形式。累计折扣是指在一定时期内,按照购买者购买的总量或者总金额给予不同价格折扣的策略;非累计折扣是指一次性购买邮轮旅游产品数量或者金额达到相应的折扣标准时,给予相应的折扣。

在使用数量折扣策略定价的过程中,许多邮轮企业采取的实际做法是将数量折扣用代金券的形式返还给消费者,用于邮轮旅游消费者再次购买时冲抵等量价款。累计数量折扣策略往往由于折扣实行的周期非常长,客人容易产生等待时间过长的感觉,但非累计数量折扣少,对游客的吸引力又不强。因而,在数量折扣策略的使用过程之中,也应该注意它的适用范围是受到一定限制的。

2.功能折扣策略

对于部分邮轮企业,经营中必须借助邮轮旅游中间商经销其产品,邮轮旅游中间商中部分经销能力强,部分经销能力相对较弱。功能折扣就是指邮轮旅游产品的生产企业按照各类经销商功能的不同给予不同的价格折扣,一般给批发商的折扣比零售商的折扣要大。

这种折扣方式有利拓宽邮轮企业的销售渠道,调动邮轮旅游销售渠道中批发商和零售商经营企业产品的积极性。它以利益为刺激因素,借助邮轮旅游中间商的营销渠道来销售邮轮旅游产品,解决直接销售渠道能力不足的问题。由于这种折扣方式只考虑到经销商的功能,没有考虑到销售的数量和销售金额的大小,不利于调动那些经营本企业邮轮旅游产品积极性很高、销售数量和金额都很大的邮轮旅游零售商的积极性。

3.现金折扣策略

随着支付方式的多元化以及信用消费时代的到来,许多邮轮企业允许邮轮旅游者采用信用购买,同时,行业竞争的加剧使得许多企业在商品销售时难以当即获得现金的支付。但经济生活中也存在信用危机,一些客户可能会不讲信用,长期拖欠账款不愿支付,这样被拖欠账款的企业将承担很大的风险。此外,作为经营主体的邮轮企业都希望可以尽快地回笼资金,经营者往往对一定时间内支付现金的购买者给予一定的折扣,这种策略便是现金折扣策略。

现金折扣策略适用于希望加快货币回笼的邮轮企业,比较适用于诚信度不高或者不了解消费者诚信度的客户购买。这种购买有利于改善卖方的现金流量,降低收账成本和坏账风险,并且有利于克服购买者恶意拖欠购买。但这种折扣促销必然会限制信用消费群体现模的扩大。

4.促销折扣策略

邮轮旅游产品的生产者为了调动邮轮旅游中间商促销本企业产品的积极性,给予邮轮旅游中间商一定的价格优惠。生产者与中间商会联合进行广告宣传,邮轮旅游产品生产者会以折扣价格形式补贴邮轮旅游中间商一定的广告宣传费用,在新产品投放市场时,企业也会推出相应的打折优惠。

生产者在推动邮轮旅游中间商进行销售的过程中,可以通过采用促销折扣调动邮轮旅游中间商销售本企业产品的积极性;在邮轮旅游产品的导入期,邮轮旅游者对本企业的产品还不是很了解时比较适合采用这种方法。

促销折扣有利于邮轮旅游产品吸引消费者,尽快为市场所接受。但邮轮旅游中间商得到了促销折扣之后,会减少促销的开支,赚取促销费用。在新产品刚刚推向市场时即采用打折促销的形式,容易引起邮轮旅游消费者的疑惑。

5.实物折扣策略

这是邮轮企业对于购买者采用给予实物的形式进行激励的一种折扣策略。许多邮轮企业在关联性较强邮轮旅游产品的销售过程中,常使用这种折扣策略。

实物折扣的给予可以通过将实物给予消费者以吸引消费者,以此保住主要的利润来源。同时,部分实物还是非常合适的纪念品,具有较强的纪念价值和意义。但具有一定购买经验的消费者往往会明白"羊毛出在羊身上"的道理,会认为免费给予的实物实际增加了自己的实际支付费用,并且不是自己真正需要的价值,会增加自己的负担。

第四节　邮轮旅游产品价格决策的误区与非价格竞争策略

邮轮旅游市场竞争非常激烈,邮轮旅游产品并非"国计民生"性产品,企业在产品的定价上享有较大的自主权,许多企业也将价格策略作为企业在营销活动中的制胜武器,价格竞争在邮轮旅游行业非常激烈。邮轮旅游行业中,旅行社等企业的进入门槛相对并不高,竞争主体较多且整体水平有限,因而价格竞争成了最为主要的竞争手段;邮轮旅游产品在价格制定过程中往往容易陷入一些价格决策的误区。邮轮企业在价格策略的制定过程中应该尽量避免这些价格误区并更多地选择非价格竞争策略,以整体营销策略取胜。

一、邮轮旅游产品价格决策的误区

(一)超低价倾销

实力雄厚的企业在试图清理市场、希望扩大市场占有率的情况下,常常会选择进行低价倾销,产品的价格会低于同行业平均成本、企业成本甚至是变动成本。

选择进行低价倾销必须要仔细考量三个方面的问题:首先是相关的法律法规以及行业规范。明确超低价倾销的行为是否会触动相应的法律、法规、行业规范。其次是企业自身的实力。企业必须进行必要的理性分析,明确自身是否可以承担超低价倾销带来的现金流等各个方面的压力。最后是竞争对手的反应。如果竞争对手也随之降低产品的价格,那么这种报复必然会引起一场价格战,最后导致行业利益受损。

(二)价格欺诈

企业在经营的过程中,往往使用各种不断翻新的花样进行价格欺诈。这些价格欺诈给消费者造成了极其不好的负面影响;同时,消费者对各种欺诈的手段也越来越谨慎。邮轮企业在经营过程中应避免使用这种类型的策略。

1.高价低质

邮轮企业利用邮轮旅游交易中的信息不对称制定较高的价格,邮轮旅游者出于高价高质的认知会选择进行购买,然而,企业所提供的邮轮旅游产品却是质量低劣的。利用这种交易方式牟取暴利的企业一般只是想与游客进行一次性交易往来,但这种方式必然会使企业品牌受到直接影响。在邮轮旅游者日益成熟和投诉处理力度加强的环境下,这种"一锤子"买卖的想法已逐渐被抛弃。

2.不明码标价

一些邮轮企业在产品销售时并不明码标价,一些邮轮旅游者警惕性不高,会根据以往的消费经验想当然地进行价格估测,并根据自己的估测进行消费。但当消费结束时,邮轮企业则会强行收取高额费用,并要挟消费者必须支付。这种方式其实就是一种改换了形式的强买强卖,是一种不可持续的欺诈行为。

3.削价降质

在低价竞争的市场环境之下,邮轮企业为了有效地应对竞争,往往选择跟随降价策略。但邮轮企业没有合适、有效的方式降低相应产品的成本,因而选择降低产品的质量,通过邮轮旅游消费者利益的损害来保证企业降低价格之后的利润空间。

4.虚假折扣

一些邮轮企业在标出邮轮旅游商品的折扣价格时,首先抬高了产品的价格,在被抬高的价格基础之上给予折扣,其实与商品的原价持平甚至价格更高。邮轮企业的这种价格策略渐渐被邮轮旅游者谨慎提防,往往难以奏效了。

二、邮轮旅游产品的非价格竞争策略

价格策略是企业在营销过程中可以灵活使用的一种有效策略,但在使用过程中,应该更加重视综合采用一些非价格竞争策略,根据企业的实际状况将两者结合起来使用,相互配合、相互补充,恰到好处地发挥价格策略的作用。

(一)实行价值竞争

对于消费者而言,价格固然重要,但越来越成熟的消费者会更多地考虑价值,注重产品的性价比。对于邮轮企业而言,要注重价值的竞争,摆脱仅仅进行价格竞争的局限,避免轻易发动和参与到非理性的价格战之中。

(二)实行创新与差异化竞争

在有效定位的过程中,差异化是目前最为有效的手段。特别是在邮轮旅游业中,由于邮轮旅游产品实质是提供给消费者的一次综合体验,差异化的潜力实质是比较大的。在营销的过程中应积极进行创新,通过不断地创新以及有效的差异化手段,使价格策略的使用空间更为广阔。

(三)采用渠道、促销竞争

渠道策略往往是与价格策略相辅相成的,企业应该维系与中间商之间的友好双赢关系,构建覆盖适应、可控高效的渠道网络,赢得渠道竞争的优势。同时实行有效的广告、公关、销售促进、人员推广等促销策略,从而提高产品的知名度和美誉度,树立企业良好的市场形象,有效拉动消费者进行购买,推动中间商进行销售,从而赢得各项竞争优势,便利价格策略的有效实施。

本章小结

价格是商品价值在市场中的货币表现形式,是最能体现商品特点的重要因素之一。对于邮轮旅游消费者而言,邮轮旅游产品的诸多要素中,价格是被重点考虑的要素之一。对于企业而言,邮轮旅游价格是产生效益的因素,使用的灵活性非常强。邮轮企业的价格策略使用是否合理,影响着邮轮企业的经营效果,关系着邮轮企业的生存与发展。

邮轮旅游产品价格策略主要是分析邮轮企业如何制定合理的价格、灵活地调整价格,最终达到营销目标。本章从全面介绍邮轮旅游产品价格制定的方法和步骤着手,阐述邮轮旅游产品的各种定价策略,论述邮轮旅游产品价格调整和非价格竞争策略的使用。通过前述理论知识的介绍,为价格策略的合理使用建立理论框架、提供系统方法。

思考题

1. 影响邮轮旅游产品价格制定的因素有哪些?
2. 邮轮旅游产品价格制定的方法有哪些?
3. 邮轮旅游产品价格制定的导向有哪几种?分别在什么情况下适用?
4. 菲利普·科特勒对价格问题曾做过这样的阐述:"你不是通过价格出售产品,你是出售价格。"结合邮轮旅游业的实践谈谈你对这句话的理解。

案例分析

供大于求　邮轮价格腰斩促销

火爆的邮轮市场正在逐渐转入淡季。然而《北京商报》记者调查发现,除去季节性因素影响,2015年邮轮市场由于供给远大于需求,目前已经出现价格大幅跳水的情况,多数邮轮产品起价仅2000元左右,与以往4000~5000元的售价相比价格近乎腰斩。而为了将积压的邮轮舱位尽快售出,降价促销成为以OTA为代表的经销商们使用的最直接手段。

北京商报记者调查发现,目前各大OTA上的邮轮产品较原价下降至少1000~2000元,个别产品甚至猛降4000元,2000元左右起步的邮轮旅游产品比比皆是。以皇家加勒比的"海洋量子"号邮轮为例,它在10月23日"上海—福冈—上海"的航线,同程售价4999元起,同时还可享受满4000元减300元的红包,而这一产品的原始价格则为9100元起。此外,不同OTA在同一航期的相同邮轮销售中也开始出现一定程度的价格战。歌诗达邮轮"大西洋"号在10月23日出发的6天5晚"天津—济州—福冈—天津"的航线,携程售价2999元起,同程售价2699元起,途牛售价2899元起,不过,携程的2999元可买到2人、3人和4人内舱房型,游客的选择空间更大,同程虽然价格相对较低,2699元仅可入住内舱4人间,而途牛的2899元则可购买内舱3~4人间的房型,竞争激烈。

除了直接的降价促销,OTA还通过大派红包吸引用户眼球。2015年狂发红包的同程便是典例,专门针对邮轮产品发放红包,金额高达1600元,按照满1000抵100、满3000抵200、满4000抵300、满30000抵1000的使用规则,大部分消费者可享受100~300元的价格优惠。

邮轮产品价格之所以大幅跳水,除了正常的季节性因素外,2015年整个市场供给严重大于需求是主要原因。相较于往年,2015年邮轮旅游产品的供应量持续增加,母港邮轮数量从2014年的8艘增加至12艘,同时航线不断增加,航季也延长至秋冬季节。世界邮轮网提供的数据显示,中国沿海邮轮母港数量正以每年50%的速度递增,皇家加勒比的"海洋量子"号、歌诗达的"赛琳娜"号等均是今年投入中国市场的邮轮,其中"海洋量子"号是亚洲第一、世界第三大的邮轮,可载客4000多人。在国际邮轮公司纷纷进驻的同时,国内的"海娜"号、天海邮轮等也相继投入运营。另外，歌诗达的"赛琳娜"号、公主邮轮的新世代邮轮等还计划在中国开启全年航季。

船只、航线、航季的持续增加，令中国邮轮市场的供给量大为增加，然而，这样的增速却让市场难以消化。与此同时，长江翻船事件、韩国 MERS、台风等事件对邮轮市场产生了不利影响，市场需求预期收紧。山东中国国际旅行社分社总经理陈长青表示，今年邮轮市场需求的增速跟不上船只增加的速度。在需求不足以消化市场的前提下，低价促销成为吸引消费者的有力手段。世界邮轮网董事局主席兼 CEO 董泓则指出，专业的邮轮从业人员少、包船商缺少销售渠道等原因也导致市场开拓不力，"实际上按照中国的市场潜力，这些新增的邮轮产品是可以消化掉的"。

此外，旅行社和 OTA 的包船模式也加剧了邮轮旅游产品的"销售危机"。在中国市场上，包船成为邮轮公司的主要销售渠道，然而，供大于求的市场环境让邮轮产品的销售压力集中至包船商身上，随着发船期的临近，压力也越来越大。美辰邮轮 CEO 杜裪铭表示，包船模式下，旅行社没有办法承担空舱的风险，因此会以尾货的价格出售。

业内人士预计，2016 年邮轮市场竞争将更加白热化，同时市场竞争也会逐步集中到有巨大资金背景的几大 OTA 之间。而且由于供需持续失衡，邮轮产品将不可避免地出现低价促销，这将破坏邮轮产品价格体系。董泓表示，邮轮产品价格越来越低，而这将给消费者一个观念，越临近出航购买价格越便宜。"这会产生很强的负面效应。"而对邮轮公司来说，价格体系打破之后，原本的利润空间也将遭破坏，不利于邮轮公司的长期发展。此前，皇家加勒比邮轮公司以"低于市场价格出售皇家加勒比邮轮产品"为由封杀 5 家分销平台便是例证。

董泓还透露，现在旅行社和 OTA 都在赔本促销。他还指出，明年市场竞争将更加白热化，甚至出现价格战，而对于传统旅行社来说，或将放弃这一"赔钱"的买卖，"传统旅行社是有底线的，不会做赔钱买卖，而 OTA 有资本支撑，同时抢占市场是他们的目的，因此未来会在资本层面展开厮杀"。

资料来源：北京商报，http://money.163.com/15/1009/08/B5FIO737002552IM.html。

结合案例思考以下问题：

（1）从案例中可以看出，2015 年邮轮产品价格大幅跳水，分析邮轮产品价格大幅跳水的原因。

（2）根据案例内容，探讨传统旅行社和 OTA 对包船模式邮轮产品价格大幅跳水的态度和应对策略。

第9章 邮轮旅游渠道策略

 **本章导读**

携程不再只是邮轮分销渠道,同时也开始涉及邮轮经营。中国快速发展的邮轮市场不断吸引国际邮轮巨头押下更多筹码,携程显然不想错过这一机会。

由携程投资的本土邮轮公司天海邮轮将于5月首航,天海新世纪号也即将参与中国从第二季度开始升温的邮轮旅游市场。

天海邮轮将在5月15日从上海港口出发,首航航线为5天4晚的日韩游,游程中将停靠韩国济州岛和日本福冈。目前发布的天海邮轮日韩航线将持续运营到10月,时长为4日到9日不等,分别从上海、青岛、舟山港口起航。

携程邮轮事业部首席执行官杨蕾告诉界面新闻,携程暂时还没有新的购船计划。投资组建本土邮轮公司的携程在2014年9月23日发布全球首个中文邮轮预订平台,直连全球20多家邮轮公司系统为游客提供预订服务。在国内邮轮市场,携程的资源采购量占到总体的10%以上。

天海邮轮成立于2013年12月,是由携程旅行网和上海磐石资本等投资机构共同组建的一家中国本土邮轮公司。2014年11月,携程与皇家加勒比邮轮宣布共建天海邮轮合资公司,双方各持有天海邮轮35%的股份。

天海邮轮的这艘首航邮轮是2014年9月份携程从皇家加勒比邮轮公司购入的精致世纪号,随后翻新并重新命名为"天海新世纪"。天海新世纪号总吨位71 545吨,载客量达1814人,有15层甲板楼层。

新世纪邮轮针对中国游客喜好做出改良,比如翻新适合中国游客口味的餐厅、搭建海上蹦床和海上高尔夫梯台,以及设置既可以观景又避免日晒的泳池边帐篷别墅。据天海邮轮官网的产品介绍,船上包含6家餐厅、咖啡厅和酒吧,提供包括粤菜沪菜在内的各类餐饮。娱乐设施包括室内的魔都剧场、室外的夜幕影院、KTV、舞厅、酒廊、赌场、高尔夫、蹦床等。另外还有为儿童提供游乐项目的亲子中心、面朝大海的健身中心、针对女性游客的美容中心。还有船上的邮轮免税店,不仅为游客提供奢侈品、礼品购物区,也为邮轮经营增加了收入渠道。

新世纪邮轮目前只服务于日韩航线,这也是国内邮轮市场的主要航线,客源稳定,签证便利,同时也是近年来热度递增的出境游目的地,五六天的短程线路和5000元左右的价格也适用于更广泛的人群。

国内在线邮轮旅游网站芒果网发布的《2014年中国邮轮旅游意愿调查报告》显示，国内邮轮游客偏好选择航程5~7天的短程游线，日韩、东南亚（越南、泰国）、欧洲（地中海）成为最热门航线。

目前韩国和日本对邮轮游客已经实施免签入境。2015年3月18日日本实施船舶观光登陆许可制度，允许由日本法务大臣事先指定客船的外国旅客以观光为目的在停靠港口免签入境，天海邮轮是首批申请邮轮日本免签的邮轮公司。据新浪财经报道，根据日韩两国邮轮旅游局数据，2015年2月中国大陆游客前往日本和韩国邮轮旅游的数量同比分别增长了160%和58%。

对携程这家在线邮轮旅游企业来说，天海邮轮意味着携程不再只是个邮轮分销渠道，同时也开始涉及邮轮经营。但在起步较晚的中国本土邮轮市场，携程天海邮轮还有其他竞争对手。

海航集团2012年从嘉年华集团买入了"海娜"号邮轮，2013年1月首航。据悉，"海娜"号2014年的全年游客数量接近10万人。2015年新航季开始前，海娜号回到船坞翻新，增加了更多适应中国市场的特色，比如打破国外公司向游客收取消费这一常规项目、扩建游乐场和免税店等。2014年下半年投入运营的渤海渡轮"中华泰山"号在2015年4月21日又将开航，主要航线包含韩国济州岛和国内的舟山。2014年10月，中国船舶工业集团签约嘉年华邮轮集团宣布进军邮轮市场。更早在2012年还有厦门环球邮轮有限公司与厦门船舶重工达成协议，斥资31亿元建造豪华邮轮，预计2018年下水。

中国快速发展的邮轮市场不断吸引国际邮轮巨头押下更多筹码。首个进驻中国的国际邮轮集团意大利歌诗达邮轮2015年3月开启了从首个中国出发的环球邮轮。皇家加勒比邮轮在宣布引进"海洋量子"号之后近日又宣布将把新船"海洋赞礼"号带入中国。而嘉年华邮轮公司在2015年1月与中国招商局签订合作备忘录，要组建两家合资公司以修建邮轮港口和建造邮轮。

《参考消息》报道，欧洲和北美的邮轮市场趋于平稳，2014年英国邮轮游客下降了4.8%，而中国被看作邮轮的未来市场所在。过去两年，中国大陆的邮轮乘客人数年均增长率为79%，达到69.7万人，几乎是亚洲其他市场乘客人数总和。

资料来源：新浪旅讯，http://tech.sina.com.cn/i/2015-03-30/。

第一节　邮轮旅游营销渠道概述

一、邮轮旅游营销渠道的概念

邮轮旅游营销渠道又称为邮轮旅游分销渠道或通道，是指邮轮旅游产品从邮轮旅游生产企业向邮轮旅游消费者转移过程中所经过的一切取得使用权或协助使用权转移的中介组织或个人。简单地说就是邮轮企业把邮轮旅游产品营销给最终消费者的途径。

这一概念包括以下三层含义：

第一，营销渠道是邮轮旅游产品使用权转移的通道。邮轮旅游产品在从生产者到消费者的流通过程中，邮轮旅游产品的使用权往往出现多次转移。

第二，营销渠道表明了邮轮旅游产品的流通过程。该过程的起点是邮轮旅游产品的生产者，终点是邮轮旅游消费者。邮轮旅游代理商、邮轮旅游批发商、邮轮旅游零售商及其他中介组织或个人构成了它的中间环节。邮轮旅游销售渠道是从起点到终点的一个完整的流通过程，而不是流通过程中的一个阶段。

第三，邮轮旅游销售渠道可长可短、可宽可窄，并无固定模式，究竟采用哪种模式，企业应根据邮轮旅游市场内外营销环境的具体情况而定。

二、邮轮旅游营销渠道的作用

第一，邮轮旅游营销渠道是邮轮企业进入邮轮旅游市场的必经之路。邮轮旅游产品生产者和供应者只有在出售了邮轮旅游产品之后才能实现其邮轮旅游产品的价值，进而实现自己的战略目标，而出售邮轮旅游产品非经邮轮旅游营销渠道不得成功，这也是邮轮旅游营销渠道最基本的作用。

第二，邮轮旅游营销渠道是邮轮企业的重要资源。邮轮旅游营销渠道是出售邮轮旅游产品的途径，对邮轮旅游产品的营销有着直接的影响。如果邮轮旅游营销渠道数量多、容量大、信誉质量高、能力强，那么，邮轮旅游产品生产者和供应者便能以较高的价格、较大的数量、较低的成本营销自己的产品，及时获得较好的收益。显然，这样的营销渠道理所当然地成为邮轮企业的重要资源。

第三，邮轮旅游营销渠道可以减少邮轮旅游产品交易的次数，加快邮轮旅游产品的流通过程，提高营销效率。这里所指的邮轮旅游营销渠道是有邮轮旅游中间商介入的营销渠道，而非直销渠道。邮轮旅游产品是一种组合产品，在一般的邮轮旅游市场中，大多数邮轮旅游产品和服务并非由邮轮旅游产品生产者和供应者直接营销给邮轮旅游者，而是经过邮轮旅游中间商营销出去的。邮轮旅游中间商作为一个专业化的经济实体，在转移邮轮旅游产品和服务的过程中，凭着自己丰富的营销经验、良好的公共关系和众多的信息来源，可以减少邮轮旅游产品的交易次数，从而加快邮轮旅游产品的流通过程，提高营销效率。

第四，邮轮旅游营销渠道为邮轮旅游者购买邮轮旅游产品提供了极大的方便。邮轮旅游营销渠道的这一作用主要体现在以下几个方面：

一是邮轮旅游营销渠道具有组合邮轮旅游产品的功能。邮轮旅游产品生产者和供应者一般只生产或供应单项邮轮旅游产品，而邮轮旅游活动是一种综合性的活动，因此，通常只有将单项邮轮旅游产品组合起来才便于出售给邮轮旅游者。当单项邮轮旅游产品进入营销渠道后，邮轮旅游营销渠道就开始发挥组合功能，将单项邮轮旅游产品组合成整体邮轮旅游产品，从而方便了邮轮旅游者购买。旅行社作为邮轮旅游营销渠道的重要成员，是这种功能的典型实践者。

二是在购买的地点和时间方面，邮轮旅游营销渠道显得灵活而方便。设立邮轮旅游营销渠道的目的就是为了及时顺利地营销邮轮旅游产品,因而,在时间和地点上方便邮轮旅游者购买邮轮旅游产品便成为邮轮旅游营销渠道的基本属性。而且,随着现代通信技术的发展,时间和地点对邮轮旅游营销渠道的限制也将逐渐减弱,邮轮旅游零售商可充分发挥邮轮旅游营销渠道"灵活而方便"的作用。

三是邮轮旅游营销渠道可减少邮轮旅游者购买邮轮旅游产品的精力和费用。邮轮旅游营销渠道有了邮轮旅游中间商的介入,营销网点增加,营销环节减少,营销成本降低,邮轮旅游产品的价格会有所下降。因此,一般情况下,邮轮旅游者购买邮轮旅游产品的精力和费用都会有不同程度的降低。

邮轮旅游营销渠道的重要意义在于它所包含的整个流通结构构成了了解邮轮旅游营销活动效率的基础。

三、邮轮旅游营销渠道的类型

根据邮轮旅游产品营销过程中是否涉及中间环节来划分,可以将基本模式分为两大类:一是直接营销渠道,二是间接营销渠道。

(一)直接营销渠道

邮轮旅游产品直接营销渠道是指邮轮旅游产品的生产者或供给者直接向邮轮旅游者营销其产品,而不通过任何中间环节的营销途径。这相当于科特勒营销渠道分类中的零层次营销渠道。邮轮企业选择直接营销渠道,可以省去支付给中间商的费用,从而降低流通成本,使邮轮企业有可能以较低的价格向邮轮旅游者营销其产品,在价格上赢得竞争优势。同时,采用直接营销的方式,有利于邮轮企业及时了解和掌握邮轮旅游者对其产品的购买态度和其他相关市场需求信息,及时根据市场需求改进产品和经营;有利于企业控制邮轮旅游产品的质量和信誉。

从邮轮旅游产品的营销实践看,直接营销渠道一般有三种模式。

1.邮轮旅游产品生产者或供给者—邮轮旅游者(在邮轮旅游目的地)

在这一模式中,邮轮旅游产品的生产者或供给者向前来购买产品的邮轮旅游者直接营销其产品,它在产品的生产地扮演了邮轮旅游零售商的角色。这种营销渠道至今仍被很多邮轮企业所采用。

2.邮轮旅游产品生产者或供给者—邮轮旅游者(在邮轮旅游客源地)

由于邮轮旅游产品的特殊性,邮轮旅游产品的消费必须在邮轮旅游产品生产现场进行,而邮轮旅游产品的营销只是一种买卖合同,邮轮旅游者可以在任何接受预购的地方,通过网络、电话等现代通信方式向邮轮旅游产品的生产者或供给者购买或预订邮轮旅游产品,邮轮旅游产品的生产者仍然扮演的是邮轮旅游零售商的角色。随着现代信息技术的迅猛发展及其在邮轮旅游业中的广泛应用,近年来,这种模式有了新的发展和突破。很多邮轮企业都已开始借助计算机预订系统直接向目标邮轮旅游者出售其产品,为传统的直接营销渠道注入了新的活力。电话、电传和计算机系统等成为这种营销模式的主要使用工具。

3.邮轮旅游产品的生产者或供给者—自营的营销网点—邮轮旅游者(在产品营销地点)

在这一模式中,邮轮旅游产品生产者或供应者通过自己设立在产品生产地以外的营销网点,直接向邮轮旅游者营销其产品。由于这些营销网点是邮轮企业在一定市场区域拥有的自设的零售系统,所以仍然归属于直接营销渠道。一般大中型邮轮旅游产品生产者或供应者会采用这种模式作为营销本企业邮轮旅游产品的重要渠道之一。比如,航空公司在目标市场所在区域设立自己的分公司或售票处;邮轮旅游饭店在机场设立营销点,直接向游客营销其产品;铁路部门在许多地点设立售票处、订票处开展营销活动;大中型邮轮旅游公司通过自设的营销网点营销邮轮旅游产品等。

直接销售渠道的主要优点:有利于贴近市场,获取消费者第一手信息,从而帮助企业调整或改进企业的营销策略;有利于企业直接对最终消费者进行宣传,从而提升企业的整体形象,获取顾客的忠诚度;有利于节省中间商的营销费用,获取更大的利润。

直接销售渠道的主要缺点:直接销售渠道尽管没有了中间环节,但因销售经验不足或其他原因,其销售成本有可能不仅不降,反而上升;企业资源有限,因此,亲自建立的销售网络有限,很难很大程度上满足市场需求。

(二)间接营销渠道

现代邮轮企业顺应发展大趋势,都十分重视发展网络营销,并且为提高直接销售比例和盈利水平而建立自己的直接销售系统,但是如果企业没有占有相当大的市场份额,或直接销售没有一定的经营规模,企业就无法在激烈的竞争中求得长期的生存与发展。所以邮轮企业更多地选择间接销售渠道,即利用邮轮旅游中间商大量销售邮轮旅游产品,以扩大市场份额,提高竞争力和经济效益。

邮轮旅游产品的间接营销渠道是指邮轮旅游产品生产者或供应者通过邮轮旅游中间商将其产品转移给邮轮旅游者的营销途径,邮轮旅游中间商是指从事转移邮轮旅游产品的具有法人资格的经济组织和个人。邮轮旅游批发商和邮轮旅游零售商等是典型的邮轮旅游中间商。采用间接营销渠道,邮轮企业可以充分借助中间商的专业性和其他优势,在一定程度上有助于消除单纯采用直接营销渠道的局限性。

邮轮旅游产品的间接营销渠道,根据所经中间环节的多少,可划分为以下三种营销模式:

1.邮轮旅游产品生产者或供给者—邮轮旅游零售商—邮轮旅游者

这种模式也可称为单层次营销渠道,即邮轮旅游产品的营销只经过了一个中间商,由三点组成两个营销环节:邮轮旅游产品生产者或供应者和邮轮旅游零售商组成第一个环节,邮轮旅游零售商和邮轮旅游者组成第二个环节。这一模式中,中间商主要是从事邮轮旅游零售业务的邮轮旅游代理商或其他代理机构,邮轮旅游产品的生产者需要向邮轮旅游零售商支付佣金或手续费。

2.邮轮旅游产品生产者或供给者—邮轮旅游批发商—邮轮旅游零售商—邮轮旅游者

这种模式也可称为双层次营销渠道,是指邮轮旅游产品生产者或供应者通过邮轮旅游批发商,再经由邮轮旅游零售商将其产品转移到邮轮旅游者手中的营销途径。这种模式由四个点组成三个营销环节。邮轮旅游批发商通常是指从事团体包价邮轮旅游批发业务的邮轮旅游公司或旅行社。在这种模式中邮轮旅游产品的生产者只与邮轮旅游批发商发生直接业务关系，将其产品批量营销给邮轮旅游批发商，然后再由邮轮旅游批发商委托邮轮旅游零售商或通过自行设立的营销网点将产品营销给邮轮旅游者。邮轮旅游批发商通过大批量地购买航空公司、饭店、景点等单项邮轮旅游产品，并将其组合、编排成适应市场需求的包价邮轮旅游产品，但他们并不直接面向邮轮旅游者出售其产品，而是通过邮轮旅游零售商进行营销，有时也通过自行设立的营销点进行营销。

3. 邮轮旅游产品生产者或供给者—本国邮轮旅游批发商—外国邮轮旅游批发商—外国邮轮旅游零售商—外国邮轮旅游者

这种模式也可称为多层次营销渠道，是指邮轮旅游产品生产者或供应者需要通过三层邮轮旅游中间商才能将其产品转移到邮轮旅游者手中的营销途径。这种模式基本上由五个点组成四个营销环节。当前我国邮轮企业拓展国外市场主要采用这一渠道模式，但随着网络技术和通信技术的高速发展以及邮轮旅游市场开放力度的加大，这一多层次营销渠道模式将会逐渐被打破。

间接营销渠道的主要优点：通过庞大的、错综复杂的购销网络密切贴近市场、占领市场，从而提升企业营业额；借助该网络系统向邮轮旅游最终消费者传播企业品牌形象及产品价值的各种信息；有利于树立企业形象；凭借该销售网络第一时间掌握消费者消费信息，便于企业及时调整营销策略，做到以顾客为中心。

间接营销渠道的不足之处：中间环节多，增加了邮轮旅游产品的成本，降低了企业的利润及市场竞争力；由于间接渠道较直接渠道长，邮轮企业对目标市场的控制权下降，邮轮旅游中间商的服务拿走了部分利润。所以说企业应根据自身的情况选样适合自己的邮轮旅游中间商。

第二节　邮轮旅游中间商

邮轮旅游中间商是指介于邮轮旅游生产者与邮轮旅游消费者之间，从事转售目的地邮轮旅游企业的产品，具有法人资格的经济组织或个人。由于邮轮旅游中间商在邮轮旅游市场营销中的作用不同，邮轮旅游生产企业与这些中介组织和个人的责权利关系不同，邮轮旅游中间商的类型也呈多样化。按其业务形式，大体上分为邮轮旅游批发商和邮轮旅游零售商两大类。邮轮旅游批发商是指从事批发业务的邮轮旅游中间商，他们一般不直接服务于最终消费者。邮轮旅游零售商是指那些直接面向广大邮轮旅游者从事邮轮旅游产品零售业务的邮轮旅游中间商。根据不同邮轮旅游中间商的经营性质，人们又可将其划分为经销商和代理商。所谓经销商是指将邮轮旅游产品买进以后再卖出（即拥有产品所有权）的邮轮旅游中间商，他们的利润来自邮轮旅游产品购进价与销出价之间的差额。邮轮旅游批发行业中的邮轮旅游批发商和邮轮旅游经营商大都属于这类经销商。所谓代理商则是指那些只接受邮轮旅游产品生产者或供应者的委托，在一定区域内代理销售其产品的邮轮旅游中间商，他们的收入来自被代理企业所支付的佣金。

一、邮轮旅游中间商的类型

（一）邮轮旅游经销商

邮轮旅游经销商是指从事邮轮旅游产品流通业务的邮轮旅游中间商，也就是说，邮轮旅游经销商是指买入邮轮旅游产品，再将邮轮旅游产品卖出的邮轮旅游中间商。邮轮旅游批发商大多属于此类。邮轮旅游经销商的收入来自于邮轮旅游产品购进与卖出之间的差价，邮轮旅游经销商同邮轮旅游产品生产者或供应者共同承担邮轮旅游市场的风险，他们的成功和失败对邮轮旅游产品生产者或供应者有着直接的影响。邮轮旅游经销商可分为邮轮旅游批发商和邮轮旅游零售商。

1. 邮轮旅游批发商

邮轮旅游批发商一般从事团体包价邮轮旅游的组织和销售活动。通常是一些实力非常雄厚的大型邮轮旅游公司或旅行社，通过与交通部门（航空公司、铁路及邮轮公司等）、饭店、邮轮旅游景点以及其他娱乐服务机构等直接谈判签订合同，购买一定数量的邮轮舱位、门票等，并将这些单项邮轮旅游产品组合成多种价格、多种时间和多种邮轮旅游目的地的包价邮轮旅游线路，再融入自己的服务内容，使之能满足邮轮旅游者整体的需要，并将其批发给邮轮旅游零售商。邮轮旅游批发商大多拥有较强的人、财、物及采购优势，它们多采用集团化经营，也拥有自己的零售网络，抗风险能力强，其利润主要来源于邮轮公司支付的代理佣金、饭店订房差价和邮轮旅游景点的门票差价等。

2. 邮轮旅游零售商

邮轮旅游零售商是指从事零售邮轮旅游产品业务的邮轮旅游中间商，他们的直接服务对象是广大邮轮旅游者。如果邮轮旅游零售商所进行的是邮轮旅游产品的买卖，该零售商便属于邮轮旅游经销商，其收入主要来自买卖产品之间的差额；如果邮轮旅游零售商只是代理销售邮轮旅游产品的使用权，该零售商扮演的是邮轮旅游代理商的角色，其收入主要来自于被代理企业所支付的佣金。

（二）邮轮旅游代理商

邮轮旅游代理商是指与邮轮企业签订合同、接受邮轮企业委托、在某一特定区域内代理其销售邮轮旅游产品的邮轮旅游中间商。邮轮旅游代理商的主要职能是在允许的区域内代理邮轮企业，向邮轮旅游者或邮轮旅游经销商销售邮轮旅游产品和提供有关信息等。其主要收入来自于被代理企业支付的手续费或者佣金，当邮轮企业需要在某一地区开拓市场或客源集中于某一地区而又无法直接进行营销活动时，可以借助于邮轮旅游代理商的资源优势寻求市场机会，通过向邮轮旅游代理商提供有关资料来扩大销售。

邮轮旅游代理商在邮轮旅游者选择某一项邮轮旅游产品和某一个邮轮旅游目的地的决策中起到了很大的作用，因而邮轮旅游产品的生产者要为邮轮旅游代理商提供相应的支持性服务：如邀请代理商参加熟悉业务旅行；通过各种邮轮旅游代理商杂志开展以邮轮旅游代理商为目标的促销活动；提供免费批打的预订电话；快速处理佣金支付问题等。

二、邮轮旅游中间商的功能

(一)邮轮旅游批发商

一般来说,邮轮旅游批发商在经营其包价邮轮旅游产品时,涉及三方面的工作:邮轮旅游线路的策划;线路产品的推销和旅行团队的组织与管理。邮轮旅游批发商作为邮轮旅游产品销售渠道的一员,将单项邮轮旅游产品组合成整体性的包价邮轮旅游产品,从而满足众多邮轮旅游者对一次全程邮轮旅游活动中各种邮轮旅游服务的需要。另外,邮轮旅游批发商还承担着邮轮旅游产品的促销工作,因为邮轮旅游批发商批量订购有关邮轮企业的产品,在拥有存货的压力下,他们势必要开展促销活动,这样做不仅能够顺利售出其拥有的产品,在客观上有利于推销和宣传邮轮公司。

(二)邮轮旅游零售商

邮轮旅游零售商主要与邮轮旅游消费者打交道,向他们宣传与销售最终的整体邮轮旅游产品。实际上,邮轮旅游零售商承担了消费者决策顾问与邮轮旅游产品推销员的双重角色。

邮轮旅游零售商行业中的主要构成成员是旅行代理商。邮轮旅游零售商在相当大的程度上影响着邮轮旅游消费者的购买决策。邮轮旅游零售商大都坐落于当地的繁华地段,便于顾客的购买。邮轮旅游批发商积极向代销自己产品的零售商提供产品宣传册和有关信息资料,邮轮旅游者可以从那里获得各种邮轮旅游信息,因此,邮轮旅游零售商也是传播销售信息的重要阵地。

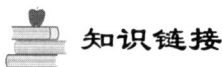
知识链接

主要邮轮公司在华销售渠道

皇家加勒比邮轮公司在华目前只有两种渠道模式来推广业务,一种是邮轮公司直销推广模式,另外一种则是旅行社分销模式。由于邮轮旅游的目的地一般都是在 2 个或者 2 个以上国家或地区,所以,参加邮轮旅游必定涉及护照以及签证等涉外邮轮旅游事宜。在国内,只有够资质的旅行社才能办理出国或出境邮轮旅游业务,因此旅行社成为邮轮旅游中不可或缺的一个环节。

表 9-1 主要邮轮公司在华代理旅行社

邮轮公司	在华机构性质	代理旅行社	办事处
歌诗达邮轮	独资子公司	锦江国旅、春秋国旅等超过 100 家代理旅行社	上海、广州、北京、青岛
皇家加勒比国际邮轮	独资子公司	众信国旅、青旅等超过 80 家代理旅行社	上海、广州、北京
地中海邮轮	合资公司	康辉国旅、春秋国旅等超过 20 家代理旅行社	上海、广州、北京
丽星邮轮	合资公司	上海丽星邮轮旅行社	上海、广州、北京
公主邮轮	销售代理专营机构	国旅、中旅等代理旅行社	上海、广州、北京

因此，国际邮轮公司多采用设立区域办事处、发展地方旅行社、利用其原有销售网络渠道代理分销邮轮产品的票务模式。旅行社通过抽取船票佣金形式获得利润。此种模式在开发中国邮轮市场时被最为广泛的采用，也是各销售渠道中销售额所占比重最大的模式。

第二种渠道就是邮轮公司直销推广模式。此种模式在中国市场也有比较广泛的适用度。各邮轮公司在国内邮轮票务市场中也都组织了较强的力量实现邮轮产品的直销推广，目标市场主要定位于大客户和包船客户。这一种模式是公司自身先期开发大客户市场，将具体操作环节交由我国旅行社完成。但这种销售模式只占10%左右的销售额。

表9-2 邮轮公司在华票务直销模式主要业务范围

销售模式	邮轮公司	在华机构性质	主要业务范围
公司直销	歌诗达邮轮	独资子公司	大客户、包船客户
	加勒比邮轮	独资子公司	大客户、包船客户
	地中海邮轮	合资公司	散客
	丽星邮轮	合资公司	散客、大客户
	公主邮轮	销售代理专营机构	散客
	银海邮轮	办事处	散客

而在国际上，皇家加勒比公司以及其他邮轮公司主要采用第三种渠道，那就是邮轮票务代理模式。其实质就是邮轮公司将票务代理的权限释放给一些有良好信誉度和客源市场的票务代理商，利用票务代理商的网络资源和销售能力销售邮轮船票，并根据代理特点和市场定位经常联合举行一系列促销活动。因此，在一些大的邮轮票务代理商那里，游客经常可以买到一些"实惠得令人惊奇"的邮轮船票。因此此种模式在国外是销售量最大、游客最普遍认同和邮轮公司最为倚重的船票销售模式。但在国内此渠道模式还未健全。与国外邮轮票务市场比较，国内邮轮票务市场尚未形成体系，各邮轮公司销售渠道不稳固，销售总体受制于各级旅行社代理机构，缺乏强有力的渠道支撑。邮轮票务代理市场亟待健全、制度亟待完善。

皇家加勒比公司目前80%的业务推广都是依靠旅行社进行销售的。因而皇家加勒比公司票务营销份额中绝大多数是由旅行社完成。皇家加勒比邮轮公司的票务营销渠道过于单一，并且在很大程度上票务销售活动受旅行社影响。如果旅行社一味压低，从而导致服务无法跟上，这样可能会对皇家加勒比整个经营活动都带来极大的风险。

资料来源：陈文杰.皇家加勒比邮轮公司在华营销策略研究[D].上海外国语大学，2014。

第三节　邮轮旅游营销渠道选择

营销渠道有长度和宽度之分。这体现在邮轮旅游产品供应是直销还是分销,是二级分销还是多级分销;邮轮旅游产品供应商是密集营销,还是选择性营销或者是独家营销等。如何科学地选择营销渠道有三个选择原则应当遵循,即经济效益原则、适应性原则和可控性原则。

一、选择营销渠道的基本原则

(一) 经济效益原则

利润最大化是邮轮企业所有营销决策的基本目的之一,营销渠道的选择也是如此,单从销售收入和销售费用的角度考虑,使用邮轮旅游中间商既能增加销售收入,又可减少直接销售费用。不过,邮轮旅游产品供应给邮轮旅游批发商,产品供应者只能以"供应价"获得销售额,相对于直接销售,价格上有较大的损失;如果邮轮旅游产品由邮轮旅游零售商代理销售,产品供应者则要向邮轮旅游零售商支付佣金;这样,使用邮轮旅游中间商就有一个经济效益比较的问题:由邮轮旅游中间商产生的销售收入的实际增长是否大于直接销售的收入?是否足以补偿和越过有关维持费用?这个邮轮旅游中间商能否比其他可供选择的邮轮旅游中间商带来更大的经济效益?根据经济效益原则,对上述问答必须是肯定的。否则,经济效益就要打折扣。

(二) 适合性原则

邮轮旅游中间商是一个独立的经济主体,并非受雇于邮轮旅游产品供应者而被迫成为其销售渠道的一个环节,因而,对邮轮旅游产品供应者而言,邮轮旅游中间商是不完全可控的。这就要求邮轮旅游产品供应者在选择邮轮旅游中间商时必须注意适合性原则。邮轮企业选择分销渠道应充分考虑不同地区的消费水平、市场特点、人口分布等。在时间上要根据产品特性、消费季节性因素,合理确定中间商的类型、数量及其对分销产品的态度。另外,渠道成员都有自身的局限性,选择之初,要从该成员的资本能力、管理水平、人员素质等多方面综合考虑该成员是否适合从事本企业该产品的销售活动。这其中要关注的是成员的匹配问题。这体现为渠道的抗冲击力与可变性:当外界环境发生变化时,所选择的渠道成员是否能够抵御外来的冲击,并保持市场销售和价格的基本均衡,当生产商总体销售战略进行及时调整时,所选择的渠道是否能快速灵活地进行调整,以适应新政策和市场变化。

(三) 可控性原则

企业所选择的渠道成员一定要对企业有强烈的认同感,理解企业的相关政策。一个不容忽视的问题是,分销商也是一个独立的企业,它所关心的是自己如何取得最大利润,如果无法在一定程度上把控分销商的行为,那么可以任意将产品降价来招揽顾客,也可以把企业的促销活动、策略置之不理。所以在选择渠道成员时,一定要遵循可控性的原则,可以从品牌、全局、服务、利益、客户关系等方面来进行控制,使其不偏离正常的轨道。一是从价格政策上进行控制,确保分销商的竞争行为不能违反国家和企业的价格政策;二是从佣金上进行控制,通过佣金来调整分销商经营行为;二是从服务上进行控制,包括企业形象、店面宣传品等方面。

总而言之,判断一条渠道是否有效合理,并非在于选择了多少邮轮旅游中间商,而在于这种选择是否能够为邮轮旅游产品供给者、中间商以及消费者三方带来最大利益。这也是选择销售渠道的基本原则。

二、邮轮旅游营销渠道的选择策略

邮轮旅游产品营销渠道模式是受多种因素的影响而形成的,因此,在制定邮轮旅游营销渠道选择策略时,首先必须认真分析、研究对营销渠道模式产生影响的那些因素,然后再结合选择营销渠道的基本原则,制定邮轮旅游营销渠道的选择策略。下面是几种常用的选择策略:

(一)营销渠道长度策略

营销渠道长度选择分为两个层次,一是决定采用直接营销渠道还是间接营销渠道;二是选择间接营销渠道的中间环节或层次多少。一般来说,在实际的营销活动中,邮轮企业会同时采用这两种渠道。因为,一方面,对近距离市场,企业自身营销能力可以达到,则多用直接渠道;另一方面,绝大多数邮轮旅游产品的目标市场都比较庞杂、分散,因此,仅凭企业自身的力量很难建立起足够的营销网点,而借助各种类型中间商的力量,可以使营销活动的辐射空间更为广阔。

每一条销售渠道在长度策略理论上都具有一些优点,比如,直接销售渠道可以直接了解邮轮旅游者的有关需求和意见,方便供求双方信息沟通等,间接销售渠道可以加快邮轮旅游产品的流通等。但对某个具体的邮轮旅游产品生产者或供应者来说,每一条销售渠道在长度策略理论上的优点都是相对的,而非固定的。无论哪种销售渠道长度策略,给邮轮企业带来的效果不外乎最佳、较好、一般和失败这么几种。如果某一长度策略符合邮轮企业自身情况,能为企业带来最大利润而又不违背企业的长远利益和社会根本利益,那么,这种策略可以说就是最佳策略。

(二)营销渠道宽度策略

渠道长度设定之后,邮轮企业还应对每个环节中间商的数量进行选择,一般有密集型营销、选择型营销和独家营销三种策略。

1.密集型营销

密集型营销是指广泛而不受任何限制地选用邮轮旅游中间商加入分销本企业邮轮旅游产品的行列。广泛性分销的优点在于市场覆盖面广,灵活性强,邮轮旅游者购买邮轮旅游产品较为方便,而且一般不会受到某一个邮轮旅游中间商的严重影响,因此,广泛性分销比较适合大众化的邮轮旅游产品。在主要目标市场采取密集型营销,效果往往更为明显。

2.选择型营销

选择型营销指邮轮企业只选择那些素质高、营销能力强的中间商销售其产品。这种策略介于独家分销和广泛性分销之间,比较适用于价格较高,或数量有限的一些邮轮旅游产品,因为它要求中间商有较强的销售能力,并具备相应的专业知识,能给消费者提供针对性的服务。

3.独家营销

独家营销是指邮轮企业在一定时间,一定市场区域内只选择一家中间商销售其产品,授予该中间商独家经营权。这是最窄的一种销售渠道形式。独家营销的优点在于这种营销渠道决策有助于调动中间商的积极性,而且企业对中间商的控制能力较强,在价格、促销、信用和服务等方面也更便于双方合作。缺点是灵活性较小,不利于大众消费者分散购买。另外,它的市场覆盖面狭窄,风险较大,一旦邮轮旅游中间商不能胜任独家分销的重担,就会严重影响企业在该市场的整个营销计划。

本章小结

邮轮旅游产品和服务只有通过或长或短、或宽或窄的营销渠道才能成功实现由邮轮旅游经营者向邮轮旅游消费者之间的转移,从而最终促成邮轮旅游交易双方利益的达成。在邮轮企业的营销组合中,营销渠道就像血液循环系统一样,促进着邮轮企业的商流、信息流、现金流、促销流等的有效实现,它是实现邮轮企业发展目标的非常重要的组合策略之一。在买方市场环境之下,"渠道制胜"成为主要的竞争手段之一,渠道策略的重要性更加不言而喻。

思考题

1.简述邮轮旅游营销渠道的作用。
2.分析比较直接营销渠道与间接营销渠道的优缺点。
3.一个完善的邮轮旅游网络营销渠道具备哪些功能?
4.分析邮轮包船模式的利弊?

 案例分析

邮轮业包船模式全透析

"如果你爱一个人,就让他去包船;如果你恨一个人,也让他去包船。"

中国人向来不走寻常路,豪华邮轮业的发展似乎也是如此。

以2011年为界,之前的中国邮轮业发展按积极的说法应该是平稳缓慢地发展。而说得实在一点就是发展迟缓、毫无亮点。之所以这么说,是和2011—2015年的邮轮业发展相比较而言。从2011年起,中国的邮轮产业似乎从一个混沌时期突然进入了一个波澜壮阔的发展时期。

据不完全统计,中国大陆包括香港地区在内的七大国际邮轮港接待国际邮轮出入境游客人次从2011年的68.59万猛增到2014年的195.27万,4年内总增幅达到285%。而2016

年到2017年根据各大邮轮公司公布的消息，在中国投放的邮轮总运力每年至少都有50%以上的增长。

在讨论中国邮轮业5年来"井喷式"发展的原因时，大家可能都会不约而同地认为，根本驱动力是源于中国经济快速发展，人均GDP的增长带动了用于休闲邮轮旅游的可支配收入和闲暇时间的增加。根据邮轮经济发展较为成熟的国家经验，当人均GDP达到6000~8000美元时，邮轮经济将进入高速发展期。作为世界第二大经济体的中国，到2012年底，人均GDP已经超过6000美元，中产阶级和富裕阶层不断发展壮大，从消费能力上已经具备了发展邮轮经济的良好基础，而随着中国进入老龄社会，中国也拥有了庞大的潜在消费群体。

不过事实上，宏观因素再充足，我们也无法说服自己，就是这导致中国邮轮业以如此快的速度，几乎是以4~5年的时间赶超了欧美国家花了20年甚至更长时间才达到的规模和高度！这中间，人们也许没有意识到，除了那些宏观因素外，这种在全球范围内绝无仅有的提前整体买断资源的营销模式，其实起到了非常大的作用！

大家也许会很惊讶：你何出此言？那么就让我细说其中原委。

什么是邮轮的"包船模式"

包船(Charter Sailing)是指代理或客人将邮轮公司某一个航次上的可以售卖的所有舱位都提前买断(极少情况下邮轮公司会保留极少的舱位以备不时之需)，并完全有自己主导销售的模式。而相应的半包船(Half Charter Sailing)自然是指代理或客人提前买断一半的舱位。大切舱(Mega Group)是指买断大于50%而小于100%的舱位。这些其实都可以视为包船模式的一种。

原先全球邮轮市场上只有一种包船模式，我们称之为"企业包船"(Corporate Charter Sailing)，是指某一家企业将某个邮轮航次包下来，以邮轮为活动场地，邀请他们的客户或员工上邮轮举办活动。这种包船和我们这里着重要谈的零售包船的主要区别是所有的舱位和服务并不会在市场上公开销售。包船的主体或是免费邀请客户上船或者补贴一部分费用，其原因可能是宣传推广、奖励自己的员工或客户，而不是以从邮轮船票销售中获利为包船目的(当然也有少数机构拥有封闭渠道，通过闭环销售获利。但是因为并非公开销售，所以也应该并入这一范畴)。

通常来说，限于企业营销规模和营销费用，以及操作大型活动的能力，一般情况下这样的包船规模不会太大，基本为500~1500人。但是近年随着直销公司对邮轮包船的青睐，企业包船航次变得越来越多，包船规模也越来越大。例如安利、如新，还有中脉、克丽缇娜、宝健、天士力、USANA等大型直销公司动辄就包下10万吨以上的邮轮，甚至16.8万吨的全球最新的海洋量子号，为了品牌和生意，他们包船一点都不含糊！

直销企业之所以热衷于大型豪华邮轮包船，是基于以下几个原因：

和五星级酒店一样，豪华邮轮上一般都配备非常完善的大型会议场所。但是不同的是，这些场地均可免费使用(须事先预约)，而且设备租赁和人工也是相对非常低廉的。这与在陆地上的五星级酒店举办活动需要为会议场地、设施和服务支付相当昂贵的费用相比，企业客户可以省下一大笔开销。

邮轮上有各种文体活动场地和互动活动，非常适合公司举办团队建设和各类活动。当然，也会节省一些成本。豪华邮轮是一个相对封闭的社交环境，客户和客人朝夕相处，场景感非常强，容易产生情感的共鸣和高昂的情绪。这种环境非常有利于公司将自己的产品和其他信息有效传递给客户，从而起到非常好的产品品牌宣传和营销效果。

豪华邮轮高贵典雅的环境和硬件设施，员工彬彬有礼的服务态度会给客户留下深刻印象，有助于提升企业形象。

据不完全统计，每年企业包船平均占到邮轮供给总量的 5%~10%。这种包船对市场是非常有益的补充，但并不是我们今天讨论的重点。而我们下面着重要讨论的是另一种"零售包船模式"。这种通过邮轮船票销售和提供岸上观光服务直接谋取利润的包船模式才是真正让中国邮轮业 5 年来得到高速发展的重要驱动力之一，同时也是让 2015 年邮轮销售陷入困境的主要因素。

这种零售包船模式是世界邮轮业发展迄今，除了中国，在世界其他地区绝无仅有的邮轮营销模式。从效果来看，绝对可以称之为"历史性的创新"。而且在过去的 5 年里，深刻地塑造了一个充满活力的、以让世人瞠目结舌的速度向前发展的新兴邮轮市场。

那么，我们不禁要问：在这之前的近百年内，现代世界邮轮业是以什么样的方式开展营销和获得发展的呢？

邮轮和邮轮旅游是个舶来品，是西方海洋文化的一部分。邮轮业在欧美国家孕育而生，并经过了长时间的培育发展，到现在已经成为非常成熟发达的超大型产业之一。从邮轮销售来看，欧美市场尽管也有 Expedia、Booking.com 这样大型的 OTA，有 Kuoni、TUI 和 Thomas Cook 这样大型的传统邮轮旅游集团（包括批发商和零售商），也有包括 AMEX 和 CWT 这样大型的 TMC，但是由于邮轮旅游业向消费者终端已经渗透得非常彻底，小型旅行社门店星罗棋布。而邮轮业在欧美的主要市场是以老年人为主（老人是有闲暇时间、有养老金的消费人群，而且平时缺乏人际交流，有社交需求），老年人自己购买邮轮旅游产品相对来说需要一个人际沟通过程，这是线上代理所无法提供的。而且相对来说老年人忠诚度较高（他/她们需要便捷的服务，不希望也无法频繁改变消费行为和服务提供者）。这些原因导致在欧美国家，邮轮旅游销售还是以小型的旅行代理机构或门店为主。尽管少数超大型和大型邮轮企业依靠全国甚至全球性强大的销售网络和能力还是有一定的谈判能力和筹码，但是直达消费终端客人和零售商的邮轮销售代理商体系和格局已然成形，销售网点星罗棋布，随时随地直接为邮轮公司输送较为稳定的客源。因此邮轮公司对市场的掌控性非常强大，而收益管理也能做到了然于心，完全可以根据舱位的付款率进行动态收益管理。

由于销售网点极多，他们所输送的客源极其分散，这在客观上造成了欧美澳洲邮轮客源是以巨量散客为主，并且目的地的岸上观光也多数自愿在船上直接向船方购买，根据线路不同自然成团。这就是我们通常称之为 FIT（Foreign Independent Tourist 或 Foreign Individual Tourist，异地零散游客）模式的邮轮营销模式。

中国邮轮业为何不走寻常路

那么，中国的邮轮旅游为什么没有沿袭、学习或借鉴欧美的这种成熟营销模式呢？事实上，邮轮公司并不是没有在中国尝试过这种模式。在 2011 年之前，中国邮轮业就是这么做的。但是随着邮轮旅游的深入,下面的这些因素使得邮轮公司和业者义无反顾地对邮轮销售模式做出了创新。事后证明,这种创新对全球邮轮业做出了相当大的贡献和补充。

为什么是团体邮轮旅游?

在中国,邮轮销售代理的主体其实只有旅行社,原因在于,在邮轮旅游中有很重要的一环就是目的地岸上观光。上面讲了在国外顺其自然就是邮轮公司在船上安排,客人自愿购买,没有什么条款或政策限制。而到了中国,由于国情,国家邮轮旅游局和地方邮轮旅游局都要求组织出境观光的机构或公司必须是具备组织招徕客人并具有出境资质的旅行社。这样即便邮轮公司在中国成立了邮轮公司,也只能进行邮轮船票的销售,而不能自行直接组织出境观光。如果一定要销售的话,也必须委托一家第三方旅行社代办岸上观光服务。

与此同时,中国母港出发航次的主要目的地国家日本和韩国为了控制中国游客非法滞留当地的发生率,也希望中国邮轮客人最好是以团队邮轮旅游的形式前往。这种希望在日本韩国为了吸引中国邮轮客人,对邮轮客人实行免签后更为迫切。

邮轮旅游在当地停留时间通常为 5~8 小时,较为有限,而一次性下客人数通常都有几千人之多。为了在有限的时间里有效地对观光游客进行管理疏导,避免出现大规模客人误船发生,团体邮轮旅游明显效率更高。

为什么是 B2B 分销模式

中国豪华邮轮业的真正发展,才不过区区 5~6 年时间。这么短的时间内,要将豪华邮轮旅游的产品、理念、品牌、文化深植于中国十三亿消费者心中,靠几家邮轮公司的财力、人力和能力显然是一件不可能完成的任务。就算是中国邮轮规模已经仅次于欧美的今天,中国客人离真正理解邮轮文化还是很远,可以说只是刚刚领略到邮轮旅游的魅力。那么在这样的情况下,与其邮轮公司单打独斗,直接将有限的预算投放 C 端,还不如将一部分预算投放在代理人上,采取 B2B 分销模式,依靠众多代理人进行品牌宣传推广和邮轮销售,这显然是在发展过程中最经济和最有效率的对策。

中国旅行社的特质分析

既然是从 B2B 分销模式入手,那我们对中国从事出境邮轮旅游业务的旅行社进行分析。和欧美邮轮旅游业相比,中国的旅行社代理呈现以下几个特点:

(1)从事出境邮轮旅游业务的旅行社数量相比欧美市场要少得多;

(2)中国旅行社虽然数量少,但是其中不乏资金实力雄厚的旅行社,包括国资背景和民营资本背景的企业;

(3)中国旅行社的销售模式既灵活又混乱,销售渠道和价格体系"随心所欲";

(4)中国旅行社的产品解析设计、组合能力有限,而富有创造性的营销手段更是稀少,产品重合度很高,差异性小。

这些特性决定了国际上通常的 FIT 模式无法在中国邮轮业发展初期获得成功,原因在于:

(1)销售渠道和网点不够多,不够丰富,不够深入;

(2)不少代理销售方法单一有限,对邮轮产品的认知度和魅力缺乏深刻理解;

(3)代理市场营销策划能力有限,无法像邮轮公司一样进行全面立体的市场推广。

上面已经提到了,在2011年前,中国邮轮业一直沿用欧美流行的FIT模式,但是邮轮业发展缓慢,邮轮旅游的需求并没有被有效激发出来,自然邮轮销售也就是战绩平平,鲜有亮点。这种情况一直到了2011年皇家加勒比邮轮公司的第一个包船应运而生后才得以扭转,包船模式在后面的5年中被各家邮轮公司广泛应用,其所占比例更是高达90%以上。中国邮轮业也因此进入了一个高速发展时期。那么,我们来仔细分析一下,这种模式为什么能够真正影响邮轮业的生态和发展进程。

零售包船模式的基本流程

首先我们来了解一下零售包船模式的基本流程。

(1)首先邮轮公司收益部门根据多维度的计算和判断,制定出次年甚至后年的航线航期表以及每个航次的大致期望价格。

(2)邮轮公司将航线航期表和相应航次价格向各家邮轮代理公布(不同的邮轮公司有不同的公布时间和公布方式,其中亦有技巧)。其中包括航线、航期、航次价格、税费、市场支持费(如果有的话)及其他代理销售激励政策。航次价格是以APD(Average Per Diem,每天的费用)计算,而不是分各种舱型进行报价。理论上讲,包船的价格(净价)总价一定会低于邮轮公司散卖该航次的总价(总船票收入)。

(3)邮轮销售代理从航线、价格及奖励政策等多个角度考虑,最后挑选确定自己心仪的航次,上报邮轮公司进行竞标和谈判。

(4)谈判结束后,邮轮公司将大致主要内容写入确认书,交付给代理确认后双方签订正式包船合同。

(5)按照包船合同里的付款条款约定,邮轮代理向邮轮公司支付第一笔款项(此后各笔款项也均有明确的付款时限)。在开航前包船商必须把所有包船款打入邮轮公司账户。

(6)邮轮销售代理在签订合同后,可以立即开始制订该航次的销售计划,大致包括航次的分舱型价格表、岸上观光内容和价格,以及销售渠道和销售进度表等内容,正式开始销售。

(7)在邮轮包船航次启航前的某一约定时间前,包船商必须将所有游客信息提前输入至邮轮公司系统,并付清所有款项。

(8)如果包船商最后招徕到的客人没有达到邮轮公司设定的最低上客人数,将向邮轮公司交付一定的罚金。

(9)如果包船商自行安排游客在目的地的岸上观光,邮轮公司将收取一定的团队管理费。

以上是零售包船模式中的基本要点。从这些要点我们可以分析出包船模式对于邮轮销售中几个主要合作方的利益所在。

包船模式下邮轮公司的主要利益

提前半年甚至一年半锁定邮轮销售中最大的一块收益——船票收益。尽管在供给量较少的场景中,似乎包船意味着邮轮公司可能有失去一部分收益的可能性。事实上,由于邮轮的"Perishable Product(易损,易腐烂产品)"特性,邮轮公司如果自己散卖航次,在销售后期也有很大的尾舱风险和收益受损的可能性。而在包船中邮轮公司将这部分风险转嫁给了包船商。

更何况,邮轮公司在包船前必然对整个市场环境作出了充分的分析和研判,一定在制定收益政策时留出了溢价空间。由于合同中最低上客人数的要求,邮轮公司也提前让另一块主要收入——On Board Revenue(航次船上客人消费收入)得到了消费人数上的保证,这在一定程度上也提前保证了这一部分收入;由于包船商代替了邮轮公司进行销售,客观上使邮轮公司节省了不少销售成本。毕竟,在达到同样品牌宣传和销售效果的情况下,花费在终端市场的市场开支远比花费在代理身上的多得多。因为包船,邮轮公司自然会将一部分市场推广预算给予包船商,用于市场开发和支持。这样的做法比邮轮公司将市场预算直放终端市场要有效的多,而且性价比相当高,因为前者凭空让邮轮公司多了很多合作者一起在不同渠道进行宣传和销售。

但是,以上这些所有的利益都比不上这最后一点!

所有的中间商一定是逐利的。零售包船模式最成功的一点在于,包船商在承受了巨大的提前买断资源的风险下势必倾全力进行包船航次的销售。这也就意味着邮轮公司,以一定的利益诱惑,成功地将包船商捆绑在自己这辆战车上,全力保证邮轮销售的成功。这个利益就是代理全力以赴,没有退路,使出浑身解数的销售执行力,这个就是与普通FIT模式的最大区别,也是包船模式帮助中国邮轮业这5年高速发展的法宝,也是所有包船代理商经常不得不痛苦地把其他产品放在一边,不得不投身到包船销售当中的原因。因为如果一旦包船销售不利,就意味着巨额亏损,又有哪家旅行社敢不全力以赴呢?

包船模式下包船代理商的利益

(1)相对更多的经济效益。理论上讲,因为包船价格必然低于散卖航次价格,所以自然意味着包船代理从包船中可以获得更加丰厚的利润。

(2)全面掌控资源和价格体系。全方位利用销售渠道,避免价格恶性竞争和渠道冲突。在包船航次中,包船商可以在价格上获得完全的掌控权,有效避免和其他竞争对手的价格竞争和渠道冲突。这一点对于以分销为主的包船商来说,尤为重要。

(3)邮轮产品差异性。对于以产品见长,直客渠道为主的包船商来说,包船可以帮助他们使用船上的所有设施设备,随心所欲地进行多产品组合包装,而不需要和其他代理协调协商。而这个有助于帮助他们在竞争中设计出差异性产品,对自己的品牌也是有莫大的提升帮助。

(4)提升邮轮企业的销售和运营能力,并通过包船销售使企业信誉,知名度以及其他社会效益得到提高。

包船这种提前买断资源的模式,由于其规模大、资金需要量大、操作难度高等原因,一旦运作成功,对于企业的能力、信誉和知名度都有不小的帮助,社会效益巨大。

包船旅行社代理的三大必备实力

豪华邮轮包船在中国之所以会被追捧,如此的引人注目,是因为能够运作如此超大规模的邮轮旅游业务的代理绝非稀松平常的泛泛之辈。一般说来,能够成功完成邮轮包船的旅行社代理必须具备以下三大条件:

(1)雄厚的可支配资金。豪华邮轮包船所需要动用的资金以千万计。中国母港出发的邮轮普遍比较大，以一条能容纳3000人的豪华邮轮为例，包一个航次的资金总计在1000万~2000万元人民币。即便在销售过程中分4次付清，而这个过程中会有销售现金回流，也必须至少具备500万元现金，才有可能整包一个航次。这对现金流水一向比较紧张的旅行社来说，不见得是件易事。

（2）强大的销售网络渠道和能力。随着中国邮轮旅游业，特别是出境邮轮旅游的迅猛发展，逐渐出现了一部分大型甚至超大型跨行业的邮轮旅游集团。他们在经营过程中越来越认识到掌控邮轮旅游资源的重要性，于是除了常规性邮轮旅游资源以外，他们更愿意包房（提前买断酒店房间）、包机，然后包船。这种提前买断的方式可以帮助他们垄断资源，并且在产品设计、价格体系和渠道建设方面都有更大的掌控力。但是这种提前买断的产品都是"即时产品"，有很大的风险性。一旦市场滞销，旅行社就会面临极大的亏损风险。所以没有强大的销售渠道和销售能力，无人敢轻言尝试这种"期货产品"。无论是以渠道分销为主还是以直客营销见长，甚至批零兼营的大型公司，在销售中，面临的最大挑战就是在出发前将所有资源全部不剩地销售出去，因为如果有任何剩余，就会面临无情地"平仓"（这里指资源无法被利用，凭空损失或被资源方回收。当然邮轮公司和航空公司不同，为了可能的未来船上消费收益，他们更希望把舱填满，而不是空舱出海）。无论如何，包船对于旅行社的市场营销能力无疑是一个巨大的挑战。

（3）运营组织操作能力。每一个包船航次动辄就要接待1000~4900名游客。如果以40名游客委派一名领队计算，那就相当于要同时指派25~125名领队接待25~125个团队，其操作管理难度和工作量可想而知！而一些海外目的地如果需要签证或其他额外证件（比如说，目的地是台湾地区的话），那会更加增加工作量。所以像这样的包船，连超大型的邮轮旅游公司都不得不集一社之力，全力保证操作运营、地面接待和呼叫服务中心几个重要环节不出任何纰漏，而一般的旅行社则根本无法承担如此重任和挑战。

我们可以确认，资金、销售和运营操作能力是旅行社进行包船的三大门槛，由于这些条件的限制，在全国范围内能够同时具备这三大能力的能进行整体包船的旅行社屈指可数，总共不会超过50家。

于是，在这样的大背景下，在这样的利益和效益驱使下，包船模式的双方几乎是一拍即合，开始了具有中国特色的豪华邮轮销售模式。从2011年、2012年、2013年一直到2015年的6月，尽管一路上走来大小挑战不少，先后经历日本大地震、钓鱼岛事件、朝鲜半岛导弹事件、禽流感影响、邮轮游泳池溺水事件、韩国和中国先后的小型普通客轮翻船致大量游客死亡事件等，中国邮轮业在供求关系相对平衡情况下，靠包船模式的"护航"仍然能够顺风顺水，高歌猛进，造就了一个为时3年左右的几乎是完美的令合作方能够双赢的"邮轮盛世"。

成也萧何，败也萧何，包船模式对近年来中国邮轮销售产生了深远的影响。

2011—2014年，甚至到2015年上半年邮轮公司和邮轮销售代理在中国市场获益匪浅最重要的因素还是执行力在起作用。这种执行力不是纯粹靠口号、靠教育能够获得的，这种执行力来自于旅行社自上而下的"破釜沉舟，背水一战"的决心，自然是战无不胜、攻无不克。如果包船不成功，对于邮轮公司和包船商就是双输的局面，这是双方都绝不愿意看到的。所以邮轮公司在代理包船后或多或少地会给予他们相当的市场支持，甚至默许支持包船商将所有舱位甚至船上所有的沙发床和折叠床,反正是能躺人的地方都售卖出去才好。因为这样在船票收入已经固定的情况下,对船上消费收入还会产生"机会收益",尽管这只是一种机会而已。而包船商在包船之后,由于提前买断了巨额"期货产品",从包船合同签署后的第一天起,随着销售时间的减少,压力就与日俱增。而这种压力必然会转化为执行力,在销售上全情全力投入,努力尽快地释放风险,早日获取更多的利润。

如此分析,你会发觉,还有什么执行力能和这种情况下的执行力相提并论呢?

但是有了执行力,包船模式还必须具备另一个极其重要的条件,那就是供给和需求的平衡关系以及价格的杠杆作用。

从2010年开始,随着中国政府对邮轮经济和邮轮旅游持开放和支持的态度以及各大邮轮公司在华逐步加大宣传和推广力度,邮轮旅游在中国悄然升温,中国游客对于邮轮旅游的认知也与日俱增,需求快速放大增长。与此同时,嘉年华邮轮集团旗下的歌诗达邮轮和公主邮轮,皇家加勒比邮轮和丽星邮轮等公司在华部署的邮轮也逐年增加。而中国领先的在线邮轮旅游电商——携程旅行网也和皇家加勒比邮轮公司合作,购买了中型豪华邮轮并成立了第一家中国自己的邮轮公司开始运营。

在中国邮轮业发展初期,邮轮的供给量是非常有限的。即便是已经开始腾飞的2011—2013年,从邮轮公司母港出发的各航次的最终上客人数和当时邮轮船票的最终卖价可以看出,当时整体的供给量是小于或等于市场对于邮轮产品的需求量。甚至在某个特殊阶段供给量略大于市场需求量的时候,问题也不是太大。毕竟中国有那么大的人口基数,支撑6~7艘邮轮的生意自然不在话下。

然而情况从2014年下半年开始慢慢发生了变化。如前所述,几年的包船经历使邮轮公司和包船商获利颇丰,也赢得了不错的社会效益。不少旅行社企业还借机赢得了企业快速的规模扩张。这一切可能使大家忽视了2015年以及后面的年份由于供给量激增可能带来的巨大风险,尽管邮轮公司早就提前宣布了更多的邮轮会投放到这个看上去欣欣向荣的新兴市场。

由于2014年仍然是盆满钵满的一年,所以在这一年的年中各大邮轮包船商都早早签署了2015年的包船合同。的确,2015年的上半年也没有让大家失望,销售情况甚至比2014年的上半年还要理想,各大包船商及各级代理盈利情况良好。然而正当大家准备信心十足,准备迎接全球最新的豪华邮轮——海洋量子号来到中国时,一场突如其来的公共卫生危机——韩国MERS病毒突袭东亚,点燃了2015年中国邮轮业危机的导火线,将之前预测的2016年中国邮轮业由于供求失衡、价格高额导致的阶段性危机事件提前了半年。

资料来源:环球旅讯,http://travel.ce.cn/gdtj/201512/15/t20151215_3251667.shtml。

结合案例思考以下问题:

(1)什么是邮轮的"包船模式",我国现阶段的包船和世界邮轮旅游发达的地区包船有何不同?

(2)根据案例内容,探讨邮轮的"包船模式"对我国邮轮旅游的影响。

第10章 邮轮旅游促销策略

 **本章导读**

途牛暑期邮轮旅游季"放暑价"大促销全线开卖。随着暑期临近,邮轮旅游也将进入一年一度的旺季。本次暑期大促,途牛推出了覆盖日韩、欧美等热门目的地的邮轮产品,最高立减1000元,预订十分火爆。途牛"暑期邮轮旅游季"活动将持续至8月底。

经过多年市场培育,邮轮旅游逐渐被更多的市民接受和认可,市场一直保持着高速增长。艾瑞咨询数据显示,2014年内地运营邮轮达466航次,相较2013年增长14.8%;接待邮轮出入境游客86.2万人,预计2015年将突破100万。歌诗达邮轮、公主邮轮、皇家加勒比邮轮等各大国际邮轮巨头,纷纷加大了对中国市场的投入。

2015年3月18日起,日本对指定邮轮开始正式实施"船舶观光登陆许可制度",允许以观光为目的的邮轮旅客免签入境。目前,日方指定的可以免签入境的邮轮有公主邮轮"蓝宝石公主"、皇家加勒比"海洋水手"等13艘。这一利好政策进一步刺激了邮轮旅游市场。

"暑期大促期间,我们推出了众多超值高品质邮轮产品回馈用户,比如世界上最先进的皇家加勒比'海洋量子'号邮轮,为游客提供Wi-Fi上网服务。对于很多人来说,选择量子星号,这一个理由就足够了。"途牛邮轮旅游网相关负责人表示,"海洋量子"号于5月2日从纽约出发,6月24日抵达上海后,将在暑期旺季开启全年亚洲航线。随着出游旺季的到来,邮轮预订量猛增,预订群体以家庭游、亲子游为主。目前,日韩航线产品最受用户的青睐,韩国济州岛、日本长崎以及福冈等城市是热门目的地。

本次暑期大促,途牛推出了几十条日韩方向邮轮产品。其中,其中,途牛独家包船产品——7月29日"蓝宝石公主号上海—济州—长崎—上海4晚5日游",将为用户提供一次尊贵的海上之旅,同时还有独家亲子活动以及更多惊喜。除此之外,"皇家加勒比海洋量子号上海—釜山—福冈—上海5晚6日游""皇家加勒比海洋量子号上海—仁川—上海4晚5日游",让用户享受贴心的海上假期。价格方面,用户可享受空前优惠力度,比如"歌诗达邮轮大西洋号上海—济州—釜山—天津4晚5日",6月11日出发团期仅需1899元起。

此外,途牛还推出了多款出境长线邮轮产品,覆盖意大利、法国、瑞士等热门目的地。比如,"地中海邮轮华丽号东地中海巡游+意大利维罗纳9晚11天",用户不仅能体验威尼斯水城生活,还可以在维罗纳感受莎士比亚笔下最美爱情之旅。

资料来源:途牛"放暑价"大促销全线开卖邮轮旅游减价热销,中国企业新闻网,http://www.gdcenn.cn/a/201505/151784.html.

第一节 邮轮旅游促销概述

一、邮轮旅游促销的含义和功能

促销(Promotion)这个词来源于拉丁语,原意是"向前行动"。而促进销售也正是要促使顾客采取购买行动。邮轮旅游促销,是邮轮企业通过各种营销宣传手段,向邮轮旅游者传递邮轮旅游产品与服务的有关信息,以实现邮轮旅游产品生产市场与邮轮旅游消费者市场有效沟通,从而影响邮轮旅游者购买行为和消费方式的活动。

邮轮旅游促销的实质就是要实现邮轮旅游营销者与邮轮旅游产品潜在购买者之间的信息沟通,邮轮旅游促销的工作核心是信息沟通,信息沟通是邮轮旅游企业和邮轮旅游者之间达成交易的基本条件。如果邮轮旅游者无法形成对某种邮轮旅游产品的印象,特别是良好的印象,自然不会产生去购买和消费的欲望。因此,只有将邮轮旅游产品的信息传递给潜在顾客,才有可能引起他的关注并进一步采取行动。

邮轮旅游促销的最终目的是要消费者购买邮轮旅游产品。传递正确的生活观念、引导消费者的合理消费都不是邮轮旅游促销的终极目的,而刺激消费者的需求、激起他们的欲望,最终使他们购买邮轮企业的产品,从而实现双赢的结局才是邮轮旅游促销的终极目的。

邮轮旅游促销的功能与作用主要体现为:第一,传播信息。即通过邮轮旅游促销活动使邮轮旅游者了解邮轮旅游产品与服务的有关信息。第二,刺激需求。即邮轮旅游企业通过促销活动加深邮轮旅游者对相关邮轮旅游产品的认识,唤起邮轮旅游者消费需求,通过劝说和提示邮轮旅游者购买有关邮轮旅游产品,达到扩大销售的目的。第三,强化竞争优势。邮轮旅游促销通过对同类邮轮旅游产品某些差别信息的强化传递,使邮轮旅游者意识到所宣传的邮轮旅游产品的特殊效用和优势。第四,树立良好形象。即在扩大邮轮旅游产品销售的同时,树立起邮轮旅游企业和邮轮旅游产品在公众心目中良好的形象,从而为企业的长远发展创造有利条件。

根据以上邮轮旅游促销的功能与作用,邮轮旅游促销具有以下效应:

第一,"注意力"效应。在激烈的邮轮旅游市场竞争中,邮轮企业必须制定有效的邮轮旅游促销策略:针对目标市场和公众,选择适当的促销手段和富有创新性的促销方式,才可能将人们的注意力从令人眼花缭乱的同类邮轮旅游产品的宣传活动中吸引过来。同时,也可以扩大邮轮旅游产品和邮轮企业的知名度,从而激发邮轮旅游者的消费需求,引起更多潜在邮轮旅游消费者的关注。

第二,名牌效应。与传统产品不同,邮轮旅游产品的质量存在着事前不可评估性。而我国目前的邮轮旅游市场上,一些邮轮企业的服务质量难以令消费者满意。因此,建立企业品牌,提高企业信誉度与顾客信任感是邮轮企业发展的关键。一方面要通过内部管理与控制提高质量;另一方面,要尽量运用广告、公共关系等手段,加强对企业形象的长期性、持续性的宣传,以获取名牌效应。

第三,特色效应。在进行市场调查分析、确定市场定位的基础上,邮轮企业应针对主要目标顾客群的消费需求,突出企业在某一领域的核心竞争力与独特之处。这就需要采取合适的促销策略,在消费者心目中建立本企业的鲜明形象,从而增进企业与顾客间的了解与沟通。

二、邮轮旅游促销组合策略的制定

邮轮旅游促销组合策略是邮轮企业制定促销战略的基础。所谓"邮轮旅游促销组合策略",是指邮轮企业为了满足市场营销战略目标的需要,综合运用各种可能的促销策略和手段,组合成一个系统化的整体,使企业得以获取最佳营销效益,实现营销战略目标,谋求邮轮企业的长期稳定发展。

制定邮轮企业促销组合策略,要求既要有科学性,又要讲艺术性,犹如技艺高超的乐队指挥,既能发挥个别乐器的演奏效果,又能保障全队和谐悦耳的效果。邮轮企业欲求经济而有效的促销组合,首先必须对不同促销方式的运用特点和成本加以了解。

(一)四种促销方式的特点

1. 广告

广告是一种高度大众化的信息传递方式,主要特点体现在以下几个方面:

第一,传播面广而效率高,广告一经发布便能迅速铺开,利于实现快速销售;

第二,可反复出现同一信息,利于提高被传播对象的知名度;

第三,形式多样,表现力强,通过对文字、音响及色彩的艺术化运用,树立被传播对象的形象;

第四,对于地域广阔而分散的消费者而言,平均广告成本费用较低,但类似电视这样的媒体一次性收费较高;

第五,说服力较弱,不能因人而异,难以形成即时购买。

2. 营业推广

营业推广是一种短期内刺激销售的活动,如展销会、优惠酬宾活动等,其主要特点体现在以下几个方面:

第一,在点上的吸引力大,能把顾客直接引向产品;

第二,刺激性强,激发需求快,能临时改变顾客的购买习惯;

第三,有效期短,如果持续长期运用,则不利于塑造产品形象;

第四,组织工作量大,耗费较大,而影响面较窄。

3. 公共关系

公共关系是一种建立和维系与公众良好关系的方式,包括日常活动和专题活动。如赞助活动、公益活动等,其主要特点体现在以下几个方面:

第一,有第三者说话,可信度高,有情节性、趣味性、可接受性强,最可能赢得公众对企业的好感;

第二,影响面广、影响力大,利于迅速塑造被传播对象的良好形象;

第三,活动设计有难度,且组织工作量大;

第四,不能直接追求销售效果,运用限制性大。

4. 人员推销

人员推销是一种与顾客面对面促销的方式,主要特点体现在以下几个方面:

第一,个人行动,方式灵活,针对性强;

第二,易强化购买动机,及时促成交易;

第三,易培养与顾客的感情,建立长期稳定的联系;

第四,易收集顾客对产品(服务)的反馈信息;

第五,费时费钱,传播效率低,往往成为平均代价最高的促销手段。

(二)邮轮旅游促销组合策略

邮轮旅游促销组合最基本的策略就是推拉策略。推式策略是着眼于积极地上门把本地或本企业产品直接推向目标市场,表现为在销售渠道中,每一个环节都对下一个环节主动出击,强化顾客的购买动机,说服顾客迅速采取购买行动。这种策略显然是以人员推销为主,辅之以上门营业推广活动、公关活动等。拉式策略是立足于直接激发最终消费者对购买本邮轮旅游产品的兴趣,促使其主动向旅行社或其他中间环节寻求知名服务,最终达到把邮轮旅游消费者逆向拉引到本邮轮旅游地或邮轮企业身边来的目的。这种策略是以广告宣传和营业推广为主,辅之以公关活动等。

(三)影响邮轮旅游促销组合决策的因素

1. 市场状况

包括市场大小、竞争状况等。一般而言,在市场地域范围较广、潜在邮轮旅游消费者总量较大时,应以广告宣传为主;反之则应以人员推销为主。显然,当邮轮旅游营销者直接面对广大潜在邮轮旅游消费者时,应以广告宣传为主;而面对中间环节市场时则主要采用人员推销。当市场竞争激烈时,则应同时利用推式和拉式策略,反之则主要采用拉式策略。

2. 购买心理接受阶段

在邮轮旅游消费者所处的不同阶段,不同促销方式所起作用不一样,由此影响到不同促销组合的适用阶段。要注意的是,由于邮轮旅游市场主要为大众消费市场,虽然人员推销所起作用最大,但从经济与效率考虑,主要应在后期顾客上门时,如到旅行社咨询时,发挥销售接待人员的作用。

3. 产品生命周期

在邮轮旅游产品生命周期的不同阶段,由于促销的目标与重点不同,邮轮旅游营销者所选取的促销组合形式也应不同。在投放期,广告宣传和公共关系应被放在最重要的地位,以扩大产品知名度。营业推广方面也应视情况而给予较大投入,如鼓励试用,人员推销则应对准中间环节。在成长期,应持续广告的力度,强化公关的作用,同时加强人员推销对中间环节的攻势,以尽快扩大销售量。在此期间营业推广可相对减弱。在成熟期,广告宣传可减弱,优惠酬宾等营业推广活动可加强,以稳定销售。在衰退期,公关宣传应消退,在全面缩减的促销经费中,保持提醒性的广告费用。

邮轮旅游促销组合策略的制定,最终还取决于促销经费的预算。如果筹集不到足够的资金,再好的广告计划和大型的公关活动、促销活动都难以实现,只能采用一次性花费不太大的其他促销方式对市场进行缓慢地逐步渗透。

就整体邮轮旅游产品和邮轮旅游地吸引物产品的促销而言,广告宣传和营业推广两种形式最为普遍和重要。

三、邮轮旅游促销与沟通过程

邮轮旅游促销的实质是邮轮旅游营销者与邮轮旅游产品潜在购买者之间的信息沟通过程。有效的邮轮旅游促销信息沟通主要是由确定目标视听顾客、确定信息沟通目标、设计信息、选择信息沟通渠道、提出促销预算、确定促销组合、衡量促销成果、管理和协调总的营销沟通过程组成。

(一)确定目标视听顾客

邮轮旅游促销应当有明确的视听顾客,包括邮轮旅游产品的潜在购买者及邮轮旅游者。邮轮企业应对邮轮旅游者与潜在邮轮旅游消费者不同的需求、态度、购买偏好、地理分布状况、心理特征状况、经济实力等因素进行研究,作为确立沟通目标的前提条件。否则,邮轮企业的促销活动不仅耗费大量的资金和人力,而且收到的效果也不理想。

(二)确定信息沟通目标

明确目标视听顾客及其特征以后,邮轮企业必须决定需要获得目标视听顾客的何种反应,即目标视听顾客对邮轮企业及邮轮旅游产品所抱的态度和发展趋势。表10-1中反映了消费者反应阶段的模式。

表 10-1 消费者反应阶段模式

模式 \ 阶段	认知阶段	情感阶段	行为阶段
AIDA模式	注意(Attention)→	兴趣(Interest)→ 欲望(Desire)→	行为(Action)
影响的层次模式	知晓认识→	喜爱→偏好→确信→	购买
创新-采用模式	知晓→	兴趣→评价→	尝试采用
信息沟通模式	显露→接受→认识反应→	态度→意向→	行为

表中列举的四种消费者反应阶段模式的区别是在语义上,所有这些模式都假设购买者依次经历了认知、情感、行为三个阶段。邮轮企业在进行促销活动时,应针对邮轮旅游消费

者反应三个阶段的特点。相应地施加影响,以达到邮轮旅游信息传播的目的。

(三)设计信息

设计信息主要涉及四方面的内容,即信息内容、信息结构、信息组织、信息源。

(四)选择信息沟通渠道

邮轮旅游促销的信息沟通渠道分为人员的信息沟通渠道与非人员的信息沟通渠道两种类型。其中,人员的信息沟通渠道是指促销人员与目标视听顾客之间直接地或者通过电话、电视传媒或者书信等方式进行邮轮旅游信息的沟通。具体包括企业的销售人员、有关专家或社会上其他人员与目标购买者所做的接触。非人员的信息沟通是指不需要人员接触或信息反馈的传播媒介,包括大众传播媒介和选择性的媒介,为强化购买者对产品的了解而设计的氛围和事件,如报纸、杂志、广播、电视、广告牌、海报、节庆活动等。

(五)编制促销总体预算

邮轮企业在编制促销总体预算时,应明确其特定的目标及为实现这些目标所需费用的总额,同时根据本企业的经济和促销可能带来的销售利润,以及竞争对手的促销费用开支状况等制定出促销总体预算。

(六)确定促销组合

由于单一的促销手段难以使邮轮企业获得竞争优势,因此邮轮企业必须将广告、人员推销、营业推广和公共关系有机地结合起来,形成整体的促销策略,以有效地开展促销活动。

(七)衡量促销效果

信息传播者必须对其执行的促销活动对目标视听顾客产生的影响程度进行评估,主要包括信息传递效果的评估与销售效果的评估。信息传递效果的评估主要通过向目标视听顾客征求意见或者运用现代科技手段进行测试。销售效果的评估则主要通过试验法来测试促销带来的销售额的增长状况。

(八)管理和协调总的营销沟通过程

邮轮旅游促销是一个动态的过程,有了对促销效果的评估,就可以依据评估结果来调整原来的促销沟通。主要针对促销的方向、范围、强度、频度和重点等方面进行"微调",从而加强对营销沟通过程的管理,以不断地提高沟通的效果。

第二节 邮轮旅游广告

一、邮轮旅游广告概述

广告从汉语字面上理解即"广而告之"的意思,其英文词根源于拉丁文 Adventure,有"大喊大叫""注意""诱导"之意。作为促销手段的广告,是指由明确广告主以付费的形式通过媒体做公开宣传,达到影响消费者行为,促进销售相关产品目的的非人员促销方式。广告信息可以利用各种传媒形式来传播。根据使用媒体的不同,邮轮旅游广告可主要分为报刊广告、电波广告(利用广播和电视)、户外广告(利用广告牌、灯箱、条幅等各种室外展示物)、自办宣传品广告(如招贴、地图、手册、音像材料、文化衫)等形式。其中邮轮旅游宣传品广告,因其部分具有公关和营销推广的意义,加上其对邮轮旅游促销的突出作用,常常被单列于邮轮旅游广告之外。

邮轮企业如何有效地发挥邮轮旅游广告的作用,取决于其对邮轮旅游广告运用的有效管理过程,这一过程就是邮轮旅游广告主在一定市场营销策略指导下,制定与之相适应的邮轮旅游广告策略,实施后评价其效果,再根据广告策略加以调整。

二、邮轮旅游广告决策

邮轮旅游广告决策过程由五个部分构成,即广告目标决策、广告预算决策、广告信息决策、广告媒体决策和广告效果评价。

(一)邮轮旅游广告目标决策

邮轮旅游广告所要达到的目标,必须依据邮轮企业市场营销策略和目标市场来确定,根据广告的沟通对象和销售目标的不同,广告目标可分为以下三种类型:

1. 开拓性广告

即企业通过广告活动向目标沟通对象提供种种信息。诸如告诉目标市场将有一种新产品上市行销,介绍某种产品的新用途或新用法,通知社会公众某种产品将要变价,介绍各种可得到的劳务,纠正假象,说明产品如何使用,减少消费者的顾虑,建立企业信誉等。以向目标沟通对象提供信息为目标的广告,叫作提供信息的广告,又叫作开拓性广告。这种广告的目的在于建立基本需求,即使市场需要某类产品,而不在于宣传介绍某种品牌。

开拓性广告在开拓新市场阶段,有利于激发潜在消费者的初步需求和树立企业良好的市场形象。

2. 诱导性广告

即企业通过广告活动建立本企业的品牌偏好,改变顾客对本企业产品的态度,鼓励顾客放弃竞争者品牌转而购买本企业品牌,劝说顾客接受推销访问,诱导顾客立即购买。以上述这种劝说、诱导、说服为目标的广告,叫作诱导性广告(或说服性广告)。这种广告的目的在于建立选择性需求,即使目标沟通对象从需要竞争对手的品牌转向需要本企业的品牌。近几年来,在西方国家,有些诱导性广告或竞争性广告发展为比较广告,即广告主在广告中拿自己的品牌与若干其他品牌相比较,以己之长,攻人之短,以宣传自己品牌的优越性。

在邮轮旅游产品进入增长期时,经常采用这种广告。由于此时竞争者不断增加,广告就要力求突出邮轮旅游产品与邮轮企业的特色,使其明显地区别于其他同类产品。另外,也可以采用诱导型广告改变邮轮旅游消费者对本邮轮企业和邮轮旅游产品的不利印象。因此,诱导型广告主要用于同类邮轮旅游产品展开竞争的阶段。可以表现为进攻型,也可以表现为防守型。

3.提醒性广告

即企业通过广告活动提醒消费者在不远的将来(或近期内)将用得着某产品(如秋季提醒人们不久将要穿御寒衣服),并提醒他们可到何处购买该产品。以提醒、提示为目标的广告,叫作提示广告。

这种类型的广告主要用于提醒邮轮旅游者或邮轮企业及其邮轮旅游产品在邮轮旅游者心中的形象,以提高邮轮企业的知名度。提醒性广告往往在邮轮旅游产品进入成熟期时被采用,它的作用在于使邮轮旅游者确信自己的选择正确,并刺激老顾客重复消费的欲望。

(二)邮轮旅游广告预算决策

邮轮旅游广告预算决策是指在一定时期内按销售额或实现的利润额的一定比例提取的广告预算总额,它主要包括市场调研费、广告设计费、广告媒体租金、广告机构办公费及人员工资、广告公司代理费等项目。

制定邮轮旅游广告预算决策的依据可以是邮轮旅游广告的销售反应,以便估算不同的广告预算战略的获利结果。也可以根据历史数据资料及新的情报,求出销售反应函数的估计参数,作为确定新的广告预算的依据。此外,对竞争对手的广告支出情况也应加以考虑,确定邮轮旅游广告预算的主要方法有以下几种:

1.目标达成法

目标达成法(目标任务法)根据企业的营销战略和营销目标,具体确定广告规划和广告目标,再根据广告目标编制广告计划,确定企业的广告预算总额。

美国市场营销专家阿尔伯特·费雷将目标任务法的操作程序归纳为6个步骤,具体情况如下:

第一,确定企业在特定时间内要达到的营销目标。

第二,确定企业的潜在市场的基本特征:一是值得企业去争取的消费者对广告产品的知晓程度;二是消费者对广告产品的态度;三是现有的消费者购买产品的情况。

第三,分析潜在消费者对广告产品的态度变化及广告产品的销售量变化情况。

第四,选择适当的媒体开展广告宣传,提高产品的知名度。

第五,制定恰当的广告媒体策略,确定为达到既定广告目标所需要的广告暴露次数。

第六,确定最低的广告费用即广告预算总额。

目标任务法是在广告调研的基础上确定的广告预算总额,它的科学性较强,但比较烦琐。在计算过程中,如果有一步计算不准确,最后得出的广告预算总额就会有较大的偏差。

2.销售额百分比法

销售额百分比法是以一定期限内的销售额的一定比率,预算广告费的方法。由于执行标准不同,又可细分为计划销售额百分比法、上年度销售额百分比法、平均销售额百分比法及计划销售增加额百分比法四种。其计算公式为:

$$广告费用 = 销售总额 \times 广告费用与销售总额的百分比$$

例如,某公司上年度的销售总额为1000万元,今年拟投入的广告费用占销售总额的4%,那么,今年的广告预算为:广告费用=1000万元×4%=40万元这种方法简单易行,其优点是计算简单,广告支出与产品销售状况直接挂钩,销售状况越好,广告费用也越高,企业不至于感到财务压力。

但该方法也有很大缺陷,即因果倒置。因为广告活动的目的是要创造消费,提高销售额,而不是以销售来决定广告。因此在广告实践中,这种方法很容易造成广告费用支出的机械性,当市场景气时,广告支出多,而当销售降低时,广告支出反而减少了,从而会进一步恶化市场形势。

(三)邮轮旅游广告信息决策

广告信息决策就是设计所要发送给邮轮旅游者和潜在邮轮旅游者的广告信息,它是整个广告活动成功的关键之一,也是最富创造力的部分。广告信息决策一般通过广告信息的制作、广告信息的评价与选择、广告信息的表达三个步骤来实现。

(四)邮轮旅游广告媒体决策

媒体是指向受众传递信息(包括广告)并希望引起其注意、反应和行动的信息载体或途径。从形成时间上分,可分为传统媒体和新兴媒体,传统媒体有报纸、杂志、电视、广播等,新兴媒体主要是指电脑网络(如国际互联网)、户外、手机媒体。它们各具优缺点,对人们的生活皆有不同的影响。在此,我们对各种媒体之优缺点作一一分析,以便使广告代理商及广告主根据媒体与产品的不同特性有所选择。

广告媒体主要有报纸媒体、杂志媒体、广播媒体、电视媒体、户外广告媒体,以及邮寄广告媒体和其他媒体。这些主要媒体在送达率、频率和影响价值方面互有差异。每一类媒体都有一定的优点和局限性,认识每一类媒体的特性,是合理选择广告媒体的前提。

1.报纸

报纸作为一种最古老的大众媒体,自它诞生以来,一直是人们日常生活中重要的信息渠道,它的最大特点是最具新闻价值,人们可从中获取最新的各种新闻,随着社会的进步,报纸已经由单纯的新闻性向娱乐性、社会性和新闻性的综合转化,成为广告的最主要的载体之一。从职业和教育程度来看,阅读报纸的阶层可以说是最广泛的。以不同阶段读者的资料为基础,报纸广告要实施地域性的计划就变得容易了。而且报纸配送地域明确,以定期订阅者为主要对象,可以说报纸是最有计划性的稳定的媒体。

报纸的优点包括以下几点:第一,阅读人群广泛;第二,发行量大;第三,可进行详细文字说明;第四,可进行各种不同形式的版面设计;第五,信息容量大。

报纸的缺点包括以下几点:第一,发行区域小;第二,重复阅读率低;第三,不易保存;第四,色彩单调,视觉冲击力小;第五,时效性短。

2.杂志

杂志是人们日常生活中重要的知识及娱乐的来源,消费者可从中获取情感的愉悦,心灵的震撼和事物的辨别。作为广告媒体,杂志的长处在于它是被读者特意选购的。杂志读者的可靠性是使用杂志媒体的优势,阅读杂志的读者已经处在该杂志的影响之下,可以说登载在杂志上的报道和读者之间的关系,比起其他的媒体处在更自然的关系上。阅读自己喜爱的杂志是处于充分接受的状态,因而,情绪气氛的广告不在话下,理性的诱导广告也就能起到较好的作用。

杂志的优点包括以下几点：第一，发行区域广；第二，色彩炫丽，视觉冲击力较大；第三，保留时效长；第四，重复阅读率高；第五，信息容量大。

杂志的缺点包括以下几点：第一，阅读目标群区分间隔大；第二，发行量较小；第三，版面较小；第四，传递信息慢。

3. 广播

广播是比电视更早出现的电波媒体，虽然受到电视及其他新媒体的强有力冲击，但广播有其他媒体所缺乏的特性，故其作用是不可代替的。作为四大媒体之一的广播的特性首推时效性。报纸由于广播的出现受到了很大的打击，首要原因就是广播的时效性。这以后广播一直以时效性为第一武器。广播具有的这个特性，在广告方面被有效地利用了。

总体来看，广播的优点包括以下几点：第一，广泛性，接收不受地域时间限制；第二，用于接受的媒体如收音机等较为廉价，普及性广；第三，传播速度快；第四，同时性，可在同一时间内使不同地域的受众，同时接收到。

广播的缺点包括以下几点：第一，接收被动性，受众只能按信息的先后顺序被动地接收；第二，时效性短，不能重复或放慢；第三，只靠声音传送，不能出现事物的外观形状。

4. 电视

电视自问世以来，已成为人们生活中不可缺少的一部分，是大众媒体中最为完善的一种。电视是现代广告的主角，是现代所有媒体中最家庭化的娱乐媒体，是感动视觉和听觉两方面的媒体。电视广告有其他媒体不可比较的示范效果，而且，通过电视的彩色影像，商品的视觉效果与实物几乎一样，销售效率也会因此飞速地提高。

电视媒体的主要优点包括以下几点：第一，信息传递快；第二，覆盖范围广；第三，视觉冲击力强，有声有色。

电视媒体的主要缺点包括以下几点：第一，时效性极短；第二，接收被动；第三，不能重复。

5. 网络广告

网络广告是广告业中新兴的一种广告媒体形式。

网络广告的优势体现在以下几个方面：第一，网络广告可以根据更细微的个人差别将顾客进行分类，分别传递不同的广告信息。第二，网络广告是互动的。网上的消费者有反馈的能力，广大消费者渴望及时得到信息，一旦某一消费者对此失去兴趣，略施小计，便会使这些对别人非常有用的信息消失得无影无踪。因此，互动式广告要求广告把要说的信息作为与受众"对话"的一部分层层传递，一旦个人开始对起初的信息感兴趣，广告商就转向下一步骤，传递专门针对此人的信息。第三，网络广告利用最先进的虚拟现实界面设计来达到身临其境的感觉。网络广告所提供的虚拟现实世界，会给受众带来全新的体验。第四，网络广告的用户构成是广告商们愿意投资的因素。这些用户多是学生和受过良好教育的人，平均收入较高。最成功的网址有办法留住回头客，同时又不显得过于商业化，为了使自己的网址更具有吸引力，一些公司自己成了网上出版商。

网络广告的局限性主要体现在以下两个方面：第一，网络广告的范围还比较狭窄。第

二、价格问题。

6. 其他媒体

除了报纸、杂志、广播、电视网络之外,还有一些其他的广告媒体,如户外广告媒体和直接邮寄广告媒体。

户外广告媒体的优点是反复诉求效果好,对地区和消费者选择性强、传真度高、费用较低,具有一定的强迫诉求性质。其缺点是传播区域小,创造力受到限制。

直接邮寄广告的优点是针对性、选择性强,注意率、传读率、反复阅读率高,灵活性强,无同一媒体广告的竞争,人情味较重。其缺点在于成本较高、传播面积小、容易造成滥寄的现象。

手机媒体,随着手机普及率的不断提高,以及人类对手机不断增强的依赖性,手机媒体越发被广告主逐渐关注到。其精准、定向、及时、互动、低成本的优势,被广告主一致认可为性价比最好的新兴媒体。随着技术的进步,表现能力欠缺、信息量小的缺点被克服后,将迎来手机媒体的井喷式发展!

进行邮轮旅游广告媒体决策,需要综合考虑目标顾客的视听习惯、邮轮旅游产品的特点、广告信息的特点、费用水平的因素,以正确选择媒体的类型及传播时间。

(五)邮轮旅游广告效果评价

邮轮旅游广告效果的评价也是从沟通效果或销售效果两个方面进行测试的。进行邮轮旅游广告效果的评价,可以衡量广告费用的投入者是否获得了预期的效益,明确哪些外部因素是广告所无法改变的,以及为修订广告计划提供依据。

知识链接

从"畅享邮轮游"看海之言与消费者的"对话"营销

在广告不再为王的时代,一个品牌想要把自己传递给消费者,需要怎样去做?尤其是想要传递自身的情感和品牌主张。在这个互动社交时代,在这个"关系"时代,沟通和对话就显得尤为重要,只有沟通起来,和消费者真正的对话,品牌抑或情感主张才能真正走进消费者的内心,打动他们的心智。

那么,如何才能和消费者真正的沟通"对话"?对话,并不是品牌的自说自话,而是要和消费者真正地互动起来。对话说起来不难,很多企业和品牌也都在做,但是真正做到极致的并不鲜见。

近日,2014年异军突起的海之言就来了一次有感的"对话"营销。9月22日至9月26日,统一海之言"畅享邮轮游"活动在上海起航,开启了一次为期5天4夜的畅享大海的邮轮之旅。阳光、大海、邮轮、90后小鲜肉、明星大咖、2000名海之言幸运儿……

大家试想一下,一款与海有关的产品,一次带领消费者真正走进大海的邮轮旅行。那么,还有什么营销什么手段,比邮轮旅行更能让消费者感受大海、感受产品"海扫酷热"主张的呢?可以说,没有更好的手段,所以笔者认为这是一次有效的"对话"营销。

首先,我们审视一下海之言,从2014年上市伊始,海之言便在"海"上下功夫,在"海扫酷热"的品牌主张下,一直紧扣海洋元素。从去年"北京海洋沙滩狂欢节"到北京1号线地铁海之言"海洋列车",再到2015年6月8日"世界海洋日",可以说海之言一直在说"海"并且巧妙地将海作为品牌元素进行宣传,意欲将地中海传统降温良策和蓝色大海心智深入人心。如果说,以往只是对大海概念的宣传,那么此次"畅享邮轮游"可以说是一次让邮轮与大海"对话"的旅行。身随波涛摇摆,心随潮水起伏。"大海,我来啦——"5天4夜的邮轮旅行,"维多利亚号"豪华邮轮、阳光、大海、地中海美食、桑巴舞蹈、船员、栏杆等,让消费者真正置身大海,去感受阳光、感受海之言带来的"海扫酷热",真正与大海沟通感受它自然、轻松、愉悦的品牌形象,还有什么比这更有说服力,更有沟通力。

其次,随着媒体和受众获取信息介质的变化,手机端的丰富应用,也让此次海之言在线下进行多种与"海"有感营销的同时,开展了一次结合"瓶身"+"二维码"+"微信H5"的瓶身新型形式营销,真正的来了一次瓶身与消费者的对话。

消费者在线下"畅享邮轮游"起航之前,只要用微信扫描瓶身二维码,便可以轻松进入H5页面,参与H5互动赢取海之言"畅享邮轮游"船票。这种将线下、瓶身、H5等融汇一体的形式,使得短短几个月便有1 488 670人扫码参与互动,可以说是开创了一次多种业态融合的新互动时代,同时也让生硬的瓶身促销有了活力,也让瓶身与消费者来了一次有效沟通和对话。

另外,为了更加巧妙地与年轻消费者沟通,海之言不惜重金与受到年轻人喜欢的优酷平台跨界合作,针对年轻的90后群体开展"阳光90后"选拔活动,搭建一个帮助90后实现梦想、展现才艺,同时还能助力他们登上海之言邮轮去旅行的一个平台。

3个月90天,62 158 439次的视频播放量,让海之言"阳光90后"对于90后年轻人的梦想在几何级的传递。参与阳光90后得邮轮游船票、90后收官总决赛在邮轮上举行等一系列围绕邮轮游的互动,更是将90后与邮轮、大海进行了紧密绑定,再一次实现了大海与他们的对话。

除此之外,海之言还在官方微信、微博等新媒体展开为自己喜爱的"阳光90后"选手晋级全国十强投票活动、互动竞猜"阳光90后"全国前三强赢取4999元海岛游邮轮旅游基金等活动,加强了阳光90后与受众、与邮轮游的联动,使参与消费者既能获得线上参与感,同时有机会参加线下邮轮游活动。

借势大海、感受大海、体验大海,海之言"海"之路一路走来,与"海"的对话逐渐升级。尤其是海之言以"畅享邮轮游"作为全年营销的"对话"有感收官,不仅让海之言"海扫酷热"品牌主张和影响力在消费者中不断渗透和扩大,同时,更让消费者体验了一把大海,让品牌与目标消费者产生深层共鸣,将海洋心智从虚拟转化为真实的传递。

从认知到感知、再到感受,海之言可谓是玩出了一次成功的"对话"营销,让品牌完成了一次与消费者的大海心智的"对话"。

资料来源:生活消费,http://xiaofei.china.com.cn/news/info-11-9-142147.html。

第三节　邮轮旅游营业推广

一、邮轮旅游营业推广概述

邮轮旅游营业推广是指邮轮企业在某一特定时期与空间范围内,为配合广告宣传和人员推销,开展的一些刺激中间商和消费者尽量购买或者大量购买邮轮旅游产品的活动。邮轮旅游营业推广是以非常规性和非周期性的使用形式出现的,方式灵活多样,具有较强烈的刺激性,短程效益明显。

邮轮旅游营业推广的目标要服从于营销沟通目标。邮轮旅游营业推广主要有三种类型:一类是潜在邮轮旅游消费者和邮轮旅游者。营业推广的目的在于吸引潜在邮轮旅游消费者尝试购买邮轮旅游产品和了解邮轮企业,以及鼓励邮轮旅游者重复购买邮轮旅游产品。另一类是邮轮旅游中间商。营业推广的目的在于吸引邮轮旅游中间商与邮轮旅游生产企业合作或巩固邮轮旅游中间商与邮轮企业的合作。再一类是推销人员。营业推广的目的在于鼓励推销人员开拓新的市场,寻找更多的潜在顾客,提高销售业绩。

邮轮旅游市场推广方式具有其独特的优势:首先,邮轮旅游营业推广是针对目标顾客的心理、产品的特点、市场营销环境等诸多因素而进行的,具有较强的吸引力与诱惑力,能够迅速唤起目标顾客群的广泛注意,有利于在较短时间内增加邮轮旅游产品的销售量。其次,邮轮旅游营业推广可以有效地加速新的邮轮旅游产品进入邮轮旅游市场的进程。再次,邮轮旅游营业推广也可以有效地抵御竞争营业推广对本企业同类邮轮旅游产品的威胁。

二、邮轮旅游营业推广方式

在每一项营业推广目标下,都有多种促销手段和方式可供选用。

邮轮旅游营业推广方式主要有以下几种:

(一)免费营业推广

免费营业推广是指邮轮旅游购买者免费获得邮轮企业赠给的某种特定物品或利益。这种营业推广方式的刺激和吸引强度大,邮轮旅游者也十分乐于接受。

(二)优惠营业推广

优惠营业推广是指邮轮企业以低于正常水平的价格,使邮轮旅游者或经销商可以购买到特定的邮轮旅游产品或获得利益,如折价券、折扣优惠等。这种折价让利的促销方式,可以使邮轮旅游消费者或经销商获得实惠,在现实中运用得十分广泛。

(三)竞争营业推广

竞争营业推广是指在邮轮企业事先控制好的促销预算约束下,通过举办竞赛、抽奖等推广活动,提供给邮轮旅游消费者、邮轮旅游中间商、推销人员赢得奖金的机会。竞赛营业推广中的抽奖和兑奖都是为了吸引邮轮旅游消费者、中间商或推销人员的参与兴趣,扩大销售量。

（四）节庆事件营业推广

节庆事件营业推广是指利用节日或某一事件进行营业推广活动的方法。邮轮企业通过具有创新性的活动或事情,使自己成为大众关心的话题,从而吸引媒体的报道和消费者的参与,从而达到提升邮轮旅游企业形象以及销售邮轮企业产品的目的。这种营业推广方式影响力大,效果明显。

（五）展销活动营业推广

展销活动营业推广是指邮轮企业于特定时间针对多数预期顾客,以实际销售为目的,所进行的展示销售活动。展销活动的时间一般为一日或一周,展销现场应提供有关邮轮企业及邮轮旅游产品的相关信息,并由专人讲解与示范。这种营业推广方式对于促进邮轮企业与邮轮旅游中间商的合作十分有效。

三、邮轮旅游营业推广方案

为达到邮轮旅游营业推广活动的预期目的,必须制定切实可行的邮轮旅游营业推广方案,并加强组织实施、控制与评价工作。

（一）邮轮旅游营业推广方案的制定

一般说来,邮轮旅游营业推广方案具体包括下列内容：

第一,活动的规模和激励的程度。邮轮旅游营业推广方案必须通过成本收益分析,确定邮轮企业获得最大效益的营业推广范围,以及决定用于激励目的经费的数量。

第二,选择营业推广的对象。邮轮旅游营业推广方案中应明确可给予激励的人员的范围,可以是目标市场中的任何人,也可以有选择地给予部分人。

第三,决定营业推广媒介。邮轮企业必须明确通过什么途径向目标顾客传达营业推广方案。各种推广媒介信息传达范围不同,所需费用不同,因而需要邮轮企业权衡利弊,选择有效的推广途径。

第四,选择营业推广时机和时限。邮轮企业选择一定的契机开展营业推广活动,会收到良好的促销效果。例如我国航空公司在寒暑假期对师生购买机票提供六折优惠。另外,邮轮企业应注意掌握营业推广时限。如果推广时间较短,许多潜在顾客将由于他们无法及时购买而不能得到这一好处。而若推广时间过长,就会引起企业开支过大和降低刺激购买的力度,给邮轮旅游者造成长期降价的假象。

第五,确定营业推广预算方案。邮轮企业可以通过两种方式拟定营业推广预算方案,一种是根据营业推广的方式计算其总费用。另一种方式是在广告与营业推广的总预算中,以一定比例费用作为推广方案的预算。

（二）邮轮旅游营业推广方案的实施与评价

邮轮企业有效地实施营业推广方案,依赖于周密的策划与组织,需要邮轮企业预先做好解决所有突发性事件的准备与安排。邮轮旅游营业推广活动完成后,还需要通过对其效果的评估来检验推广促销活动是否达到顶期目标,主要的衡量方法有销售业绩变动分析、消费者行为分析、消费者调查、实验研究法。

第四节 邮轮旅游公共关系

一、邮轮旅游公共关系概述

邮轮旅游公共关系是指邮轮企业或组织为了取得企业或组织内部及社会大众的信任与支持,为自身的发展创造最佳的社会关系环境,在分析和处理自身面临的各种内部和外部关系时,所采取的一系列决策和行为。邮轮旅游公共关系对于塑造邮轮旅游地或邮轮企业富有魅力的公众形象,提高知名度与美誉度,以增强市场竞争力具有重要的作用。

建立良好的邮轮旅游公共关系,要求邮轮企业或组织加强与公众的有效沟通,努力通过邮轮旅游公关活动将本企业或组织能够为社会提供的贡献率准确传达给社会公众,树立起良好形象。此外,邮轮旅游公共关系具有战略性和长期性的特点,因此需要邮轮企业或组织有计划的、长期不懈的努力。

二、邮轮旅游公共关系种类

根据公共关系的手段和方式不同,邮轮旅游公共关系可以分为以下几种类型:

(一)宣传型公共关系

宣传型公共关系即邮轮旅游地或邮轮企业运用各种传播媒介如报纸、杂志、电台、电视台等向社会公众展示自己的发展成就与公益形象,以形成有利于本组织发展的社会印象与舆论环境。宣传型公共关系对内一般借助内部刊物进行宣传。这类公共关系所传播的信息往往具有新闻性强、可信度较高、影响面宽,以及推广邮轮旅游地、邮轮企业及其邮轮旅游产品的形象的特点。

(二)交际型公共关系

交际型公共关系是指由公关人员通过各种社会交往活动,建立广泛的横向联系,以沟通信息和塑造邮轮企业形象的一种公共关系活动方式。这类公共关系可以通过直接的个人交际和团体交际方式,联络感情、协调关系和化解矛盾,从而建立公众对邮轮企业的了解与信赖。

(三)服务型公共关系

服务型公共关系是指邮轮企业为社会公众提供热情、周到、方便的优质服务,赢得公众的好感,从而树立良好形象的公共关系活动。这类公共关系要求邮轮企业树立以顾客为中心的服务思想。

(四)社会型公共关系

社会型公共关系是指通过与有关社会团体建立联系,参加发展社会计划项目,举办各种社会性、文化性或公益性的活动来树立邮轮企业声誉的公共关系活动。这类公共关系一般以参加与邮轮旅游有关的大型文化与体育活动影响最为显著。

（五）征询型公共关系

征询型公共关系是指通过采集信息、舆论调查、民意测验、设立公众监督电话等方式，为邮轮企业的经营管理决策提供客观依据，不断完善企业形象的公关活动模式。这类公共关系有助于邮轮企业了解影响潜在顾客购买的障碍性因素，有利于邮轮企业改进与完善营销工作中的不足之处。

除上述五种公共关系之外，根据组织与环境的适应态势关系，邮轮旅游公共关系还可以分为建设型、维系型、防御型、矫正型和进攻型等类型。尤其是矫正型公共关系，在邮轮企业的危机管理中起着十分重要的作用。

三、邮轮旅游公共关系决策

邮轮旅游公共关系决策主要包括邮轮旅游公共关系目标的确定和公共关系信息与手段的选择。

（一）确定邮轮旅游公共关系活动目标和对象

确定邮轮旅游公共关系活动目标和对象要与邮轮企业的整体目标及调查研究中所确认的问题紧密结合起来，使之具体化，具备可操作性。在此基础上，明确公共关系活动的对象。

（二）确定邮轮旅游公共关系活动的行动方案

邮轮旅游公共关系活动是由一系列活动项目组成的，这就要求运用相应的策略加以指导。在进行公关活动过程中，要求邮轮企业要树立"以人为本"的思想，做到尊重人、理解人、爱护人，对公众负责、对社会负责；要求邮轮企业要坚持实事求是与真诚合作的公关态度，去改善与社会公众的关系；要求邮轮企业应考虑企业长远利益，有放眼未来的战略眼光。此外，可以选择多种公关手段进行邮轮旅游公关活动，如新闻发布会、公关会议、展览会及对外开放接待参观、纪念庆祝活动等扩大企业影响，使邮轮旅游公共宣传的信息以最有效的方式传播出去，并力求达到预期效果。

第五节 邮轮旅游人员推销

一、人员推销的含义与特点

根据美国市场营销协会定义委员会的解释，所谓人员推销是指企业通过派出推销人员与一个或一个以上可能成为购买者的人交谈，作口头陈述，以推销商品，促进和扩大销售。

邮轮旅游人员推销是指邮轮企业利用人员对邮轮旅游产品进行推销的促销方式。这种促销具有以下特点：第一，针对性。邮轮旅游推销人员进行推销，一般首先选择具有较大可能性的客户,并事先对未来顾客进行研究,拟定具体的推销方案、目标、方法策略等,以提高推销的成功率。这是邮轮旅游广告所不及的,因为广告推销往往包括许多非可能顾客在内。第二,灵活性。邮轮旅游推销人员与客户保持着最直接的联系,可以在不同环境下根据不同潜在客户的需求和购买动机,以及客户的反应调整自己的推销策略与方法,可以解答客户的疑问,使买主产生信任感。第三,具有公共关系的作用。邮轮旅游推销人员进行推销的过程,实际也是邮轮企业进行公关活动的一个组成部分。

二、邮轮旅游人员推销的方式

邮轮旅游人员推销属于直接促销。

(一)营业推销

营业推销包括两种类型:一种是邮轮企业内部销售人员在办公室内用电话来联系洽谈业务,接待来访购买者和咨询者。另一种是邮轮企业其他各个环节的从业人员,在为邮轮旅游消费者提供服务过程的同时销售邮轮产品的活动。因此,从广义上讲,邮轮旅游行业的全体人员都是推销员,他们依靠良好的服务接待技巧,满足顾客的需求。

(二)派员推销

派员推销是指邮轮企业派专职推销人员携带邮轮企业及邮轮旅游产品的说明书、宣传材料及相关资料走访客户进行推销的方式。这种方式适用于推销人员不太熟悉或完全不熟悉推销对象的情况,它要求推销人员有百折不挠的毅力、良好的沟通能力与一定的谈话技巧。一些高级饭店设立销售代表进行销售即属于这种类型的推销方式。

(三)会议推销

会议推销是指邮轮企业利用各种会议介绍、宣传本企业的邮轮旅游产品的一种推销方式。如各种类型的邮轮旅游订货会、邮轮旅游交易会、邮轮旅游博览会,邮轮旅游人员推销是较为常见的形式。这种方式的特点是群体集中、接触面广、成交量大。

三、邮轮旅游人员推销的过程

邮轮旅游人员推销的过程一般包括以下几点:

(一)推销前的准备

邮轮旅游人员推销前的准备工作:第一,查找信息。即查找有关邮轮旅游市场状况的信息,明确推销对象,了解推销对象的邮轮旅游消费需求状况和支付能力状况等。另外,邮轮旅游推销人员还要对本企业及其邮轮旅游产品的情况十分熟悉,了解本企业邮轮旅游产品相对于其他企业同类产品的优势与劣势。第二,制订推销计划。邮轮旅游推销人员在对相关情况进行了解和研究之后,应制订推销计划,主要包括确立具体的工作目标、选择推销的方式和辅助工具、拟定推销的时间、预测推销中可能产生的一切问题等。

(二)推销过程

邮轮旅游推销人员经过充分准备,就要与目标顾客进行接洽,通过推销说服顾客购买邮轮旅游产品。首先,邮轮旅游推销人员应灵活运用各种技巧引起目标顾客对所推销邮轮旅游产品的注意,引发他的兴趣。其次,邮轮旅游推销人员应通过讲解与示范,展示邮轮旅游产品的特色及带给顾客的利益,强化他们的购买欲望。再次,针对顾客对邮轮旅游产品提出的问题或持有的异议,邮轮旅游人员应进行详细解答,消除顾客的忧虑,力争促成交易。最后,邮轮旅游推销人员应把握时机,帮助目标顾客做出最后选择,促成交易,并完成成交手续。

(三)后续工作

达成邮轮旅游交易后,邮轮旅游推销人员还应着手履行合同的各项工作,做好售后服务,妥善处理可能出现的意外情况,使顾客对企业的服务满意。着眼于邮轮企业的长远利益,邮轮旅游推销人员应与顾客保持良好的联系,促使他们重复购买或通过间接宣传为邮轮企业带来更多的顾客。

本章小结

邮轮企业营销活动不仅需要高速敏捷的邮轮旅游营销渠道、合理的产品定价和高质量的邮轮旅游产品,还需要符合邮轮企业自身特点的有效的促销策略。

邮轮旅游促销,即邮轮旅游促进销售,是在邮轮旅游产品设计、定价、分销渠道等策略的基础上,邮轮企业营销必不可少的且对邮轮旅游业经营尤为重要的四大环节之一。它具体又包括广告宣传、营业推广、公共关系、人员推销等四方面策略的组合运行。这是邮轮旅游市场营销中最富有活力和创意的领域。本章主要内容是邮轮旅游促销的概念、邮轮旅游促销方案评价、邮轮旅游促销组合策略制定以及邮轮旅游促销的具体方式等有关理论。

思考题

1. 邮轮旅游促销与沟通之间有何联系?
2. 比较几种常用广告媒体的优缺点。
3. 总结比较人员推销与其他三种促销方式有哪些不同和优点?
4. 思考邮轮企业应如何做好促销工作。

 案例分析

出游方式新态势　邮轮旅行趋火爆
邮轮旅游突发事件与危机公关
——以海航处理"海娜"号邮轮滞留韩国事件为例

2013年,海航在处理"海娜"号邮轮滞留韩国事件中功过参半。不恰当的危机处理差点毁其品牌,而恰当的公关将其从危机中解救出来。危机公关到底是何种灵丹妙药,能起如此大的作用呢?

一、背景:"海娜"号邮轮滞留韩国

2013年9月14日,海航旅业控股集团有限公司旗下的"海娜"号邮轮被韩国济州地方法院扣留。此次波及游客的扣船事件缘起沙钢船务与海航集团的经济纠纷。

二、海航的功过是非

危机公关是指从公共关系角度对危机发生前的预防、发生时的控制和事后处理。危机管理与公关专家奥古斯丁认为,每一次危机的本身既包含导致失败的根源,也孕育着成功的种子。发现、培育以便收获这个潜在的成功机会就是危机公关的精髓。

(一)危机的预防阶段

在灾难来临之前,成功的危机管理计划能暴露系统内的弱点,打造机构或组织解决各种各样问题的能力。然而海航未能启动危机预警机制,导致了危机发生。

1.事先未理顺关系。沙钢船务2008年与海航集团下属的大新华轮船有限公司签订了租船协议,海航集团出具了担保函,但大新华公司于2010年12月起就拖欠直至停付租金。沙钢船务向英国伦敦仲裁庭提交仲裁申请。2012年11月,仲裁庭裁决大新华公司须支付沙钢船务6000多万美元;同时,沙钢船务向英国高等法院提出要求海航集团履行担保义务的诉讼。而大新华轮船公司2013年4月被香港高等法院批准清算,在裁决前以1美元价格将公司出售给马绍尔群岛注册的一家公司。海航因而拒绝履行担保义务。危机发生前,海航未认真考虑自身是否存在履行义务的必要;如无必要,应向沙钢船务作必要的沟通、解释说明,而非简单地拒绝履约。

2.事先未全面考虑沙钢船务可能采取的"全球追债"做法的各种可能性和后果。危机管理要思考和假设危机发生的多种可能性,尤其是危机之间的相互作用。沙钢船务认为,海航集团作为担保人必须履行担保责任,而后在全球范围内追索海航集团资产,以求诉前保全。从海商法的角度来看,无论是《1952年扣船公约》还是《1999年国际扣船公约》,都没有将担保责任包含在海事请求之中。也就是说,本次扣船的申请人沙钢船务不具有海事请求权,可认定其申请扣船错误。此外,"从历史上来看,从没有扣押过邮轮的记录",海航对于对方扣留"海娜"号没有任何预防,更未依据海商法等相关法律做好警告或者有效沟通工作。

3.对内部经营存在的问题未作充分考虑。美国危机管理专家皮尔森教授(Christian Pearson)认为,最有效的危机公关时机应当是在危机"萌芽"阶段。这需要公司文化中包含三个要素:对危机时刻保持警惕;公司上下及对外沟通顺畅;愿意直面现实。而海航集团的旗下有好几家航游公司,运营前没有完全明晰航游的国际相关规则;另外,危机事前管理的核心是借助舆情监测机制,侦测危机信号。沙钢船务扣留海航"海娜"号索要大新华拖欠租金时,关于海航资金链安全的问题再度被提起,多家券商警告自己的客户:尽量回避海航集团担保和发行的债券。某大型商业银行中层人士坦言其负债率较高,有风险转嫁到融资方的可能。海航未能对内部经营存在的问题、公众舆论作充分考虑,考虑融资方式、担保行为的安全性。

(二)危机的应对管理阶段

事中管理主要指危机爆发后的应对管理,提高危机传播效果。海航最终做到了恰当应对,重获公众信任。

1.未履行告知义务。由于"有韩国的警船正对着邮轮,跟监视一样",增加了游客的心理负担。直到9月14日傍晚游客才被通知沙钢船务追讨债务引起经济纠纷,"海娜"号被韩国济州法院下令扣留了,"但大家当时并不恐慌,船长说这个官司跟'海娜'号本身完全无关,不会一直扣着不走"。"公共关系之父"艾维·李的公共关系思想的两个原则是公众必须被告知,必须说真话,而海航显然侵犯了游客的知情权。

2.权威机构帮助赢得信任。危机发生时,中国驻济州总领馆陈俊杰领事表示,保全扣押"是法律上的一个正常程序",将韩国相关政府部门、海航旅业控股集团有限公司工作组以及中国驻济州领事馆工作进展情况及滞留原因告知公众。14日向媒体表示,"海娜"号邮轮滞留旅客目前情绪稳定。在避免公众疑虑的同时,也让公众看到了海航解决问题的诚意。

3.做好冲突之间的伦理选择——以维护游客的安全为最高行为准则和以游客满意为最优先的考虑。海航迅速组织法律人员前往济州当地法院办理缴纳保释金手续以获准离港,解困被扣游客;并派出工作组对游客进行安抚。公关专家迈克尔·里杰斯特(Michael Regester)认为,"要设立专线电话,以应付危机期间外部打来的大量电话"。海航设置了24小时应急电话,在邮轮上开通免费国际长途电话,方便船上人员给亲人报平安;此外,海航提出两套补偿方案,游客任选其一,随后海航承诺再向每位游客赠送"海娜"号邮轮任意航次内舱房或海景房船票一张。至17日,海航花费上千万助"海娜"号安全离港。

4.善于利用媒介进行传播沟通。如海航对外公开危机的原因、进展、补救措施、下一步行动等。同时与新闻媒介保持密切联系,助其了解最新信息。以企业高管作为发言人,坦诚地对待公众和媒介,使自己成为危机信息的权威渠道,有效避免了猜忌、不实报道和负面报道。其实,有时一个坦诚公开的声明、一个表达清晰的说明就足以满足媒介的需要。

(三)危机的事后修复阶段

事后管理包括危机平息后的学习和恢复管理。在全媒体时代,危机诱因很容易被重新激活,形象修复不到位,企业美誉度不断被侵蚀,抗风险能力逐渐被削弱,最终升级为社会信任危机。

1.妥善处理纠纷。一是与韩国方面的纠纷。海航集团首席执行官李先华18日发表声明:海航集团保留通过法律程序追究韩国济州法院的做法责任的权利。二是与沙钢船务的纠纷。海航表示会妥善处理好与沙钢船务有限公司的经济纠纷。"相信英国高等法院会公正审理,海航集团有能力按照法院判决履行自己的责任。""我相信双方会本着中国商道文化的精神,找到妥善解决的办法。"在危机传播工作中,海航避免使用行业术语,用清晰的、充满人情味的大众语言向公众表达,因此不少人站在海航一边,认为是韩国法院在欺负中国人,或认为,沙钢船务挟洋自重,把国内纠纷闹到国际上"丢人",枉顾包括老人、儿童在内众多乘客的权益,其做法极端自私。中消协也认为,沙钢船务不应拿游客做人质,这无论在法律上还是情理上都是不妥当的。

2.维护旅客合法权益。声明表示,海航集团会妥善处理好"海娜"号被扣留的后续事务,维护好"海娜"号旅客的合法权益;在韩国相关单位向所有受害乘客道歉并保证绝不再发生类似恶劣事件之前,将全面抵制韩国济州岛邮轮旅游业务。海航危机的事后修复,使得这起因经济纠纷而导致的"扣船"事件暂时平息,海航重获公众信心。

在危机预防、管理与修复这三个阶段,海航并未完美掌控这场危机,尤其是在危机预防阶段和危机应对管理的初期,显得有些被动,但最终还是打好了危机管理牌,赢得大部分公众的信任。

三、突发事件与危机公关对策

(一)未雨绸缪的危机预防

由于"扣船"事件在2011年早有发生,海航事先可以采用情景规划法,对未来将要发生的情景进行多种可能性关键假设,通过对其构想各种可能的解决方案,并随时监测调整。从机制上,应建立包括信息监控系统、危机预测和预报、危机预控在内的危机预警机制。海航应将2011年扣船事件作为前车之鉴,收集和分析海商法关于扣船的法律条例,关注并预期沙钢船务动态,同时关注和收集媒体信息,捕捉组织内部风险和存在问题,做好危机预测和报警工作;从组织架构上,成立危机预防小组,必要时可外聘公关专家;从实际能力上,制订危机应变计划,进行危机教育、培训和情景演练;从企业文化上,"公共关系就是促进善意",平时应加强外部沟通以赢得外部公众的支持与信赖。同时,要建设企业文化,打好"人情牌"以调动企业员工的积极性,从而在危机来临之际,能迅速得到内外部公众的支持和理解。

(二)主动沟通、积极宣传的应对管理阶段

海航在扣船初期应满足"公众要求被告知"的需要,告知扣船原因并安抚游客,以打消疑虑,求得谅解,并控制负面舆论;可请权威部门或专家发声,让公众清楚沙钢船务才是问题的根源。公共关系90%是靠企业的处世之道,因此,要尽快建立危机应对中心;借鉴强生公司的信条:公司首先考虑公众和消费者的利益,设法使潜在公众变为善意公众;必要时向公众赔礼、道歉乃至赔偿,秉持"救人甚于救物"的原则进行救助。海航如果在危机发生的初期能够真实传播、积极沟通、满足需要,就能避免摩擦,树立企业良好形象。公共关系还有10%是靠宣传,海航应加大与新闻发布机构沟通协调的力度,研究并选择适合传播的信息及其传播渠道。内部新闻发布机构应实行24小时工作制,消除负面信息产生的空档期。海航应调查并公布事情的真相,使自己成为危机信息的权威渠道,及时对外提供正面信息,对外宣传保持一致口径。由于企业掌握的确切信息太少,危机初期一般是信息公开的尴尬期,此时海航可用企业相关背景材料及企业其他正面信息来填补新闻的空白,以显示与外界积极沟通的诚意,使自身成为权威信息发布的主体。如果现有新闻报道与事实不符或对企业形象有损害,应及时更正或补救,不能听之任之,以坦诚获取外界支持。在危机传播中,要诚实,不要推托,不要使用行话,不要推卸责任。

(三)恢复公众信心的修复期

应尽快重塑企业形象,恢复公众信任。海航要评估危机影响和检讨危机管理得失,明确改进的方向和方法,与公众双向沟通。可通过向游客公开道歉,以座谈会甚至登门拜访形式进行邮轮游客回访,或以新闻发布会、慈善公益活动等公关活动,通过媒体传播"负责任"的形象。为彻底转变负面形象,海航可借助推出与原有企业定位一致的新产品、新服务,公布新的营销亮点,引进权威、高端人才等做法,吸引眼球,通过提升实力来增强公众信心。形象修复还可借助权威效应。海航可邀请海商法权威、公关专家等公开发表正面的、通俗的评判性见解,在更大程度上获得利益相关者的信任。应做好与沙钢船务及韩方的沟通工作,做好合作旅行社的联合赔偿工作,切忌树敌。中国人民大学胡百精博士提出恢复管理的"三步走"策略:利益补救、信任重建、意义输出。实际上就是做好事,做善事,传播积极向上的价值观。

资料来源:王珏.邮轮旅游突发事件与危机公关.中国集体经济,2015(25)。

结合案例思考以下问题:

(1)"海娜"号邮轮滞留韩国后,海航集团采取了哪些措施?

(2)根据案例内容,评价海航集团应对这次危机的措施?

参考文献

[1] 中国交通运输协会邮轮游艇分会,上海虹口区人民政府,上海国际航运研究中心. 2015中国邮轮发展报告[M].上海:上海浦江教育出版社,2015.
[2] (英国)吉布森.邮轮经营管理[M].陈扬乐,赵善梅,译.天津:南开大学出版社,2012.
[3] 陈晓东.邮轮产业与邮轮经济[M].上海:上海交通大学出版社,2014.
[4] 程爵浩.邮轮旅游业概论[M].上海:上海浦江教育出版社,2015.
[5] 何晓颖.邮轮服务与管理[M].北京:机械工业出版社,2015.
[6] 李华.邮轮旅游地理[M].北京:旅游教育出版社,2016.
[7] 刘艳.邮轮旅游市场营销[M].大连:大连海事大学出版社,2016.
[8] 马勇,刘名俭.旅游市场营销管理[M].大连:东北财经大学出版社,2003.
[9] 上海国际邮轮旅游人才培训基地教材编委会.国际邮轮旅游销售实务[M].北京:中国旅游出版社,2014.
[10] 唐·约翰逊.旅游业市场营销[M].北京:电子工业版社,2004.
[11] 吴健安.市场营销学[M].北京:高等教育出版社,2004.
[12] 维克多·密德尔敦.旅游营销学[M].北京:中国旅游出版社,2001.
[13] 张玉明,陈鸣.旅游市场营销[M].广州:华南理工大学出版社,2005.
[14] 赵西萍,等.旅游市场营销学[M].北京:高等教育出版社,2002.
[15] 赵西萍,等.旅游市场营销——原理、方法、案例[M].北京:科学出版社,2006.
[16] 郑玉香,甘胜军.航运市场营销管理[M].北京:旅游教育出版社,2016.
[17] 中国交通运输协会邮轮游艇官网:http://www.ccyia.com/.